2014卷(第1辑) 总第2辑
中国滨海金融协同创新中心 编

Regional Finance
Innovation

区域金融创新

中国金融出版社

责任编辑：王效端　王　君
责任校对：张志文
责任印制：陈晓川

图书在版编目（CIP）数据

区域金融创新（Quyu Jinrong Chuangxin）．2014 卷．第 1 辑/中国滨海金融协同创新中心编．—北京：中国金融出版社，2014.6
ISBN 978 - 7 - 5049 - 7507 - 2

Ⅰ.①区…　Ⅱ.①中…　Ⅲ.①区域金融—金融创新—研究—天津市　Ⅳ.①F832.721

中国版本图书馆 CIP 数据核字（2014）第 080844 号

出版
发行　中国金融出版社

社址　北京市丰台区益泽路 2 号
市场开发部　（010）63266347，63805472，63439533（传真）
网上书店　http://www.chinafph.com
　　　　　　（010）63286832，63365686（传真）
读者服务部　（010）66070833，62568380
邮编　100071
经销　新华书店
印刷　北京市松源印刷有限公司
尺寸　185 毫米×260 毫米
印张　14.25
字数　302 千
版次　2014 年 6 月第 1 版
印次　2014 年 6 月第 1 次印刷
定价　36.00 元
ISBN 978 - 7 - 5049 - 7507 - 2/F. 7067
如出现印装错误本社负责调换　联系电话（010）63263947

《区域金融创新》是中国滨海金融协同创新中心主办的学术读物，以"金融智慧，交流创新"为宗旨，突出区域视角，探索金融改革、金融发展和金融创新。

"中国滨海金融协同创新中心"以天津财经大学、南开大学、中央财经大学的经济学、管理学两个学科门类的国家级重点学科和教育部人文社会科学重点研究基地为依托，充分发挥中国人民银行金融研究所、中国社会科学院金融研究所和中国银行国际金融研究所的信息支持、思想库和智囊团作用，联合天津市金融办、滨海新区政府、环渤海区域合作市长联席会，以及二十余家金融机构共同组成，围绕中国滨海金融这一国家重大发展战略需求，以机制体制改革创新为突破口，着力打造具有国际水准的中国滨海金融理论与技术方法研究、人才培养、科研成果应用转化的协同创新平台。

"中国滨海金融协同创新中心"坚持"需求导向"、"全面开放"、"深度融合"与"创新引领"的基本原则，建设创新平台和创新团队，主动对接中国特别是天津市、滨海新区金融发展需求，对中国金融改革，尤其是对滨海新区金融改革先行先试进行开拓性研究。

联系电话： 022 – 88186856

联系地址： 天津市河西区珠江道 25 号天津财经大学第 2 教学楼
《区域金融创新》编辑部

投稿邮箱： binhaijinrong@163.com

以金融发展为突破口
释放天津综合改革创新红利

2013年12月27日，李克强总理视察天津，要求将天津建成具有自身特色的投资和贸易便利化综合改革创新区，享受并超过上海自贸区所有政策，且面积扩至整个滨海新区，其目的在于希望天津在新一轮改革开放中成为北方地区的"排头兵"和"领军者"，走在全国最前列。在当日的天津市委常委会议中，进一步确立了综合改革创新区的主要内容，包括贸易自由、投资便利、金融服务完善、高端产业聚集、法制运行规范、监管透明高效、辐射带动效应明显等。天津市副市长宗国英更是强调要把天津滨海新区建立成同时具备自贸区全部政策和天津特色的综合改革创新区，集成海港、空港、物流园区、自主创新示范等优势，进一步释放天津经济金融改革的活力。

从金融领域的改革理念上看，天津的综合改革创新区与上海的自由贸易区相比有着很大的不同。上海自由贸易区金融改革总体上看是"自上而下"的改革，它强调了金融制度方面的改革，特别是对资本项目可兑换、利率市场化、人民币跨境使用等方面提供先行先试的优惠政策；天津综合改革创新区在金融改革方面不仅拥有与上海相同的政策，更应当强调"自下而上"的改革，即通过金融创新来带动中国金融制度的改革，这种改革模式相较上一种更为平稳，更容易形成市场化运行机制，从而进一步提高资源配置效率。

从此次李克强总理视察天津，并要求天津建立起以贸易投资便利化为核心的综合改革创新区来看，在金融领域重点强调了"创新性"与"支持实体经济"两大方面。特别是从李克强总理第一站考察工银租赁并对工银租赁提出的相关问题来看，释放出鼓励通过金融创新支持实体经济发展的信号。金融创新是手段，支持实体经济是目标，二者相辅相成，具体体现在四个方面：一是要提高企业融资的便利性和便捷性；二是要降低企业的融资成本；三是要提高融资的多样性，满足企业的多层次融资需求；四是要帮助企业化解风险、管理风险。因此，在深化金融服务支持天津综合改革创新区建设方面，应当从外汇管理改革创新、境内外投资方式多样化、进一步发展民营金融以及建设离岸金融市场四个方面具体落实：

首先，加强外汇管理创新力度，提高贸易投资外汇管理效率。一是要加强简政放权的核心地位，进一步取消或减少行政审批项目，建立统一的部门互通的网上行政审批管理和服务平台，提高外汇管理审批效率；二是积极推进外汇管理方式转变，进一步推进跨国公司外汇资金集中管理高效化、发展跨境贸易投资电子商务，提高外汇资金的使用效率；三是培育和发展具有天津特色的外汇市场，强化人民币跨境贸易、结算与投资的相关政策协调，为国家进一步实现资本项目可兑换等一系列金融体制改革起到压力测试槽的作用。

其次，探索境内外投资方式，提高境内外贸易与投资吸引力。一是要进一步完善天津多层次资本市场体系，适当程度允许外资企业参与投融资活动，丰富外资企业资金运用渠道；二是要探索境外间接投融资方式，允许部分有资质的个人或企业进行包括股票、债券、外汇等海外间接投资；三是要培育和发展天津人民币海外投资基金，为国内企业海外投资并购提供商业化、市场化的操作平台及专业化的投融资综合服务；四是要建立健全投资环境评价指标体系，维护开放透明市场规则的保障机制，为境内外投资者提供全面的投融资指引和风险防范服务。

再次，完善民营金融体系，释放民间资本在提高投资贸易便利性中的活力。一是要加快天津第一家民营银行"津城银行"的筹备和申报进度，将其作为天津民营金融的龙头机构予以大力扶持，把它建成天津民营金融的品牌；二是要合理引导民营金融机构支持小微企业发展，一方面促进民营金融机构专业化发展，另一方面为小微企业提供更为丰富的融资渠道；三是要鼓励民间资本进入互联网金融领域，设立以互联网为支点的股权投资基金、战略投资基金和私募股权基金，支持中小企业进行产品研发和技术创新，提高企业的核心竞争力和自主创新能力。

最后，建设离岸金融市场，实现境内外国际贸易和投资的完美对接。一是要加强多元化离岸金融市场建设，加快形成包含离岸保险、离岸证券、离岸基金、离岸信托、离岸货币、离岸同业拆借、离岸黄金和离岸金融衍生品在内的离岸金融市场体系；二是要完善多层次离岸金融管理机制，加强对跨国公司地区总部开展离岸金融业务的支持，在开设离岸账户等方面提供相应的便利，满足跨国公司地区总部资金管理、投融资、避险保值等账户管理需求；三是要健全多维度离岸金融法律体系，制定和健全以离岸银行业务管理、离岸账户管理、离岸业务税收、离岸公司登记注册、离岸金融交易为主要内容的法律法规、管理办法及实施细则；四是要提高离岸金融监管效率，以防范热钱波动跨市场套利为重点，进一步加强离岸金融监管和风险监控，探索符合国际惯例和便利业务开展的审慎监管模式，确保天津离岸金融市场健康、有序和可控。

此外，从建立具有天津特色的综合改革创新区方面看，应当充分发挥天津已存在的优势领域，以此为核心带动其他领域共同发展，最终实现上述目标。重点来看，应当以航运金融为突破口，充分发挥自身的港口特色以及金融租赁的优势，加快构建适合航运事业发展的多层次金融产品体系，加快构建面向航运事业发展的多元化金融机构体系，加快构建服务航运事业发展的专业化资本及要素市场体系，加快构建支持航运产业发展的综合性配套服务环境体系以及加快构建推动航运事业发展的强有力的组织保障体系，以金融支持航运事业发展为核心，做好模板，探索思路，形成一套可复制、可推广的建设路径，不仅在天津市其他产业领域进行应用，更可以为全国其他地区树立综合改革创新区的榜样，带动其他区域经济金融发展。

在国家的大力支持下，天津市特别是滨海新区又一次获得了前所未有的政策优势，天津市应当进一步提高对外开放水平，加大对内开放力度，发挥天津区位、港口、综合配套改革和高端制造业等优势，推动投资与贸易便利化改革创新，带动全区域多层次合作协调发展，相信在不久的将来，天津必然会成为中国对外开放的门户和北方的经济中心！

王爱俭

中国滨海金融协同创新中心主任

天津财经大学副校长

2013 年 12 月 30 日

目　录

2014 年第 1 辑　　　　　　　　　　　　　　　　　　　　　　　　　　　　总第 2 辑

改革：推进金融回归实体经济

——以公司债券为抓手

◎ 王国刚[①]

〔**内容提要**〕 两部门宏观经济模型证明了金融内生于实体经济部门。改革开放35年来，中国建立了外植型金融体系，它有着积极意义，但也存在一系列弊端。要发挥市场机制在配置金融资源方面的决定性作用，必须改革中国金融体系，使其回归实体经济。金融回归实体经济的真实含义是，扩大实体企业和城乡居民的金融选择权利，使他们能够与商业银行等金融机构在金融市场中展开价格竞争。公司债券具有存贷款的替代品、改善资金错配、推进实体企业债务率降低、推进商业银行业务转型和缓解小微企业的融资难等一系列功能，应以公司债券为金融回归实体经济的政策抓手，推进金融体系的改革深化。

〔**关键词**〕 公司债券　金融　回归　实体经济

处理好政府和市场的关系是中共十八届三中全会指出的经济体制改革的核心问题，使市场在资源配置中起决定性作用，完善主要由市场决定价格的机制，更好地发挥政府作用。从金融角度看，就是要发挥市场机制在配置各种金融资源方面的决定性作用，完善金融产品价格主要由市场机制决定的金融体系。这不仅切中了中国金融体系和金融市场的时弊，指明了金融改革的方向和重心，而且指明了中国金融发展和金融创新的方向和重心。

中国金融历经几十年的发展，取得了举世瞩目的成就。多年来，金融监管部门和社会各界着力探讨的金融改革，其中包括人民币存贷款利率市场化改革、建立存款保险制度、商业银行业务转型、资产证券化、加快资本市场发展、加大资本账户开放程度和人民币汇率改革等，大多属于单项改革范畴，并且大多基本上没有从国民经济角度论及金融体系改革。实际

① 王国刚，中国社科院金融研究所所长、研究员，中国滨海金融协同创新中心特聘研究员。本研究得到天津财经大学中国滨海协同创新中心课题的资助。

上，发端于 20 世纪 70 年代末的中国金融体系，对实体经济而言，已成为一种外部植入型金融体系。这种外植型金融体系在 30 多年的发展中具有积极意义：

第一，它运用商业银行的资金再创造机制，通过发放贷款等金融活动，保障了中国经济发展中的资金供给和金融产品、金融市场的发展，使得中国经济在资金短缺中起步发展却没有陷入贫困陷阱，对 30 多年来的中国经济发展有着积极贡献，功不可没。第二，它运用行政机制以维护金融运行秩序的稳定，使得中国金融在经济高速发展中没有出现大的风波和动荡，有效抵御了亚洲金融危机和国际金融危机的冲击，避免了因金融震荡给资金供给者（主要是居民家庭）和资金需求者（主要是实体企业）带来的利益损失。第三，它为探讨建立中国特色的金融体系提供了时间和空间，避免了我们重走发达国家用 200 多年走过的金融体系建立发展之路，减少了在市场混沌和竞争乱局中建立金融体系所付出的巨大代价。第四，通过各类金融机构之间的竞争，积极探讨了发挥市场机制在配置金融资源方面的基础性作用，为中国金融的进一步改革发展创造了条件。第五，它创造了发展中国家摆脱金融抑制、推进金融深化的一条新路径，突破西方国家建立金融体系的老路径，给世界各发展中国家和地区的金融发展提供了一个可资借鉴的新思路。

但是，也存在着一个严重的缺陷，即金融体系脱离实体经济的状况越加明显。后金融危机时代，金融服务于实体经济的呼声愈加强烈。但是，中国的外植型金融体系，脱离实体经济的状况却继续加重，几乎剥夺了实体经济部门的各项金融权利，成为既位于实体经济部门之外又不断从实体经济部门中获取养分的一个自我循环体系。随着中国（上海）自由贸易区试验区的建立，中国经济发展正进入一个新的历史时期，改革开放也迈入了一个新的阶段。由此，改革外植型金融体系，推进金融回归实体经济，建立内生型金融体系，已是必然。

一、中国外植型金融体系的成因和特点

在计划经济时期，中国没有金融活动，也谈不上金融体系。当时，行政机制和财政机制支配着国民经济中的几乎所有活动，企业的资金由财政拨付、供销由国家计划安排、生产按照计划任务展开、职工工薪由国家统一规定、利润全额上缴和国家财政统付盈亏等机制，切断了居民与实体企业之间资金融通的金融联系。在此条件下，银行只是作为财政的出纳机制而设立，并无证券公司、信托公司、基金公司和融资租赁公司等金融机构，也不存在金融监管部门。这些体制机制的安排，决定了中国不可能有产生和形成金融活动乃至金融体系的基础性条件。在这种经济格局中，一方面，居民不是资金的主要供给者，政府财政部门成为实体企业经营运作资金的主要提供者，实体企业之间禁止展开股权投资、资金借贷等金融活动，它们的经营利润全额上缴财政部门，因此，不存在居民和实体企业之间的金融活动；另

一方面，实体企业缺乏最基本的经济权益，也就谈不上金融权益，由此，金融机制也就难有存在和发展的基础性条件。中国金融起步于 20 世纪 70 年代末的改革开放初期，当时有五个条件决定了中国选择的将是外部植入型（外植型）金融体系：

第一，在长期计划经济（行政机制成为经济运行的支配机制）条件下，实体经济部门的企业和居民没有金融权，既不知道何谓金融权，也没有金融意识（甚至没有"金融"一词的概念）。一个突出的实例是，20 世纪 80 年代中期，负债经营作为具有创新意义的观念突破而大加宣传，"借鸡生蛋"、全负债经营广为推行。

第二，受计划经济中审批体制影响，金融机构的设立、金融产品的问世和金融业务规模（甚至金融机构客户）等都需通过严格的行政审批，由此，在金融部门中普遍延续了各项活动均需经过行政审批的制度（在 20 世纪 90 年代后期之后，甚至有着细化审批制的倾向）。到 1984 年，虽然工、农、中、建等银行已经分立，但它们作为专业银行（并非商业银行）各有着政府行政部门安排的特定业务。

第三，面对发达国家成熟的金融市场体系，我们期望能够尽快缩小与它们之间的差距，由此，将它们浮在表面的金融机构格局借鉴学习过来，并没有深入地看到它们沉在水下实体经济部门的金融权利。

第四，在 20 世纪 90 年代中期之前，企业改革的组织制度、变固定工制度为合同工制度等尚在探讨之中，"自负盈亏、自我发展"的公司制刚刚起步，以资金平衡表为中心的企业财务制度正在向以资产负债表为中心的财务制度转变。在缺乏资产负债理念和制度的条件下，企业不能发行股票、债券等金融产品，也就难以有获得金融权利的内在根据。

第五，1998 年之前，银行信贷依然按照国家计划安排，在信贷规模和信贷投放对象上都有明确的行政取向。虽然已有股票、债券发行，但由国家计划安排，并通过制度规定，这些金融产品只能由金融机构承销运作。实体企业和居民依然缺乏对各种金融产品的最基本选择权。改革开放 30 多年来，中国努力从实体经济外部推进金融的发展，形成了一种外植型金融体系。

中国金融体系是一个运用行政机制嵌入到实体经济部门中实体企业和城乡居民之间的架构，它一方面建立在以最低廉的价格充分通过储蓄存款方式吸收城乡居民消费剩余资金的基础上，另一方面，建立在以最贵的价格通过贷款机制从实体企业获得贷款利息基础上。这种切断居民与实体企业之间直接金融联系的金融体系，与内生型金融体系有着实质性差别。外植型金融体系的主要特点表现在八个方面：

第一，在金融产品方面，实体经济部门（包括实体企业和家庭）几乎没有选择权，居民消费剩余资金除了存款几乎没有去向（存款意味着，资金只能通过金融机构的媒介才能进入实体企业），实体企业除了贷款也很少有从金融市场获得资金的其他渠道。金融活动的各项权利成为金融机构的专有权。没有金融机构和金融监管部门的准许，实体企业几乎得不到来自居民的资金供给。

第二，实体经济内部没有展开金融活动的制度空间。从最初的实体企业间不准借贷资金、到实体企业难以发行商业票据进行短期融资、再到实体企业间不能进行融资租赁等都通过制度规定予以限制。一旦实体企业间进行了这些金融活动，就以违法或者非法予以处置。

第三，各种证券发行都必须通过金融监管部门审批并由金融机构承销，使得实体企业丧失了自主发行各种证券的权利。这些承销证券的金融机构，不仅直接决定着实体企业能否发行证券，而且在证券发行的定价方面有着举足轻重的话语权。

第四，直接金融工具成为间接金融工具。公司债券是实体企业向居民发行以获得居民资金的一种主要的直接金融工具，但在中国，它转变成了一种间接金融工具。内在机制是，实体企业发行的公司债券几乎完全由商业银行等金融机构购买，而商业银行等金融机构购买债券的资金则来源于城乡居民以存款等方式提供的消费剩余资金。

第五，"存款立行"成为商业银行等金融机构的一项基本战略。"拉存款"、"存款竞争"长期是商业银行等金融机构维持经营运作和加快经营发展的一项具有决定意义的基本业务。商业银行等金融机构的金融运作主要取决于资金数量的多少和资金供给的可持续性。自20世纪90年代中期以后，城乡居民消费剩余资金成为商业银行等金融机构的主要资金来源，由此，想方设法获得这些资金就成为各家商业银行等金融机构的一个主要竞争方略。

第六，金融市场（尤其是货币市场）在很大程度上才成为金融机构彼此之间的交易活动，与实体经济部门没有多少直接关系。银行间市场是中国主要的货币市场，进入该市场操作的主体集中于金融机构，由此决定了这一市场的交易基本上是金融机构彼此间的游戏。

第七，金融机构与金融监管部门成为一个相互依赖的体系，以各种理由限制实体经济部门的金融权要求，其中包括金融稳定、风险控制、专业性和公共性等。在各项金融制度形成过程中，金融监管部门通常需要征求金融机构的意见，但极少有征求实体企业意见的，由此，这些金融制度更多地反映了相关金融机构的利益取向，很难反映实体企业的诉求。

第八，各种金融产品创新，与其说来源于实体经济部门的要求，不如说来自于金融机构自身业务拓展和追求利润最大化的内在要求。

二、中国外植型金融体系的缺陷

正如世间任何事物均有其长处和短处一样，在国民经济系统中，外植型金融也有其内在缺陷。在进一步深化改革，发挥市场机制在配置资源方面的决定性作用，以加快经济结构调整、增强经济的可持续发展能力、进一步提高综合国力的背景下，尤其是在实施开放型经济战略、加快中国经济介入全球经济步伐、提高中国金融体系开放度的背景下，外植型金融体系的内在缺陷越加凸显出来。这些缺陷主要包括：

第一，将原本多维一体的有机经济活动分切为若干相互缺乏关联的部门活动，使得各种资源的整体关系碎片化。这种碎片化不仅降低了实体经济部门的运作效率和市场竞争力，而且给金融体系带来了本不应有的风险。

消费金融内生于商业购物活动。一方面，在由商业机构展开的过程中，集资金流、物流和客户信息流为一体，既给消费者带来了购物的商家优惠，又给商家带来了资金和客户信息，有利于提高商家的市场竞争力和调整商业结构。但在中国，消费金融统一采用银行卡消费方式，在这种方式中出现了银行管资金流、商业机构管物流、无人管客户信息流的格局。在这种格局中，商家扩展业务所需的资金需要向银行申请，银行贷款既需要充足的抵押物又利率高企还延时甚多，给商家带来诸多不利。另一方面，由于缺乏客户信息和难以向这些客户提供专门的服务，使得各个商家迄今难有自己稳定的客户群，也很难根据特定客户的特色需求，量身打造地提供特色质量。再一方面，限制了商家之间的服务竞争。除了在价格上打折销售外，众多商家严重缺乏提供服务质量的竞争手段，形成了众家经营方略雷同的商家格局，给多层次商业市场的发展带来严重影响。

供应链金融内生于产业关联的各实体企业之间，它的原本含义是，在供应链中位于核心地位（或主干地位）的实体企业，可以根据产业发展的需要向位于上下游的实体企业提供资金支持和其他金融支持。这种资金或其他金融支持得到货物供应、商业信用、信息共享、技术支持和市场开拓等一系列因素的共同支撑，因此，是现代金融的一个重要发展方向。但在中国，供应链金融成为商业银行向供应链中的各家实体企业分别发放贷款的金融，或者成为供应链中核心企业（或主干企业）将自己的资金委托商业银行贷款的金融。在这种贷款中，商业银行实际上关心的只是本息的安全性，并不直接关心（也无能力关心）供应链是否由此得到强化、供应链效率是否因此提高。另外，供应链中的核心企业失去了利用资金供给来增强货物供应、商业信用、信息共享、技术支持和市场开拓等方面的凝聚力，难以有效协调好供应链各环节的关系。由此，本属一条链式的金融关系转变成了由商业银行"点对点"式的金融服务。

第二，以存贷款为重心，引致了金融资源配置的种种矛盾和效率降低，给实体经济部门发展造成了诸多的金融障碍。

金融资源配置效率的高低并不直接以金融机构是否获得了较高的收入和利润为衡量标准，它的实际含义应当是实体企业获得资金的成本是否降低。但在外植型金融体系下，实体企业普遍遇到融资数量少、融资价格贵和融资渠道窄等"融资难"问题。一方面，在缺乏金融产品选择权的条件下，大中型企业获得的贷款资金在利率上高于同期公司债券利率，表现出了"融资贵"。与此同时，在大量贷款向大中型企业集中的条件下，小微企业既遇到了融资数量少、融资渠道窄等困难，也遇到了融资贵的难题。这些难题意味着，受资金成本高的制约，在实体经济部门中许多本可展开的投资活动和经营活动难以有效进行，由此，资源配置的效率受到制约。另一方面，商业银行等金融机构的收益大幅增加。近10年来，在加入世界贸易组织、"狼来了"的背景下，中国商业银行的税后利润呈快速增长的态势，与实体企业的利润走势形成了反差，以至于媒体有着"银行业垄断暴利"一说。利润的快速增加固然与商业银行改制后的体制机制创新、银行职员的努力直接相关，但与实体企业缺乏金融选择权条件下商业银行可坐享存贷款利差也直接关联。这是引致商业银行等金融机构以吸收存款为"立行之本"战略难以消解、持续地展开存款大战的一个主要成因。再一方面，广大的城乡居民作为存款人只能获得低利率的存款收入。由于消费剩余资金难有去向，在存款利率降低的条件下，城乡居民存款却形成了大幅增加趋势，实难分享实体企业付给金融体系的巨大收益。

在继续以存贷款为主要金融活动的条件下，要改变间接金融为主的金融格局几乎不可能。内在机理是，要发展直接金融就必须赋予实体企业必要的金融权利，这不免与现存的金融机构和金融监管部门的权利相冲突。因此，发展大力直接金融、降低间接金融比重的政策主张已提出了15年，但它并没有落到实处，商业银行也无"金融脱媒"之忧。中国金融体系中的间接金融比重依然高企。实体企业通过直接金融获得的资金占社会融资规模的比重还处于相当低的水平。尽管如此，各种创办新商业银行的冲动还在持续增强。

第三，在实体经济部门和金融部门之间资金错配现象越加严重。经济运行中不同的实体企业在经营运作和固定资产投资等方面对资金的性质、期限和流动性等有着不同的要求，从本源上讲，金融资产的结构应与这些要求相匹配。但在中国实践中，金融部门的资金和金融产品的结构与此相差甚远，从而，有了错配现象的严重发生。

在中国，资金错配包括五个方面：一是主体错配，即本属城乡居民与实体企业之间配置的金融资源转变为城乡居民与商业银行之间、商业银行与实体企业之间金融资源配置。二是性质错配，即资本性资金和债务性资金错配。三是期限错配，即长短期资金的错配。四是产品错配，即债券等直接金融工具与存贷款等间接金融工具的错配。五是市场结构错配，即资本市场与货币市场的交易功能错配。

在中国经济运行中长期存在着资本性资金与债务性资金的错配现象。典型状态是，资本性资金严重不足。2012年，中国的固定资产投资绝对额在近40万亿元（且继续按照20%以上的速度增长）。按照固定资产投资的资本比率30%计算，需要12万亿元左右的资本性资金予以支持。即便假定各家实体企业的每年税后利润（为5万亿元左右）都作为资本金投入固定资产投资范畴，再加上股市融资、折旧金转投资、外商投资和财政投资等资金，每年固定资产投资中资本金缺口也在5万亿元左右。如果这一现象只在某年发生，尚可不必过于担忧，然而，资本性资金严重缺乏的现象已延续20多年，累计的数额已达数十万亿元之多。相当多实体企业不仅资产负债率长期处于高位态势，而且屡屡用银行信贷资金进行注册资本的投资。这是引致经济运行缺乏长期性资产支撑的一个主要成因。

引致资本性资金严重不足的成因不在于居民部门每年消费剩余资金的不足，而在于这些资金的绝大部分以存款方式进入了商业银行、再以贷款方式流出商业银行。由于贷款通道发生的只能是债务性资金，所以，居民消费剩余资金就转变成债务性资金进入实体企业。作为资本性资金严重不足的对应性表现是，存款资金与贷款资金的期限错配。在中国商业银行吸收的存款资金中，活期存款和定期存款的期限结构大约各占 50%，但在贷款资金结构中，短期贷款通常只占 40% 左右、中长期贷款占 60% 左右。此外，还有大量的短贷长用现象。贷款属于商业银行风险资产范畴，贷款期限越长，则风险越大，因此，在主要发达国家中商业银行通常不发放中长期贷款。但在中国，由于实体企业缺乏金融权利，经营运作中的长期性资金难以自主地通过金融市场获得，所以，在依靠银行贷款的条件下，只能将大量贷款用于固定资产投资；商业银行面对这种状态，也不得不大量投放中长期贷款，短期资金更加捉襟见肘，以至于发生了 2013 年的"6·20"事件。

第四，货币市场成为金融机构间彼此交易的市场，与实体经济部门基本无关。

银行间市场是中国货币市场的主体部分。一方面，可进入该市场的交易主体包括国有控股商业银行、其他商业银行、其他金融机构和外资商业银行等，并无实体企业，更无居民。因此，该市场是金融机构彼此间进行短期资金和短期金融产品交易的市场。在交易中，国有控股商业银行是资金的主要融出方，其他商业银行和其他金融机构则主要是资金融入方。另一方面，该市场的交易品种主要包括银行间资金拆借、债券的现券交易、债券回购和票据等。2012 年，交易量达到 295.2 万亿元，其中，票据交易仅为介入其中交易 31.6 万亿元，占总交易量的 10.71%，与实体企业短期资金直接相关的票据只占货币市场交易中的很小比例。

2013 年，中国进一步扩大了资产证券化试点范围。但从 2005 年建设银行和国家开发银行的资产证券化看，发生的情形是，1 家银行发行的资产证券化证券，由其他各家银行分别购买。如果这种情形继续发展，结果将是资产证券化成为商业银行等金融机构彼此间的游戏，金融体系脱离实体经济程度进一步增大。

第五，各项金融改革举步维艰，或停留于做表面文章，或停留口头。

货币政策调控机制的改革进展缓慢。近 10 年来，继续以运用行政机制直接调控存贷款基准利率和新增贷款规模为主要工具，在维护金融运行稳定的同时，维护着金融体系独立于实体经济部门的格局。

在存款数额巨大、在金融产品总额中所占比重甚高且为商业银行最基本业务内容的条件下，存款保险制度一旦实施就可能引致各类存款向大型商业银行集中，小型商业银行和小型存贷款金融机构（如农村信用社等）立即陷入经营困境，给金融体系带来严重震荡，因此，这一制度的出台时间屡屡延期。

按照市场机制的要求形成存贷款利率，是利率市场化的核心内容。但迄今这方面的改革基本停留在运用行政机制扩大存贷款利率波动幅度上，既没有引致商业银行等金融机构的资产结构调整、业务转型和盈利模式变化，也没有给城乡居民和实体企业更多的金融选择权。

商业银行业务转型的提出已有 10 年之久，但从它们的资产负债表看，负债结构中"各项存款"依然是最主要的资金来源，占据主体地位的程度非但没有降低而且继续提高；资产结构中"各项贷款"依然是最主要的资产运用方式，虽所占比重有所降低，但如加上商业银行间相互持有的债券数额，比重变化并不明显。负债结构和资产结构的变化不大，反映了商业银行业务转型基本停留在表面上，难有实质性进展。

资本账户中金融账户开放迟迟难以迈步。金融账户开放绝非只是一个货币可兑换问题，要使得流到境外的人民币能够回流境内、要使得境内金融市场与国际金融市场对接，就必须有足够的金融产品可供国际金融运作者（包括机构和个人）投资运作，而这又不是人民币存贷款所能胜任的，也不是仅仅由金融机构运作所形成的金融体系所能担当的。

外植型金融体系存在的一系列缺陷说明，它已到了非改不可的境地。但如何改革却绝非易事，一旦选择失误，就可能引致严重的金融震荡甚至金融危机，因此，需要慎之又慎。

三、金融服务实体经济发展的内生诉求

打开任何一本《宏观经济学》都可看到如下表述：在两部门模型中，居民（或家庭，下同）部门是资金的盈余部门，实体企业（或厂商，下同）部门是资金的赤字部门，为了支持实体企业创造财富、维持经济运行，资金就应从居民部门流向实体企业部门，由此，在经济运行中，居民部门是资金的供给者，实体企业部门是资金的需求者，金融活动原本就在他们之间进行。在此，有三个需要细化的问题：

第一，居民部门的资金是如何提供给实体企业部门的，或者说，实体企业部门是如何获得居民部门的资金的？最初，居民部门主要通过股权投资、资金借贷等方式将资金投入实体企业部门；随着金融关系的发展，居民部门通过购买债券、股票等证券将资金提供给实体企业部门；最后，随着这些金融活动规模逐步扩大，商业银行等金融机构建立，在上述渠道继续发挥作用的条件下，居民部门又通过存款等路径将资金提供给实体企业部门。由此可见，居民部门和实体企业部门原本就拥有金融权。

第二，实体企业部门之中是否存在资金供求关系？在实体企业之间存在着由商业信用支撑的商务往来关系。在货物与钱款的交付中，由于时间和空间分离，自然存在着先付款后发货或者先发货后付款的现象，由此，商业本票、商业期票和商业汇票等金融产品应运而生。由于实体企业购买的一部分大型设备并不日夜使用，有些实体企业临时性加工某些零部件又需要此类设备，所以，实体企业之间的设备租赁使用现象自然发生；此类现象的进一步扩展，也就有了实体企业间的融资租赁业务。由于某些实体企业有着暂时的闲置资金，与其经营运作相关的另一些上下游实体企业却缺乏资金，由此，在商业信用和互利基础上的实体企业间发展起了资金借贷关系。此外，实体企业之间的资本投资、债权并购、股权并购和项目融资等也在市场发展中逐步展开。由此可见，实体企业本来拥有充分的金融运作权利。

第三，实体企业部门是否存在资金回流给居民部门？居民以股权方式投资于实体企业，实体企业以股利方式将与收益回报对应的资金支付给居民；居民以债权方式购买实体企业的

债券，实体企业到期将与债券本息对应的资金支付给居民。这些现象说明，实体企业和居民作为实体经济部门的主要经济主体，彼此间是存在金融权力和金融活动的。这些金融权力和金融活动从实体经济运行中内在地生成，是实体经济部门运行和发展不可或缺的基本机制。另外，随着实体经济部门丰富多彩的发展，这些金融权力和金融活动在不断创新中扩展延伸，越来越趋于复杂化和细化。

金融是建立在资产权益基础上为了获得这些权益的未来收益而进行的权益交易关系的总和①。在经济运行中，资产权益及其收益在本源上指的就是实体经济部门的资产权益及其收益。实体企业向居民出售股票、债券等金融产品之前并不直接拥有与这些金融产品相对应的资金（或资产），通过出售这些金融产品、获得了对应资金、形成了对应的可经营运作的资产，因此，实体企业实际上出售的是这些资产的未来收益。在此类交易中，居民实际上购买的是获得实体企业经营运作中这些资金（资产）中未来收益的权利。与此对应，股票、债券等金融产品在二级市场中的交易也是为了获得资产未来收益的权利。由于居民投资和实体企业彼此间的投资获得的是资产未来收益，所以，不确定性（风险）的存在也就在所难免。各家实体企业的经营运作状况不尽相同，有在经营运作中获得资产收益的，也有在经营运作中盈亏平衡从而没有获得资产收益的，还有经营运作亏损的。居民部门人数众多，在风险的喜恶程度上，偏好差别甚大，因此，尽管所有的居民在金融投资中都乐于追求高收益回报，但在投资亏损等风险发生时，也不乏有着坦然面对之人。就总体而言，居民部门在金融投资风险喜恶程度上的多层复杂结构与实体企业部门经营运作在风险程度上的多种多样性能够大致匹配，由此，保障了经济运行和经济发展的正常展开。

从实践角度看，在西方国家的经济发展过程中，实体经济部门的金融活动在交易规模、产品种类、交易方式等方面不断扩大，以至于单个实体企业已很难直接将其作为经营活动的一项业务纳入经营管理之中，因此，将金融业务独立出来设立专业化金融机构成为必然。这一过程中较为普遍的事件最初发生在 19 世纪上半叶。在此后 100 年左右的时间内，金融产品、金融市场和金融机构快速发展，尽管经济危机和金融危机频频发生，但政府部门只是充当着守夜人的角色。20 世纪 30 年代的大危机给人们以深刻教训，促使金融监管登上历史舞台，由此，逐步形成了由金融制度、金融监管、金融产品、金融市场和金融机构等构成的金融体系。尤其值得注意的是，在金融体系形成过程中，实体经济部门（实体企业和居民）所拥有的金融权并不因此而被剥夺。对居民部门而言，消费剩余的资金在金融投资运作方面依然有着充分的金融产品选择权；对实体企业而言，在发行债券、获得贷款、发行股票以及获得融资租赁、信托资金、建立基金等方面也保留着充分的选择权。不仅如此，实体经济部门所拥有的金融权利还是一个完整金融体系的基础性构成部分，也是金融体系能够成为国民经济组成部分的根基所在。

---

① 王国刚：《简论货币、金融与资金的相互关系及政策内涵》，载《金融评论》，2011（2）。

理论逻辑和实践逻辑都透明了一个基本原理：金融内生于实体经济部门，实体经济的发展是金融发展的根本所在。实体经济部门所拥有的金融权是金融体系的一个基础性构成部分。从这个意义上说，金融根植于实体经济部门。离开了实体经济部门，金融就将成为"无源之水，无本之木"。美国金融危机的一个教训是：金融运行脱离了实体经济部门，成为自我服务、自我循环的独立体系，一旦金融脱离了实体经济，金融泡沫的产生就在所难免。

四、金融回归实体经济的内在含义

金融回归实体经济的含义，一方面并非推倒重来，即并非意味着中国金融体系的建设重蹈 19 世纪以来西方国家 200 多年走过的路。不论从历史角度看还是从现实角度看，重走这一过程都是不可能的。另一方面，也不意味着"回归"已无事可做，中国金融体系应按照已有老路继续前行。"回归"的真实含义在于，扩大实体经济部门中实体企业和城乡居民的各自的金融选择权，即把本属于实体企业和城乡居民的金融权利归还给实体经济部门，推进内生性金融的发展。

金融内生于实体经济部门实际上有着两条路径：一是金融机构的路径，即通过实体经济的发展，独立出了专门从事金融业务活动的金融机构；二是金融市场的路径，即实体经济中的实体企业和城乡居民可以直接进入金融市场，以自己的名义发行和交易各种金融产品。在目前中国的金融体制机制条件下，金融回归实体经济的含义，不在于继续鼓励实体企业投资创办多少家金融机构，而在于准许实体企业和城乡居民直接进入金融市场以他们各自的名义发行和交易相关金融产品。内在逻辑是，在各种金融产品的发行和交易基本由金融机构专营的条件下，即便实体企业投资创办了一些金融机构，这些金融机构也只能延续原有金融机构的业务轨迹，不可能由此增加实体企业的金融选择权；同时，由于不可能所有的实体企业都各自创办金融机构（换句话说，能够投资创办金融机构的实体企业只能是凤毛麟角），那么，那些无力创办金融机构的绝大多数实体企业依然处于缺乏金融选择权的境地。另外，不论实体企业如何创办金融机构，并不直接解决城乡居民的金融选择权扩大的问题，即并不解决资金供给者如何将消费剩余资金通过金融市场投入实体企业的资源配置过程中的问题。由此看来，问题的重心在于如何使得实体企业和城乡居民能够直接进入金融市场。

在完全竞争市场中，价格既不是由卖方决定，也不是由买方决定，而是由买卖双方的三向竞争决定的。一个值得认真思考的问题是，在金融体系中，真正与商业银行等金融机构竞争的主体是谁？是证券公司、信托公司、保险公司和资产管理公司等金融机构吗？不是，这些金融机构既需要从实体经济部门获得资金（如股权投资资金、信托计划资金、销售保单资金等），也需要从商业银行等金融机构中获得资金（如贷款、发债资金、影子银行资金等）。在存贷款市场乃至金融体系中，真正与商业银行等金融机构竞争的主体，实际上是实体经济部门中的实体企业和城乡居民。在消费剩余资金的金融运作权利有保障的条件下，居民部门的资金将通过每个居民的自由选择，或用于购买股票、债券、基金和其他金融产品，或用于存款，由此，在存款利率低廉的条件下，商业银行等金融机构将流失大量存款资金，这迫使它们按照金融市场的竞争性价格水平进行存款定价。另外，实体企业需要的资金可以通过自主地发行债券、股票和其他金融产品从金融市场中获得，也可通过银行贷款等方式获得，由此，商业银行等金融机构再以高于市场价格的贷款利率向实体企业放贷，就将面临贷款难以放出的风险，这迫使它们按照金融市场的竞争性价格水平进行贷款定价。由此可见，在实体经济部门拥有金融权利的条件下，金融产品的价格体系将在竞争中趋于成熟完善。

要使实体经济部门回归到金融市场，需要深化对原生金融产品的市场风险特点认识。在金融运行中，原生金融产品主要有债券、股票和存贷款，其他金融产品大多以此为基础衍生。

债券和股票是标准化金融产品，发行和交易处于公开市场之中，投资者根据公开披露信息监督和用脚投票制约着它们的价格走势，风险由投资者分别承当；存贷款是非标准化金融产品，通常难以进行连续性交易，对应资金的流量、流向和效应等信息并不公开，风险主要由相关商业银行等金融机构承担。由于持有债券、股票的投资者包括实体企业、城乡居民和相关金融机构，对应的风险由众多的投资者分散承担，由于商业银行等金融机构的数量有限，存贷款的金融风险基本由它们集中承担，同时，分散风险又是金融运作的一个基本要义，所以，如果从金融风险承担角度看，合乎逻辑的制度安排是，大量发展债券、股票等金融产品，限制存贷款等金融产品的扩张。但外植型金融体系中的这些金融产品结构正好相反，其制度安排的内在机理是，在由众多实体企业和城乡居民持有债券、股票等金融产品的条件下，行政可控性就大大降低了；反之，通过存贷款机制将实体企业和城乡居民的资金集中于商业银行等金融机构之中，政府部门运用行政机制进行掌控就容易多了。由此来看，"金融回归实体经济"的实质是重新理顺政府和市场的关系问题，发挥市场机制在配置金融资源方面的基础性作用。因此，它是中国金融改革中需要解决的基本问题。

改革是制度体系和利益格局的重新调整，除了认识差异外，也还有各种各样的取向差别、路径依赖和习惯势力等方面的障碍。从金融改革角度看，扩展实体经济部门的金融选择权必然从根本上冲击现存的金融体系，给以商业银行为主体、以存贷款为基础的金融运作方式和金融监管方式以严重冲击，从实质上推进外植型金融体系向内生型金融体系的根本转变，因此，是一个艰巨复杂的过程。这一改革的目的在于克服外植型金融体系的种种缺陷，建立中国金融体系的健康可持续发展的新模式。从这个意义上说，"金融回归实体经济"的过程是中国金融体系的重新构造过程。

五、以公司债券为抓手的金融体系改革

从目标上看，金融改革可分为单向改革和金融体系整体改革等。进入 21 世纪以来，人民币存贷款利率市场化改革、建立存款保险制度、商业银行业务转型、资产证券化、加快资本市场发展、加大资本账户开放程度和人民币汇率改革等，均带有单项改革的特点，它并不直接涉及整个金融体系的体制机制变化。一个突出的实例是，人民币汇率改革并不直接引致货币政策调控机制、人民币利率、商业银行业务转型、金融市场格局和金融产品创新等方面的体制机制改革。另一个突出的实例是，人民币利率市场化改革尽管从 1996 年就已展开，2012 年 6 月以后中国人民银行多次调整了人民币存贷款基准利率，扩大了存贷款利率的浮动区间，但货币政策的直接调控机制没有发生实质性变化，商业银行的业务转型也没有发生实质性改变，联动改革的效应并不明显。与单向改革相比，金融体系改革更加复杂困难，面对商业银行依然是中国金融体系的主体部分、存贷款在金融产品总量中所占比重远高于其他金融产品总和的状况，一旦举措不慎，将引致整个金融体系的大震荡（甚至可能引致某种程度上的危机），改革的推进更需要慎之又慎。

从各种金融产品对比看，在推进金融体系转变过程中，公司债券有着一系列独特的功能：

第一，存贷款的替代品。从性质上看，公司债券与存贷款一样都属于债权债务性金融产品。从利率上看，公司债券利率对资金供给者和资金需求者来说属于同一利率，有着克服存贷款利率差别的功能；在风险相同的条件下，公司债券利率水平低于贷款利率却高于存款利率；同时，由于各只公司债券质量不尽相同，公司债券的利率复杂程度明显高于存贷款，这既有利于满足不同的资金供给者和资金需求者的需要，也有利于为衍生性金融产品的开发创新提供条件。在充分发展公司债券的条件下，商业银行吸收的存款数额和发放的贷款都将随公司债券发行规模扩展而减少。这将引致三方面重要变化：其一，以存款计量的货币供应量的降低。截至 2013 年 9 月，中国广义货币（M_2）的余额已达 107.74 万亿元（为 GDP 的 2 倍），其中，人民币各项存款余额达到 103.09 万亿元。若以公司债券替代居民存款，则 44.31 万亿元居民存款中的一部分转化为买债资金，不仅有利于提高居民的财产性收入，而且将引致 M_2 大幅减少。其二，促使货币政策调控机制转型。在公司债券大量发展中，人民银行继续调控存贷款基准利率已无意义、控制新增贷款也失去了应有效应，由此，将促使货币政策的行政性调控机制向市场机制所要求的间接调控方式转变。其三，迫使商业银行业务转型。在存贷款数额下降的条件下，商业银行继续依赖存贷款业务来拓展经营的空间已大大压缩，由此，它们就不得不着力推进非存贷款业务的发展，提高金融服务质量，实现资产结构调整、商业模式转变。

第二，改善资金错配。吸短贷长是银行资金运作的一个突出现象。2013 年 6 月 20 日，银行间市场发生了隔夜拆借利率大幅上行的事件，其直接原因在于银行投放于中长期的信贷规模过大（中长期资金占比高达 60% 以上），深层次原因在于实体企业运行中严重缺乏长期性。如果大力发展公司债券，实体企业通过发债获得中长期资金（在发达国家，它的位次远高于股票），就能够有效改善信贷资金的期限错配状况。

第三，推进债务率降低。实体企业的债务率主要表现为由银行贷款引致的负债。在以公司债券替代银行贷款的条件下，由于长期债券具有准资本的功能，所以，短期债务率将明显降低（由此引致的风险也将明显降低）。这有利于推进实体企业的运行稳定。

第四，推进资产证券化。资产证券化以债券市场的成熟为前提。如若公司债券的大量发行交易能够推动债券市场的成熟，则资产证券化的基础条件将日臻完善，否则，资产证券化难以充分推展。

第五，推进商业银行业务转型。公司债券的大量发行，减少了银行吸收存款的数量和发放贷款的数量，同时，既为银行业务转型提供了金融市场条件，又给这种转型以较为充分的时间。

第六，熨平股市波动。在我国金融体系中，居民消费剩余资金的金融运作基本限于存款和股市投资。当这些资金涌入股市时，股市大涨，反之则股市大跌。在公司债券充分发展的条件下，居民资金分布于不同品质的债券品种，同时，债券市场利率对股市价格波动也有着制约功能，由此，股市运行中的大起大落就能够得到缓解。

第七，缓解小微企业的融资难。在大中型企业普遍通过发债获得运作资金的条件下，银行只能将贷款资金集中向小微企业投放，由此，将缓解小微企业的融资量小、融资利率高等难题。

在金融改革中，公司债券的功能举足轻重。第一，利率市场化改革。公司债券利率是银行存贷款利率的替代品。我国要实现存贷款利率市场化改革的目标，缺乏了公司债券利率的机制作用，是难以完成的。第二，存款保险制度。在存款依然是居民金融运作主要资产和银行经营主要对象的条件下，存款保险制度的实施存在着严重风险。在公司债券大量发展的背景下，银行存贷款在金融体系中的作用明显降低，由此，实施存款保险制度就不容易引致大的震荡。第三，资本账户中的交易项下开放。在资本账户开放中，大多数金融交易集中在公司债券及其衍生品方面，海外人民币的回流也主要通过这一渠道而展开。缺乏成熟的公司债券市场，就很难有效推进资本账户的充分开放。第四，推进亚洲债券形成。要发挥我国在亚洲金融市场中的引导作用，发展亚洲债券是一个可选择方案。但如果我国境内债券市场尚不成熟，就很难在这一领域中拥有充分的话语权（更不用说规则的制定权）。

公司债券作为直接金融工具，理应直接向实体企业和城乡居民销售，这既有利于使实体企业摆脱资金来源受限于银行贷款、暂时闲置的资金只能存入银行的格局，也有利于提高城乡居民的财产性收入。一些人担心，居民缺乏金融投资风险的承受能力，这是没有必要的。

一方面，经历了 20 多年股市跌宕走势的洗礼，居民已积累了充分的金融投资经验，对投资风险的承受能力已大为提高；另一方面，单只公司债券的数额不大，与城乡居民 44 万亿元的储蓄存款资金相比，只是沧海一粟。有人认为，在沪深证券交易所市场中已有挂牌的公司债券发行和交易，城乡居民可通过这一市场进行购买。如果这一市场的认购不踊跃，则证明公司债券发行缺乏认购者。这一认识似是而非，有着"差之毫厘，谬以千里"的效应。在沪深证券交易所中的投资者主要投资于股票，股票价格波动 1%～5%，在许多投资者看来还太少，因此，他们对债券价格在 1 个百分点左右的变动，缺乏敏感。这与存款市场中的情形差别极大。对众多存款人（包括实体企业和城乡居民等），存款利率在 0.5 个百分点的波动就有比较明显的反应。因此，不能用股市交易中的投资思维方式来替代存款交易中的投资思维方式，并由此否定公司债券在存贷款替代品方面的功能。

公司债券直接面向实体企业和城乡居民发行，需要做好七个方面工作：

第一，切实将《公司法》和《证券法》的相关规定落到实处，有效维护实体企业在发行债券中的法定权利。1994 年以后，发展公司债券市场就是中国证券市场建设的一项重要制度性工作。1994 年 7 月 1 日起实施的《公司法》第 6 章专门对发行公司债券做了规范，其中规定，股份有限公司 3 000 万元净资产、有限责任公司 6 000 万元净资产就可发行公司债券，公司债券余额可达净资产的 40%。2004 年，这些规定移入了《证券法》中。但近 20 年过去了，按照这一数额规定的公司债券鲜有发行。为此，需要依法行事，将这些法律规定进一步落实。

第二，建立全国统一的公司债券发行和交易制度，改变"五龙治水"① 的债券审批格局。

第三，取消公司债券发行环节的审批制，实行发行登记制，同时，强化公司债券交易环节的监管。

第四，积极推进按照公司债券性质和发行人条件决定公司债券利率的市场机制形成，在此基础上，逐步推进以公司债券利率为基础的收益率曲线形成，完善证券市场中各种证券的市场定价机制。

第五，积极发挥资信评级在证券市场中的作用，为多层次多品种的公司债券发行和交易创造条件。

第六，建立公司债券直接向实体企业和城乡居民个人销售的多层次市场机制，通过各类销售渠道（包括柜台、网络等）扩大公司债券发行中的购买者范围，改变仅由商业银行等金融机构购买和持有公司债券的单一格局，使公司债券回归直接金融工具。

---

① "五龙治水"指，在公司债券发行审批中，国家发改委负责审批企业债券，人民银行负责审批短期融资券、中期票据和债务性融资工具，银监会负责审批金融债券和各种银行债券，证监会负责审批上市公司债券、可转换债券和证券公司债券，保监会负责审批保险公司债券，由此形成的公司债券发行市场依行政机制而分割的状况。

第七，推进债权收购机制的发育，改变单纯的股权收购格局，化解因未能履行到期偿付本息所引致的风险。与此同时，切实落实公司破产制度，以规范公司债券市场的发展，维护投资者权益。

在公司债券回归直接金融的条件下，择机出台"贷款人条例"，以促进实体企业间的资金借贷市场发展；推进《票据法》修改，增加实体企业的融资性商业票据，提高货币市场对调节实体企业短期资金供求的能力；逐步推进金融租赁机制的发展，准许实体企业根据经营运作的发展要求，设立融资租赁公司或介入融资租赁市场。在这些条件下，中国的金融体系将切实回归实体经济。

参考文献

[1] 中共中央十八届三中全会文件。

[2] [英] 克拉潘：《现代英国经济史》（上、中、下册），北京，商务印书馆，1986。

[3] [美] 约瑟夫·斯蒂格利茨：《经济学》（上、下册），北京，中国人民大学出版社，2000。

[4] [美] 兹维·博迪等：《金融学》，北京，中国人民大学出版社，2000。

[5] 李扬：《中国金融改革30年》，北京，社会科学文献出版社，2008。

[6] 黄绍湘：《美国简明史》，北京，生活·读书·新知三联书店，1953。

[7] 王国刚：《中国资本市场热点分析》，北京，企业管理出版社，2003。

天津滨海新区社会融资总量测度研究

◎ 刘通午　曲　彬①

〔**内容提要**〕 中国人民银行《2010 年第四季度货币政策执行报告》明确提出"宏观调控中需要更加注重货币总量的预期引导作用，更加注重从社会融资总量的角度来衡量金融对经济的支持力度，要保持合理的社会融资规模，强化市场配置资源功能，进一步提高经济发展的内生动力"。本研究在总行银调发〔2012〕59 号文件公布的社会融资总量指标基础上，结合区域实际情况对天津滨海新区 2012 年的社会融资规模进行了测度，并通过 ARIMA 模型进行了预测。研究发现：近年来，新区金融支持实体经济方式日趋"多元化"，股票、债券等融资工具日益丰富，直接融资比例显著提高，但也存在融资结构较为单一，金融"市场化"程度仍然不高等问题，值得关注。

〔**关键词**〕 社会融资总量　直接融资　间接融资　股票　债券

一、背景

一般而言，一个国家金融体系可以分为"银行主导型"和"市场主导型"。纵观成熟经济体的金融发展史，可以得出这样的结论：随着经济发展水平的不断提高，银行信贷的间接融资在整个社会系统中的比例趋于下降，而通过非银行金融机构等直接融资渠道获得资金的比重将逐步上升。特别是在美国，直接融资在整个社会融资中的比重已经远远超过间接融资。

我国目前是以"银行主导型"的金融体制国家，由于我国过去经济、金融发展水平低，社会融资过度依赖以信贷为主的传统银行表内业务。这种传统的融资模式符合并适应了我国过去经济发展水平低的状况。随着近年来我国改革开放和经济的持续快速发展，伴

---

①　刘通午，中国人民大学博士，中国人民银行天津分行副行长，中国人民银行塘沽中心支行行长，国家外汇管理局塘沽中心支局局长，中国滨海金融协同创新中心研究员。曲彬，天津大学管理与经济学院金融工程中心，博士（在读），供职于中国人民银行塘沽中心支行。

随着我国金融业的大发展，金融结构多元化趋势明显，金融市场发展向"深度＋广度"多维度拓展，金融产品不断创新，银行业开拓表外业务崭露头角，股票、债券直接融资比例逐步加大。经济发展的金融"供血来源"更加充足。传统的银行存贷款监测已经远远不能覆盖整个社会融资体系的内涵范围，因此，能够全面反映整个社会融资规模的融资指标体系呼之欲出。

货币政策的最终目标①是促进经济增长、实现充分就业、保持物价稳定和维持国际收支平衡。为了实现这一最终目标，一般都要根据一个国家的实际情况，确定合适的中间目标。较长时期以来，我国货币政策重点监测、分析的指标和调控中间目标是 M_2 和新增人民币贷款。在某些年份，新增人民币贷款甚至比 M_2 受到更多关注。然而，由于新增人民币贷款已不能准确反映实体经济的融资总量，因此只有将商业银行表外业务、非银行金融机构提供的资金和直接融资都纳入统计范畴，才能完整、全面监测和分析整体社会融资状况，也才能从根本上避免因过度关注贷款规模而形成的"按下葫芦浮起瓢"的现象，即商业银行通过表外业务绕开贷款规模。这些表外业务主要有银行承兑汇票、委托贷款、信托贷款等。

衡量一个指标能否作为调控的中间目标，有两个重要标准，一是它与最终目标的关联性，二是它的可调控性。实证分析表明，与新增人民币贷款相比，社会融资总量与主要经济指标相互关系更紧密。衡量两个变量之间的关系，相关系数越高，说明两个变量之间的关系越紧密。后来的研究表明，基于 2002—2010 年的月度和季度数据，对社会融资总量、新增人民币贷款与主要经济指标分别进行统计分析，结果表明：与新增人民币贷款相比，我国社会融资总量与 GDP、社会消费品零售总额、城镇固定资产投资、工业增加值、CPI 的关系更紧密，相关性显著优于新增人民币贷款。

2011 年 1 月，当时的国务院总理温家宝同志召开国务院全体会议，首次明确提出"社会融资规模"概念。2011 年 2 月 17 日，中国人民银行首次详解了社会融资总量的概念，并强调了货币调控及经济关系中的作用。并显示出未来在货币政策决策中，将减少对信贷数据的过度依赖，向综合运用市场化的调控手段转变。中国人民银行调查统计司司长盛松成发表《社会融资总量的内涵及实践意义》文章，对社会融资总量的内涵及实践意义进行了明确阐述。中国人民银行下发银调发〔2012〕18 号、〔2012〕59 号两个文件②，要求副省级以上地区报送地区社会融资总量地区数据。

---

① 资料来源：社会融资总量的统计监测及宏观调控，百度百科。http://baike.baidu.com/view/5145283.htm.

② 基本公式表示为：社会融资总量＝人民币贷款增量＋外币贷款增量＋委托贷款＋信托贷款＋银行承兑汇票＋票据融资＋短期融资券＋中期票据＋非公开定向融资工具＋集合票据＋企业债＋公司债＋非金融企业股票融资＋小额贷款公司贷款增量＋保险公司赔偿＋银行投资性房地产＋保险投资性房地产。

二、社会融资总量的内涵释义及概念界定

我国的社会融资总量基于国际货币基金组织（IMF）的"货币与金融统计框架及资金流量"的核算原则，在充分考虑其与宏观调控最终目标相关性的基础上，并遵循指标的可得性、可测性、可用性的原则下，编制社会融资总量指标。国际货币基金组织"货币与金融统计框架推荐成员国"编制信用和债务总量指标，主要包括各类贷款、银行承兑汇票、债券、股票等金融资产等指标。由于国情不同，成员国可以根据自身实际情况进行编制，因此，各个国家在社会融资总量的名称、涵盖指标内容、口径等均有所差异。

社会融资总量是指一定时期内全社会各类经济主体之间的资金融通总量，其中，包括金融机构从社会其他经济主体获得的融资和实体经济（指非金融企业和个人）从社会其他经济主体获得的融资。社会融资规模的内涵[①]主要体现在三个方面：一是金融机构通过资金运用对实体经济提供的全部资金支持，即金融机构资产的综合运用，主要包括人民币各项贷款、外币各项贷款、信托贷款、委托贷款、金融机构持有的企业债券、非金融企业股票、保险公司的赔偿和投资性房地产等。二是实体经济利用规范的金融工具、在正规金融市场、通过金融机构服务所获得的直接融资，主要包括银行承兑汇票、非金融企业股票筹资及企业债的净发行等。三是其他融资，主要包括小额贷款公司贷款、贷款公司贷款、产业基金投资等。

社会融资规模反映的是我国实体经济从境内金融机构获得的融资总量，而外汇占款、外商直接投资属于外部资金流入，因此不应计算在内。

从金融宏观调控的实践角度看，实体经济的融资行为是重点，因此，中国人民银行对社会融资总量概念的界定为在一定时期内实体经济从金融体系获得的全部资金总额。领会社会融资总量的内涵概念应注意以下几点：

原则一：增量概念。社会融资总量是增量概念，即为期末、期初余额的差额，或当期发行或发生额扣除当期兑付或偿还额的差额。在金融统计上表现为：不同频度（月、季、年）的新增量。原则二：计价方式。社会融资总量中的直接融资指标，均采用发行价或账面价值进行计值，以避免股票、债券及保险公司投资性房地产等金融资产的市场价格波动扭曲实体经济的真实筹资。原则三：外汇折算。社会融资总量中以外币标值的资产折算成人民币单位，折算的汇率为所有权转移日的汇率买卖中间价。原则四：不重复计算。社会融资总量的数据汇总是金融机构之间的债权和所有权关系相互轧差，不存在重复计算问题。例如，金融机构之间相互持有的股权、金融机构之间相互持有的债券等，都不计入社会融资总量，以真

---

① 资料来源：社会融资总量的内涵，百度百科。http://baike. baidu. com/view/5145283. htm.

实反映金融体系对实体经济的资金支持。另外，社会融资总量中的银行承兑汇票是指金融机构表内表外并表后的银行承兑汇票，即银行为企业签发的全部承兑汇票扣减已在银行表内贴现部分。

三、文献综述

（一）社会融资总量"皈依"的理论

1. 《拉德克利夫报告》

1959年，英国货币体系运行委员会（The Committee on the Working of Monetary System）历经两年多的调查研究，提呈了一份350多万字的报告及证明材料，即金融货币史上著名的《拉德克利夫报告》。《拉德克利夫报告》认为对经济真正有影响的不仅仅是传统意义上的货币供给，而且包括这一货币供给在内的整个社会的流动性；决定货币供给的不仅仅是商业银行，而且包括商业银行和非银行金融机构在内的整个金融系统；货币当局所应控制的也不仅仅是这一货币供给，而且是整个社会的流动性。

2. 金融中介机构理论

起源于20世纪60年代，美国经济学家格利（John G. Gurley）和肖（Eduard S. Shaw）提出的金融中介机构理论认为：金融中介机构不仅包括商业银行，还应该包括各类非银行金融机构。各类非银行金融机构与商业银行在信用创造过程中具有"类同性"，货币和其他金融资产的类同性与相互间的"替代性"。得出结论：货币当局不仅应该控制货币和商业银行，而且应该同时控制其他金融机构和金融资产。

格利和肖还首次提出了直接融资和间接融资的概念，并将金融中介分为货币系统和非货币系统的中介机构，即银行和非银行金融中介机构。其中，非银行金融中介包括贴现公司、保险公司、退休金基金会、邮政储金局、建房贷款公司、投资信托公司等。

不仅如此，他们的贡献还在于提出将包含非银行中介机构信贷纳入货币政策调控工具的合理性和可行性奠定了理论基础。他们认为：在一个提供各种金融资产的复杂的金融结构中，单纯将对货币的控制作为一种管理可贷资金的流动和商品与劳务消费的方法，其效率是不断下降的。但如果货币当局能像控制商业银行存款负债那样，控制非货币金融资产的供给，那么货币政策的作用就不会有较大削弱。

3. 托宾的"新观点"

20世纪60年代，托宾（Tobin）等经济学家论证了各种金融机构及其各类金融资产的"同一性"。"新观点"强调商业银行与其他金融机构的"同一性"，以及货币与其他金融资产的同一性，主张货币供给的内生性。托宾在1963年首次提出的，形成于20世纪50年代中期到60年代中期，是相对于传统的货币基数—货币乘数分析法而言的。

从金融机构角度来看，商业银行与其他金融机构的基本功能均是作为资金借贷的中介；从金融资产角度来看，货币与其他金融资产均是信用工具。托宾认为"同一信用工具并非只是一种金融机构所掌握，借入者的负债形式是灵活多变的。"还认为，"就借入者对信用的需求而言，各种中介机构的资产有着某种程度的替代性"，并强调了"两区别"、"两影响"，即金融部门与实体经济部门的区别、金融资产与实物资产的区别，金融部门对实体经济部门的影响、金融资产变动对实物资产的影响。

金融的新发展趋势使银行类金融机构与非银行金融机构在资产运用与负债在经营上彼此融合，从而淡化了商业银行与其他金融机构，信用货币与其他金融资产之间的区别。随着金融体系的日益发达及其内部竞争加剧，可选择资产持有形式日益多样化，其相互替代性的逐步增强。一方面，商业银行的存款和资产规模要受存款的资产偏好和银行的贷款、投资机会的影响；另一方面，其他非银行金融机构的存款创造能力也会随其贷款融资活动的增加而提高。这样，就货币创造能力而言，它们只有程度上的差异，而无本质上的区别。

（二）社会融资总量的文献综述

盛松成[①]（2011）提出"货币供给理论"中的新观点（the New View），主要依据20世纪50年代后，西方出现的不同于传统货币供给的新理论：《拉德克利夫报告》的"整体流动性"论述。

余永定（2011）就社会融资总量能否应该成为货币政策中间目标，能否有助于实现货币政策的最终目标等问题进行探讨。焦琦斌、应千凡、游碧芙（2012）从社会融资总量与货币政策有效性角度出发，利用2002—2011年9月的月度数据，进行了社会融资总量、货币供应量M_2、贷款规模与货币政策最终目标相关性的比较，得出社会融资总量有效性明显强于货币供应量M_2和贷款规模，未来可以考虑将社会融资总量作为我国货币政策的中间目标。

晏露蓉、陈宝泉、吴伟（2012）利用经济学中的供需平衡、潜在产出和货币需求函数等理论，辨析社会融资规模合理性的标准及测量方法，提出建立"合理社会融资规模需求函数模型"和"基准资金价格指数调控社会融资规模"的构想，以期对宏观调控有所裨益。

中国人民银行株洲市中心支行课题组、绍兴市中心支行课题组和济南分行的郭忠军等，则依据本地区社会融资规模统计的实践，提出社会融资规模可以渐进式逐步量化，初步设计了社会融资规模监测的原则及方法，绍兴市中心支行课题组甚至提出地区社会融资规模统计的调整口径，检验了其与GDP和CPI的相关性，并对其产出效率的差异性进行分析。

张嘉为、郑桂环（2012）从宏观经济理论出发，建立动态随机一般均衡模型的分析框架，探讨社会融资规模与货币政策传导关系。模拟结果表明：货币政策调整对间接融资市场

---

① 盛松成：《社会融资规模概念理论基础与国际经验》，载《中国金融》，2011（8）。

与直接融资市场均产生显著影响，社会融资规模指标将更能反映货币政策调整对资金供给的影响，其变动对宏观经济的影响要大于银行信贷变动的影响。

四、近年来我国社会融资总量的情况

2013 年 1—10 月，我国社会融资总量约为 148 227 亿元。其中，新增人民币贷款 77 847 亿元，约占 52.52%；新增外币贷款（折合人民币）5 217 亿元，约占 3.52%；委托贷款 20 034 亿元，约占 13.52%；信托贷款 16 260 亿元，约占 10.97%；未贴现银行承兑汇票 5 963 亿元，约占 4.02%；企业债券 16 371 亿元，约占 11.04%；非金融企业境内股票融资 1 703 亿元，约占 1.15%。其他类融资为 4 832 亿元，约占 3.26%。

2012 年 1—10 月，我国社会融资总量约为 130 124 亿元。其中，新增人民币贷款 72 271 亿元，约占 55.54%；新增外币贷款（折合人民币）6 633 亿元，约占 5.1%；委托贷款 9 542 亿元，约占 7.33%；信托贷款 8 446 亿元，约占 6.49%；未贴现银行承兑汇票 8 351 亿元，约占 6.42%；企业债券 18 605 亿元，约占 14.3%；非金融企业境内股票融资 2 265 亿元，约占 1.74%。其他类融资为 4 011 亿元，约占 3.08%。

从 2013 年各月走势情况看，1—10 月，社会融资总量最多的为 1 月和 3 月，分别为 25 446 亿元和 25 503 亿元。4—7 月持续走低，从 17 629 亿元降至 8 189 亿元。8 月，开始出现增长趋势，社会融资总量为 15 840 亿元。在随后的两个月里，又有所下降，9 月为 14 109 亿元，10 月为 8 564 亿元（见图 1）。

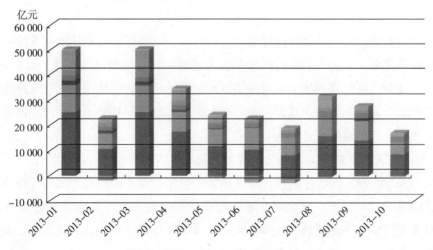

图 1 2013 年 1—10 月社会融资总量

从 2012 年各月走势情况看，呈现规则有显著的"季节性"波动。1—10 月，社会融资总量最多的为 3 月、6 月和 9 月，分别为 18 704 亿元、17 802 亿元、16 462 亿元，为一年中的"波峰"。1—2月，社会融资总量平稳增长，分别为9 754亿元和10 431亿元。在3月冲高后，4—5月继续保持平稳增长，分别为9 637亿元和11 432亿元。在6月冲高后，又有所下降，7—8月继续保持平稳增长，分别为10 522亿元和12 475亿元。在9月冲高后，10月社会融资总量也表现出了下降趋势，为12 906亿元（见图2）。

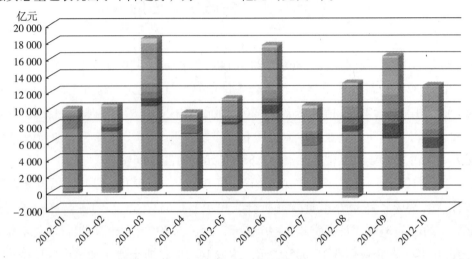

图2 2012年1—10月社会融资总量

五、区域社会融资总量测度的意义

2011年人民银行工作会议上，周小川行长提出要加强对社会融资总规模的研究，明确了现阶段社会融资总量的内涵和指标构成，这对提高我国金融宏观调控的有效性和推动金融市场健康发展意义重大。从中央银行的分支机构层面看，建立地区社会融资总量常规统计，监测地区社会融资总量及其变化，对及时了解地区实体经济融资结构、有效支持地方经济发展具有现实意义。为此，我们在总行公布的社会融资总量指标基础上，对天津滨海新区的社会融资总量的统计和监测体系进行初步研究。

（一）滨海新区金融创新加速发展，需要全面反映区域实体经济融资状况

近年来，天津滨海新区在全面推进滨海新区综合配套改革的过程中，将金融改革创新作为综合配套改革的首要任务，在金融企业、金融业务、金融市场和金融开放等方面先行先试，新金融业态持续、快速增长。各类要素交易市场业务发展较快，直接融资、表外间接融资对区域金融企业、实体经济发展提供了更加多元化的融资渠道，需要反映出通过这些渠道的融资状况。

（二）地方政府制定政策和中国人民银行基层行履职，需要对地区社会融资总量进行研究

中国人民银行基层行承担着区域货币政策的实施和地区金融稳定维护的职责，亟须掌

握、了解区域实体经济资金运作的情况。从地方政府角度看，地方政府迫切，十分关注银行体系外的资金对经济的贡献力，从而达到提高制定各项经济政策的针对性。

（三）经济发展和融资结构存在差异，需要尽快建立地区社会融资总量监测

我国各地区之间经济社会发展的差异性很大，实体经济融资总量、融资渠道、融资结构各不相同，金融对实体经济支持方式的地区特点较为明显。欠发达地区间接融资比重较高，而发达地区直接融资比重相对较高，开放程度较高的地区金融创新机构发展迅速，对经济发展的影响也逐步加大，地区银行信贷数据不能全面反映金融机构和金融市场对实体经济的资金支持程度。因此，在人民银行总行统计全国社会融资总量的基础上，结合地区实际开展地区融资总量统计和监测，对全面了解各地区实体经济融资总量及构成情况有重要意义。

六、指标体系设计

依据中国人民银行银调发〔2012〕18号、〔2012〕59号文件①，结合滨海新区融资结构特点，按照可操作性、层次性、可比性原则，将滨海新区社会融资总量分为间接融资、直接融资和其他类融资三部分进行测度。通过测算，2012年滨海新区社会融资总量为1 294.91亿元②，约占天津市社会融资总量的30.8%，融资规模与2011年基本持平。

（一）间接融资

主要为银行系资金来源。测度指标包括表内业务和表外业务。2012年间接融资为1 015.26亿元，比2011年减少9.4%，占新区社会融资总量的78.4%，比2011年下降8.03%。

1. 表内业务。表内业务即传统的银行信贷业务，包括人民币贷款增量和外币贷款增量。

（1）人民币贷款增量。不同于贷款余额的金融统计方式，这里采取增量统计，即当月末余额减去上月末余额。从2011年、2012年年度情况看，人民币贷款增量区间为〔750，800〕亿元，2012年为754.43亿元，2011年为795.47亿元。从季度情况看，增幅超过200亿元的有4个季度，其余季度人民币贷款增量均在150亿元左右波动。

（2）外币贷款增量。统计方法上同，需考虑折算汇率问题，这里使用的折算汇率为月内各交易日人民币对美元汇率中间价的平均值③。即外汇贷款增量 = ∑（外币各项贷款增量

---

① 基本公式表示为：社会融资总量 = 人民币贷款增量 + 外币贷款增量 + 委托贷款 + 信托贷款 + 银行承兑汇票 + 票据融资 + 短期融资券 + 中期票据 + 非公开定向融资工具 + 集合票据 + 企业债 + 公司债 + 非金融企业股票融资 + 小额贷款公司贷款增量 + 保险公司赔偿 + 银行投资性房地产 + 保险投资性房地产。

② 目前测度期内缺少短期融资债券、公司债、保险公司赔偿三项数据，详见正文内容。

③ 外汇贷款折算汇率：取自中国货币网，月内各交易日人民币对美元汇率中间价的平均值。

×当月人民币对美元汇率中间价平均值）。外汇贷款增长明显，从 2011 年的 – 18.21 亿元增长至 2012 年的 26.76 亿元。季度数据波动性较大，增长波峰为 2013 年第一季度的 74.99 亿元，增长谷底为 2011 年第四季度的 – 40.08 亿元。

2. 表外业务。新区表外业务测度指标包括委托贷款、票据融资、银行承兑汇票，占社会融资总量的两成左右。表外业务总体结构较为稳定，内部指标变动各异：委托贷款增长明显，票据融资大幅下降，银行承兑汇票增量收窄。2012 年，委托贷款为 69.09 亿元，增长 72.2%；票据融资为 10.08 亿元，下降 85.9%；2011 年至 2013 年第一季度，银行承兑汇票季度均值分别为 58.05 亿元、38.73 亿元、12.48 亿元，增量有逐渐收窄趋势。

（二）直接融资①

无金融中介介入，借助金融工具形成的融资方式。测度内容包括新区各类债券类融资、非金融企业股票融资。2012 年，直接融资为 279.78 亿元，增长 58.97%，约占新区社会融资总量比重的 21.6%，比 2011 年提高 8.04 个百分点。

1. 债券类，指注册在本地的非金融企业发行的各类债券，所获得资金包括短期融资券、中期票据、非公开定向融资工具②、集合票据、企业债、公司债等。2012 年债券类融资共计 275 亿元，比 2011 年增长 56.25%。其中，中期票据 56 亿元、非公开定向融资工具 175 亿元、企业债 43 亿元、集合票据 1 亿元。

2. 股票类，指注册在滨海新区的企业通过境内正规金融市场进行的股票融资，本类为非金融企业境内股票融资。2011 年至 2013 年第一季度，滨海新区企业共进行了两次股票融资③。

（三）其他

其他类融资包括小额贷款公司贷款增量、保险公司赔偿等。

1. 小额贷款公司贷款增量，测度依照金融统计监测管理信息系统的统计数据，为新区 6 家④小额贷款公司的贷款增量。2013 年第一季度，小额贷款公司贷款增量为 0.38 亿元，约占新区社会融资总量的 0.08%。

---

① 数据来源：1. 短期融资券：中国债券信息网；2011 年第四季度、2012 年、2013 年数据源无法获取。查询时间：2013 年 5 月 1 日至 5 月 20 日。2. 中期票据：中国债券信息网。查询时间：2013 年 5 月 1 日至 5 月 20 日。3. 非公开定向融资工具：中国银行间市场交易商协会网站 DCM 注册发行口径。查询时间：2013 年 5 月 1 日至 5 月 20 日。4. 集合票据：中国债券信息网。查询时间：2013 年 5 月 1 日至 5 月 20 日。5. 企业债：中国债券信息网：中央企业债 + 地方企业债。查询时间：2013 年 5 月 1 日至 5 月 20 日。6. 公司债：无法获取。7. 非金融企业境内股票融资：《天津市证券业运行情况报告》，由天津证监局提供。

② 非公开定向融资工具：为 DCM 注册发行口径。

③ 两次发行分别为：2012 年第三季度，津膜科技创业板上市，融资 4.87 亿元；2013 年第一季度，瑞普生物股票期权行权方式发行股票，融资额 0.2 亿元。资料来源：天津证监局。

④ 分别为天津和谐发展小额贷款股份有限公司、天津滨海龙达青年创业小额贷款有限公司、方洲小额贷款公司、隆鑫荣小额贷款公司、天津新春小额贷款有限公司、天津茂兴和小额贷款有限公司。资料来源：金融统计监测管理信息系统。

2. 保险公司赔偿，指本地注册的保险公司在合同有效期内履行赔偿义务而提供的各项金额，具体包括财产险赔款、健康险赔款、意外伤害险赔款。由于目前新区无保险业监管机构，此类数据无法获取。

3. 投资性房地产，包括保险公司投资性房地产和银行业投资性房地产，目前新区此两类数据为零。

七、基本面分析

（一）滨海新区社会融资总量特点分析

1. 从总体规模看，滨海新区社会融资总量占天津市比重高于贷款占比。2012 年，滨海新区社会融资总量为 1 294.91 亿元，约占天津市总量的 30.8%，高于 2012 年末本外币各项贷款余额（含非在地）占天津市各项贷款余额比重的 28.58%。2011 年，滨海新区社会融资总量为 1 296.97 亿元，约占天津市社会融资总量的 40.75%，高于 2011 年末各项贷款余额（含非在地）占天津市各项贷款余额比重的 30.6%。其中，第一季度、第三季度滨海新区社会融资总量占天津市社会融资总量的比重已超过 50%。

2. 从资金匹配度看，社会融资总量与经济指标相关性优于贷款。随着金融市场体系的发展与完善，经济主体融资不再单纯地依靠银行信贷部门，仅从贷款角度考量与经济指标的关系已显得远远不够。因此，我们进行了经济产出指标 GDP 与社会融资规模、新增贷款匹配程度的对比测度。如表 1 所示，社会融资总量与 GDP 的相关性为 0.65，显著高于贷款与经济增长相关性的 0.36。另外，为了能更加深入地反映社会融资规模与区域经济特点的关联程度，我们还将滨海新区投资及工业增加值数据与社会融资规模、新增贷款的匹配程度，进行了拟合性实验，结果表明：滨海新区自 2006 年至今，作为经济增长主动力的投资，作为主导产业结构的第二产业中的工业增加值与社会融资总量的拟合系数分别为 0.57、0.67，均显著高于贷款与相关经济指标的拟合系数 0.35、0.39（见表 1）。

表 1　　　　　　滨海新区社会融资总量、贷款与主要宏观经济指标相关性[①]

	GDP	投资	工业增加值
社会融资总量	0.65105	0.56535	0.66716
新增本外币贷款	0.36121	0.35214	0.38831

3. 从融资结构看，直接融资比重上升，股票、债券等融资工具作用日益增强。从融资结构上看，滨海新区间接融资与直接融资比例从 2011 年的 86:14 演进为 2012 年的 78:22，

---

① 通过 Eviews6.0 Correlogram 实现，时间序列样本与后续预测一致。

直接融资比例从 2011 年的 13.57% 增至 2012 年的 21.61%。2012 年，滨海新区直接融资金额为 279.78 亿元，同比增长 58.97%。2006 年，我国 IPO 新规的正式实施，为滨海新区一批规模性企业和高成长企业上市创造了制度环境条件，天津港股份有限公司、中国远洋控股股份有限公司、天津泰达股份有限公司等符合资质的企业"领衔"挂牌上市；天津膜天膜科技股份有限公司在创业板上市，通过资本市场开辟新的融资渠道。截至 2012 年 12 月末，滨海新区非金融上市企业数量达到 27 家①，占天津市上市企业的 71%；2012 年，境内股票融资达 4.78 亿元，创历史年度最高水平；债券类融资增长 56.25%，发行企业债 43 亿元，使用非公开定向融资工具融资 175 亿元。

4. 从主导载体功能看，银行表外融资"多元化"趋势增强。2010 年 12 月末，我国货币政策从"适度宽松"转向"稳健"，受宏观货币政策影响，表内融资规模增长有所放缓，表外"多元化"融资趋势增强。2011 年，表外融资为 343.77 亿元，占间接融资的 30.67%，其中，第一季度表外融资占比接近四成。从指标内部情况看，银行承兑汇票已占间接融资的 30%，票据融资、委托贷款"此消彼长"，交替上升。2011 年，票据融资大幅增长达到历史峰值 71.45 亿元，2012 年委托贷款约增长 73%。

5. 从资金流动渠道看，天津市给予滨海新区经济有力支持。区域经济理论认为区域发展必须依托于整体金融资源环境的供给，以空间资源配置的合理性为基础，形成中心城市与周边城镇间的"极化—扩散"效应的资源网络。因此，滨海新区经济发展除自身金融"供血"外，也依附于天津市的资源供给。2012 年，天津市区银行机构对滨海新区企业投放的贷款约占社会融资总量的 20.81%，非在地贷款②增量为 269.52 亿元，呈资金净流入趋势，比 2011 年增长 2.57 倍，体现出天津市资金源流对滨海新区经济发展的支持作用。

6. 从区域融资特点看，特色金融业态服务经济能力显著提升。随着滨海新区金融改革先行先试政策的深入推进和金融创新成果涌现，区域"特色"金融已成为拓宽融资的重要渠道。2011 年、2012 年，在滨海新区注册的银行系金融租赁公司③贷款增量分别为 395.07 亿元、429.66 亿元，约占间接融资规模的三分之一。另外，自 2008 年在我国开展小额贷款公司试点以来，此类业态为解决小微企业、个人消费贷款作出贡献，有效填补金融市场细分的"缝隙"。

(二) 关注问题

1. 滨海新区资金"投入"与"产出"间存在"缺口"，与经济发展的匹配性弱。从供给和需求理论的角度看，金融供给与经济增长之间存在一个匹配性问题。2011 年、2012 年、2013 年第一季度，滨海新区地区生产总值约占天津市的 55.5%、55.9%、56.32%；滨海新

---

① 信息来源：天津证监局、滨海新区金融服务局。

② 非在地贷款：滨海新区以外天津市的金融机构对滨海新区注册企业的贷款。

③ 按隶属监管机构划分，融资租赁公司分为两类。一类是由发改委管辖并监管的融资租赁公司；另一类是由银行业协会负责监管，一般为银行系金融租赁公司，工商银行、民生银行、兴业银行三家属于此类金融租赁公司。

区社会融资总量为 1 296.97 亿元、1 294.91 亿元、484.26 亿元，约占天津市比重的 40.75%、30.8%、30.38%，目前滨海新区融资规模与全国、天津市水平相比仍然不高。另外，从与经济指标的匹配程度看，尽管滨海新区社会融资规模与相关经济指标拟合程度优于贷款，但显著低于天津市水平。

2. 融资结构仍较为单一，间接融资为主要渠道。我国社会融资结构中，间接融资占比低于六成，其中，2012 年 12 月新增人民币贷款仅占社会融资总量的 27.9%。反观滨海新区情况，2011 年至 2013 年各季度，间接融资约占社会融资总量的七至八成，其中：有 3 个季度间接融资比重超过 90%。新增人民币贷款比重约占社会融资总量一半，传统的银行贷款仍是滨海新区融资的主要渠道。

3. 资本市场活力不足，金融"市场化"程度不高。现代市场经济中，发行债券、股票融资是融资活动中最为活跃的部分。从区域对比情况看，浦东新区、深圳特区均已成为我国企业上市交易、融资融券的主要场所，直接融资工具使用的频率、效能较高，直接融资体系发展较为发达。而滨海新区参与资本市场筹集资金的企业较少，2012 年第三季度以前，滨海新区上市企业多数为发债融资方式，并未通过规模性股票融资方式从资本市场上募集资金。另外，利用短期融资债券、集合票据等多样化、灵活性直接融资工具的金额不足 1 亿元。

八、基于 ARIMA 模型的社会融资总量预测

(一) 建模思想

ARIMA 模型是一种针对非平稳时间序列的预测方法，在已有经验数据的基础上，通过实证检验一般预期可以达到较好的预测效果。我们通过将其非平稳时间序列转化为平稳时间序列，将因变量仅对其滞后值以及随机误差项的限制和滞后值进行回归建立，并根据原始序列是否平稳及回归分析中所含部分的不同，以及移动平均过程 (MA)、自回归过程 (AR)、自回归移动平均过程 (ARMA)、ARIMA 过程。

本研究的预测是基于 ARIMA 模型的数量估计，其基本思想是将已有社会融资总量随时间推移形成的数据视为一个随机序列，通过拟合模型来无限接近这个序列的趋势规律，从而根据其现值估计未来值。因此，模型预测不涵盖新政策发布、大规模融资、突发事件等任何外部性、不确定性因素。

ARIMA (p, d, q) 称为差分自回归移动平均模型，其中：AR 是自回归模型，p 为自回归项；MA 为移动平均模型，q 为移动平均项数，d 为时间序列成为平稳时所做的差分次数。预测期间为 2013 年第二季度至 2013 年第四季度。其 ARIMA (p, d, q) 模型可以表示为：

$$\left(1 - \sum_{i=1}^{p} \Phi_i L^i\right)\left(1 - L\right)^d X_t = \left(1 + \sum_{i=1}^{q} \theta_i L^i\right)\varepsilon_t$$

（二）预测

1. 模型识别

由于预测模型对时间序列长度有要求，但社会融资总量概念形成及公布的时间在 2011 年度，并且，我们对滨海新区的测度时间也是从 2012 年开始进行。同时，滨海新区成立以前，直接融资几乎没有。基于此，我们通过使用人民币新增贷款、外汇新增贷款、银行承兑汇票等数值代替社会融资总量值。即选择将滨海新区有用统计数据的最早年份算起，时间序列从 2004 年第一季度至 2013 年第一季度共计 37 个时间序列。首先，绘制了 2004 年至 2013 年第一季度的折线图 FIANCE，观察图中社会融资总量序列的基本性态，从图 3 可以看出，序列 FIANCE 存在时间趋势，可以对序列 FIANCE 进行单位根检验。

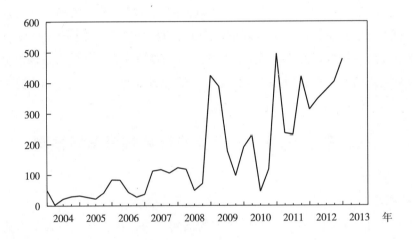

图3　序列 FIANCE 的折线图

2. 平稳性检验

从图 4 可以看出，单位根检验结果表明时间序列不平稳，T - 统计量不显著，ADF 单位根检验结果（Augmented Dickey – Fuller test statistic）的绝对值为 0. 362864 分别小于检验临界值（Test critical values）在 1% 水平下的绝对值 3. 639407；小于检验临界值（Test critical values）在 5% 水平下的绝对值 2. 951125；小于检验临界值（Test critical values）在 10% 水平下的绝对值 2. 614300，且 P 值为 0. 9046 大于临界值 0. 05。因此，为了消除时间趋势和单位根检验的非平稳性，进行取对数后进行差分处理（见图 4）。

从图 5 可以看出，进行一阶差分后，单位根检验序列具有显著的平稳性，FINANCE T - 统计量非常显著，ADF 单位根检验结果（Augmented Dickey – Fuller test statistic）的绝对值为 8. 823985 分别大于检验临界值（Test critical values）在 1% 水平下的绝对值 3. 639407；大于检验临界值（Test critical values）在 5% 水平下的绝对值 2. 951125；大于检验临界值（Test

Null Hypothesis: FIANCE has a unit root

Exogenous: Constant

Lag Length: 2 (Automatic based on SIC, MAXLAG=9)

		t-Statistic	Prob.*
Augmented Dickey–Fuller test statistic		−0.362864	0.9046
Test critical values:	1% level	−3.639407	
	5% level	−2.951125	
	10% level	−2.614300	

图 4   序列 FIANCE 单位根检验结果 (原始序列)

critical values) 绝对值在 10% 水平下的 2.614300，且 P 值为 0.0000 小于临界值 0.05。时间序列可以进行预测使用 (见图 5)。

Null Hypothesis: D(FIANCE) has a unit root

Exogenous: Constant

Lag Length: 1 (Automatic based on SIC, MAXLAG=9)

		t-Statistic	Prob.*
Augmented Dickey–Fuller test statistic		−8.823985	0.0000
Test critical values:	1% level	−3.639407	
	5% level	−2.951125	
	10% level	−2.614300	

图 5   序列 FIANCE 单位根检验结果 (一阶差分序列)

3. 判断季节性调整需要

考虑社会融资总量序列的特征，判断是否进行季节性调整的需要。从原始数据的情况来看，社会融资总量序列不同于传统的贷款数据，具有明显的季节性特征。同时，社会融资总量的测度频度为季度，传统的贷款数据的频度一般为月度。根据时间序列条形图，观测其季节性变化规律。如图 6 所示，社会融资总量的序列走势无明显的季节性因素，同时我们使用了 Census – X12 季节调整方法，发现调整后的趋势与调整前基本相同，因此本文预测前不再做季节调整。根据自相关与偏自相关图尾部形态观测，经一阶差分，自相关与偏自相关值基本落入置信区间内，序列趋势基本消除，并通过 ADF 检验该时间序列为平稳性序列，可以进行模型预测 (见图 6)。

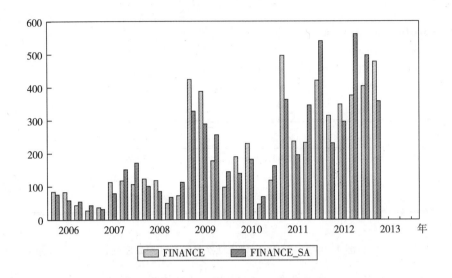

图6　季节调整前后的社会融资总量序列

4. 预测模型的选择

　　建立 ARIMA（P，D，Q）模型，在模型估计之前确认模型的形式，通过分析序列的自相关函数和偏自相关函数来进行参数识别。由于序列 FIANCE 经过一阶自然对数差分，序列的趋势被消除。因此，选择 D＝1。观察序列 FIANCE 的自相关图，序列 FIANCE 的偏自相关函数只在滞后 2 阶段、6 阶段显著地不为零，因此，选择低阶值 P＝2。序列 FIANCE 的自相关函数直到滞后 3 阶后才降为零，表明 MA 过程是低阶的，因此 Q＝1 或 Q＝0。因而，我们估计下列两种模型形式：ARIMA（2，1，1）模型和 ARIMA（2，1，0）模型（见图7）。

```
Date: 12/06/13   Time: 14:06
Sample: 2004Q1 2013Q4
Included observations: 36

Autocorrelation   Partial Correlation      AC      PAC     Q-Stat    Prob

                                    1   -0.199   -0.199    1.5476    0.213
                                    2   -0.546   -0.609   13.525    0.001
                                    3    0.271   -0.042   16.565    0.001
                                    4    0.130   -0.207   17.285    0.002
                                    5   -0.145    0.003   18.208    0.003
                                    6   -0.202   -0.412   20.072    0.003
                                    7    0.163   -0.060   21.327    0.003
                                    8    0.310    0.096   26.035    0.001
                                    9   -0.272   -0.010   29.785    0.000
                                   10   -0.116    0.089   30.488    0.001
                                   11    0.185   -0.092   32.367    0.001
                                   12   -0.014    0.042   32.378    0.001
                                   13   -0.065    0.027   32.626    0.002
                                   14   -0.019    0.086   32.648    0.003
                                   15    0.045   -0.056   32.781    0.005
                                   16    0.017   -0.093   32.800    0.008
```

图7　序列 FIANCE 的自相关图与 Q 统计量

5. 模型建立

（1）建立 ARIMA（2，1，1）回归模型。通过 ARIMA（2，1，1）模型，常数项 C 系数为 1 684.750，P 值为 0.8424。AR（1）为 1.160733，P 值为 0.00。AR（2）为 -0.167206，P 值为 0.3951。MA（1）为 -0.949826，P 值为 0.00。

从模型序列检验指标及相关性结果可以看出：模型拟合优度 R^2 为 0.605519，调整过后 R^2 为 0.567344，F 统计量为 15.86144，回归标准差为 100.2045，因变量均值为 174.8380，因变量标准差为 152.3407，DW 统计量为 1.841843。赤池消息准则指标（AIC）为 12.15951，施瓦茨准则指标（SC）为 12.33727。使用最小二乘法建立 ARIMA（2，1，1）回归模型，写出方程式（见图 8）。

$$FINANCE = 1\,684.75 + 1.160733AR(1) - 0.167206AR(2) - 0.949826MA(1) + \varepsilon 0$$

```
Dependent Variable: FIANCE
Method: Least Squares
Date: 12/06/13   Time: 15:18
Sample (adjusted): 2004Q3 2013Q1
Included observations: 35 after adjustments
Convergence achieved after 49 iterations
MA Backcast: 2004Q2
```

	Coefficient	Std. Error	t-Statistic	Prob.
C	1684.750	8400.151	0.200562	0.8424
AR(1)	1.160733	0.188952	6.143013	0.0000
AR(2)	-0.167206	0.193888	-0.862386	0.3951
MA(1)	-0.949826	0.052163	-18.20893	0.0000

R-squared	0.605519	Mean dependent var	174.8380
Adjusted R-squared	0.567344	S.D. dependent var	152.3407
S.E. of regression	100.2045	Akaike info criterion	12.15951
Sum squared resid	311269.4	Schwarz criterion	12.33727
Log likelihood	-208.7915	Hannan-Quinn criter.	12.22088
F-statistic	15.86144	Durbin-Watson stat	1.841843
Prob(F-statistic)	0.000002		

Inverted AR Roots	0.99	0.17
Inverted MA Roots	0.95	

图 8 ARIMA（2，1，1）模型序列相关性结果

（2）建立 ARIMA（2，1，0）回归模型。通过 ARIMA（2，1，0）模型，常数项 C 系数为 210.7630，P 值为 0.0092。AR（1）为 0.671990，P 值为 0.0007。AR（2）为 0.044428，P 值为 0.8122。

从模型序列检验指标及相关性结果可以看出：模型拟合优度 R^2 为 0.447721，调整过后 R^2 为 0.413203，F 统计量为 12.97085，回归标准差为 116.6970，因变量均值为 174.8380，因变量标准差为 152.3407，DW 统计量为 2.022350。赤池消息准则指标（AIC）为 12.43886，施瓦茨准则指标（SC）为 12.57217。使用最小二乘法建立 ARIMA（2，1，0）回归模型，写出方程式（见图 9）。

$$FINANCE = 210.7630 + 0.671990AR(1) + 0.044428AR(2) + \varepsilon 0$$

```
Dependent Variable: FIANCE
Method: Least Squares
Date: 12/06/13   Time: 15:25
Sample (adjusted): 2004Q3 2013Q1
Included observations: 35 after adjustments
Convergence achieved after 3 iterations
```

	Coefficient	Std. Error	t-Statistic	Prob.
C	210.7630	75.99811	2.773266	0.0092
AR(1)	0.671990	0.178923	3.755743	0.0007
AR(2)	0.044428	0.185473	0.239539	0.8122

R-squared	0.447721	Mean dependent var	174.8380
Adjusted R-squared	0.413203	S.D. dependent var	152.3407
S.E. of regression	116.6970	Akaike info criterion	12.43886
Sum squared resid	435782.2	Schwarz criterion	12.57217
Log likelihood	-214.6800	Hannan-Quinn criter.	12.48488
F-statistic	12.97085	Durbin-Watson stat	2.022350
Prob(F-statistic)	0.000075		

Inverted AR Roots	0.73	-0.06

图9　ARIMA（2，1，0）模型序列相关性结果

6. 模型优略比较

从以下各指标结果可以明显看出，ARIMA（2，1，1）的拟合优度 0.605519 大于 ARI-MA（2，1，0）的拟合优度 0.447721；调整后的 ARIMA（2，1，1）的拟合优度 0.567344 大于 ARIMA（2，1，0）的拟合优度 0.413203。从模型拟合优度结果看，ARIMA（2，1，1）模型优于 ARIMA（2，1，0）模型。ARIMA（2，1，1）模型的 AIC 系数为 12.160，小于 ARIMA（2，1，0）模型的 AIC 系数 12.438；ARIMA（2，1，1）模型的 SC 系数为 12.337，小于 ARIMA（2，1，0）模型的 SC 系数 12.572。根据 AIC 和 SC 最小准则，ARIMA（2，1，1）模型也优于 ARIMA（2，1，0）模型。再从 DW 统计量分析，ARIMA（2，1，1）模型 DW 统计量为 1.841843，符合小于 2 的一般标准，ARIMA（2，1，0）模型 DW 统计量为 2.022350，大于一般意义划定的标准值 2。从 DW 统计量结果看，ARIMA（2，1，1）模型也优于 ARIMA（2，1，0）模型。综上，我们选择 ARIMA（2，1，1）模型进行预测。

表2　　　ARIMA（2，1，1）、ARIMA（2，1，0）模型比较结果

模型	拟合优度 R^2	Adjusted^2	AIC 准则	SC 准则	DW 统计量
ARIMA（2，1，1）	0.605519	0.567344	12.160	12.337	1.841843
ARIMA（2，1，0）	0.447721	0.413203	12.438	12.572	2.022350

7. 模型预测

利用 2004 年第一季度至 2013 年第一季度时间序列拟合的 ARIMA（2，1，1）模型对

2013 年第二季度、2013 年第三季度、2013 年第四季度滨海新区的社会融资总量模型进行预测，从而推断出 2013 年全年的社会融资总量。图中虚线代表预测区间，可以看到随着向后预测期的增加，预测置信区间基本平行趋势，并未呈现发散状态，模型的预测精度较好。如图 10 所示，希尔不等系数①为 0.208506，方差比例为 0.118659。得出预测值汇总如表 3 所示，滨海新区 2013 年第二季度、2013 年第三季度、2013 年第四季度社会融资总量模型预测值分别为 395.74 亿元、405.77 亿元、415.73 亿元，并进而推算出 2013 年社会融资总量模型预测值约为 1 695.14 亿元。模型拟合的 2012 年第一季度至 2013 年第一季度期间的预测值、实际值以及相对误差如表 3 所示（见图 10）。

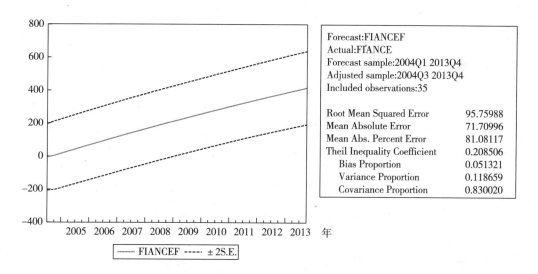

图 10　ARIMA（2，1，1）模型序列预测结果

表 3　　　　　　　　　　基于 ARIMA 模型的社会融资总量预测情况表

时间	预测值（单位：亿元）	实际值（单位：亿元）	相对误差
2012Q1	344.36	313.62	9.8%
2012Q2	354.80	348.25	1.88%
2012Q3	365.15	375.42	-2.74%
2012Q4	375.43	403.78	-7.02%
2013Q1	385.62	477.9	-19.31%
2013Q2	395.74		
2013Q3	405.77		
2013Q4	415.73		

---

①　希尔不等系数 Theil Inequality Coefficient 值为 0 - 1，值越小表示拟合值和真实值差异越小。

8. 结论及探讨

由于目前中央银行不公布地区社会融资总量数值，仅要求为副省级以上的区域报送并监测社会融资总量数据。本文对滨海新区的数据测度、预测模型的实证属于前瞻性探讨研究。考虑如下情况，具有如下约束条件：一是滨海新区不属于中央银行要求的建立社会融资总量常规统计监测的层级。因此，本文测度的滨海新区社会融资总量模拟中央银行公布的测度方法，结合区域实际情况，并考虑实际数据的可获得性，完成滨海新区社会融资总量测度。二是由于社会融资总量近两年才开始，我们选择从 2012 年开始进行社会融资总量测度。由于区域实际情况，造成如保险等数据的不可获性，数据出处与来源，具体缺失数据前面已经提到，在此基础上，我们最大限度地保证了测度数值具有依据原则性、来源的正规性、测度的最合理性。三是需要考虑到时间序列长度，2012 年以前的社会融资总量，如前所述使用 2004 年第一季度至 2011 年第四季度的间接融资的部分指标对社会融资总量进行的指标替代，在此基础上完成的预测实证模型。综上所述，本预测只在学术探讨的角度进行参考，与真正实际数据必然存在一定误差，与日后实际工作完善后建立的常规统计相区别。综观实际数据的测度和通过实证模型预测得出的，我们可以总结出以下在测度滨海新区社会融资总量当中有以下难点。

九、区域社会融资总量测度难点

（一）从全面性测度角度，社会融资的"总量"概念没有完全体现

一方面，体现在现有统计指标的数据缺失。例如，由于滨海新区没有专门的保险业监管部门，因此目前保险公司数据无法取得。另一方面，随着金融业的创新与发展，滨海新区股权投资基金、非银行系融资租赁公司、商业保理等具有地区特点的新型融资工具未纳入社会融资总量测度的正式指标中。因此，滨海新区实际具有可操作性的融资总量可能比理论统计的口径大。

（二）从标准性测度角度，直接融资部分信息缺乏统一、明确的来源

据调查，目前全国副省级城市中心支行测度的社会融资总量中的部分直接融资数据由总行统一反馈取得，而滨海新区不属于总行反馈层级。通过自行测度，部分指标的来源缺少统一、明确、规范的采集标准。例如，非公开定向融资工具使用的数据为中国银行间市场交易商协会《接受注册通知书》中的 DCM－PPN 注册发行金额，而在有限期内真实分期发行金额情况无法获悉。又如，公司债根据现有测度水平和资源，在指定的公开网站、市级证监业监管机构处均无法获取。

（三）从可持续性测度角度，无法形成社会融资总量测度的长效机制

凭借现有手段采集的数据信息具有"间断性"，影响滨海新区社会融资总量测度长效机

制的形成。例如，短期融资券的统计数据信息取自中国债券信息网，而在采集过程中发现，目前披露的最后一批信息数据截至 2011 年 9 月，2011 年第四季度、2012 年、2013 年短期融资券信息无法取得，导致社会融资总量整体数据测度的不连续。

（四）从时效性测度角度，数据采集频度有待加快

基于可操作原则，目前测度的频度为季度，测度期间为 2011 年至 2013 年第一季度，样本容量为 9 个。受公开信息披露时效性的影响，除间接融资以外，其他社会融资总量指标的获取均有延迟情况。从目前情况看，社会融资总量统计还不具备像日常金融统计中贷款余额使用月度作为统计频度的条件。

十、建议

（一）将滨海新区社会融资总量纳入人民银行总行统一监测体系，保障测度的正规性

目前，人民银行总行银调发〔2012〕59 号文件尚未要求副省级以下中心支行按月报送地区社会融资总量数据。尽管滨海新区所属行政层级不在报送之列，但作为国家级经济区，地方政府、各职能部门领导对辖区社会融资总量数据高度关注。另据调查，其他特殊经济区域也有测度本辖区社会融资总量的意愿。建议将其纳入人民银行总行社会融资总量监测体系，并按照人民银行总行做法，对区域股票、债券、保险等数据给予统一反馈，保证区域社会融资总量测度的正规性。

（二）加强"一行三会"部门间沟通，建立社会融资总量测度的长效机制

加强"一行三会"合作，建立银行、保险、证券数据"资源共享"机制，重点探讨区域层面的多方合作形式和内容，开启"制定政策—统计数据—监督管理"三段式工作步骤[①]。同时加强与发改委、银行间市场交易协会等企业债、非公开定向票据监管主体部门的沟通协调，促进社会融资总量测度工作长效、灵活、互动机制的形成。

（三）继续完善测度体系，充分反映金融服务实体经济的能力

结合区域特点以及金融创新成果，不断调整和完善社会融资总量指标构成体系。例如，结合滨海新区金融业态特点，考虑加入融资租赁、商业保理、典当行业等统计内容，充分反映服务实体经济的金融主体变化情况，形成统计口径、统计范围的逐步完善，从不同层面，解释社会融资总量指标体系的内容，尽可能全面地体现社会融资总量服务实体经济的价值。

（四）鼓励直接融资发展，推动我国传统融资结构的"嬗变"

借鉴美国等发达国家融资经验，充分利用资本市场低筹资成本优势，运用股票、非公开定向工具、期货、期权等金融衍生工具等多种直接融资方式，鼓励符合条件的企业发行短期

---

① 引自吴盛光：《从二元论的维度看社会融资总量》，载《调研世界》，2011（9）。

融资券、公司债、集合债券等债券型融资工具，逐步拓展融资渠道，满足实体经济不同行业、不同规模、不同成长阶段的融资需求。此外，目前我国尚未形成统一的 OTC 市场，建议整合天津市滨海国际股权交易所和天津股权交易所，建立全国性的 OTC 市场，逐步解决和满足中小企业、民营经济融资需求。充分发挥经济发达区域资源配置的市场化功能，进而推动我国传统融资体系、金融调控体系的嬗变。

参考文献

［1］盛松成：《社会融资规模概念的理论基础与国际经验》，载《中国金融》，2011（8）。

［2］张嘉为、赵琳、郑桂环：《基于 DSGE 模型的社会融资规模与货币政策传导研究》，载《财务与金融》，2012（1）。

［3］晏露蓉、陈宝泉、吴伟、王伟斌：《社会融资规模计量与合理性研究》，载《上海金融》，2012（11）。

［4］林铁钢：《社会融资规模检测问题研究——以天津市为例》，分支行行长调研报告。

［5］余永定：《社会融资总量与货币政策的中间目标》，载《国际金融研究》，2011（9）。

［6］焦琦斌、应千凡、游碧芙：《社会融资总量与货币政策有效性实证研究》，载《金融发展评论》，2012（5）。

天津金融产业集聚的发展现状与路径选择

◎ 马蔡琛　徐晓雪　罗　磊　邹宏魁①

〔内容提要〕金融产业集聚是当代经济发展的重要表现之一。目前，北京金融街和上海陆家嘴是国内较为成熟的金融产业聚集区。2009 年，天津市启动滨海新区于家堡金融区建设项目，计划建成全球最大的金融产业区。本文通过对北京金融街、上海陆家嘴的比较分析，剖析了于家堡金融产业集聚的优势与劣势，并结合北京金融街、上海陆家嘴发展过程中的启示，对于家堡的未来发展定位、模式及可采取的具体措施提出了政策建议。

〔关键词〕金融产业集聚　金融混业经营　金融街　陆家嘴　于家堡

一、引言

随着经济社会的不断发展，产业集聚已成为成熟市场经济的重要特征之一。金融业也开始在部分经济发达地区出现集聚，形成了金融产业集聚区。从全球范围看，目前已形成了以伦敦、纽约、东京为代表的三大金融产业聚集区。改革开放 30 多年来，中国经济的平均年增长率超过了 10%，堪称世界经济增长的一个奇迹。与此同时，全球金融资源大量流向中国，尤其是北京、上海这两个经济发达的城市，出现了明显的金融产业集聚现象，形成了北京金融街、上海陆家嘴等金融产业集聚区，有效地带动了周边地区的金融发展以及经济增长。

"十一五"规划中，明确提出"要全面推进天津滨海新区开发开放"之后，环渤海地区经济迅速发展，成为继珠三角、长三角之后的中国经济增长"第三极"，金融产业也开始向天津，尤其是滨海新区聚集。2009 年，为了进一步推动天津金融产业发展，建立与中国北方经济中心相适应的金融服务体系和金融改革创新基地，天津市启动了滨海新区于家堡金融

---

① 马蔡琛，南开大学经济学院教授、南开大学中国财税发展研究中心主任、博士生导师。徐晓雪，南开大学经济学院金融专业硕士研究生。罗磊，南开大学经济学院金融专业硕士研究生。邹宏魁，北京讯迪文化传媒有限公司总经理，经济学博士。

区工程项目，拟耗资 2 000 亿元，计划用十年时间，建成全球最大的金融产业区。

目前，国内对中国区域性金融产业集聚的研究较多，但大部分集中于北京与上海这类发展较为成熟的金融产业集聚区，对天津于家堡发展的研究较少。尽管目前对于家堡的政策扶持力度很大，但由于天津的经济发展，尤其是金融产业的发展尚待进一步完善，于家堡的金融产业集聚程度远远落后于北京金融街和上海陆家嘴。本文通过与金融街、陆家嘴对比，分析于家堡的金融产业集聚问题，这对促进天津地区金融产业的发展，具有非常重要的现实意义与启示价值。

二、金融产业集聚理论分析

（一）简要的文献述评

金融产业集聚是一个复杂的跨学科问题，涉及经济学和地理学等多方面理论。许多国内外学者对金融产业集聚进行了研究，从学科的角度划分，其研究视角主要基于产业经济学和金融地理学。

Marshall（1890）第一次对产业集聚现象进行了研究，并解释了产业集聚的原因，即企业获得外部经济而集聚。Kindle Berger[1]（1974）继承了 Marshall 的思想，认为规模经济是产业集聚的决定因素。M. E. Porter（1990）发展了 Marshall 的理论，提出了产业集群的概念。上述理论构成了国内外学者从产业经济学角度研究金融产业集聚的基础。在此基础上，Naresh 和 Gary（2001）[2] 对英国金融产业集聚进行了研究，发现产业集聚有助于企业发展壮大，并可吸引更多专业人才。Taylor（2003）[3] 对伦敦金融产业集聚的研究，也得出了类似结论。潘英丽（2003）[4] 的研究也显示，金融机构的集聚提高了市场流动性，降低了融资成本和投资风险，这种外部经济效应对金融产业集聚具有促进作用。

金融地理学源自经济地理学，起源于 20 世纪 50 年代。Paul Krugman（1991）[5] 指出，产业空间集聚与地区专业化存在一致关系。从金融地理学出发，Porteous（1995）[6] 认为，

---

① Kindle Berger. The Formation of Financial Centers: A Study of Comparative Economic history [M]. Princeton: Princeton University Press, 1974: 58 - 70.

② Naresh R. Pandit, Gary Cook. The Dynamics of Industrial Clustering in British Financial Services [J]. The Services Industrial Journal, Vol. 21: 33 - 61, 2001.

③ Taylor P. Financial Services Clustering and Its Significance for London [J]. Journal of Financial Economic, Vol. 9: 336 - 342, 2003.

④ 潘英丽：《论金融中心形成的微观基础——金融机构的空间聚集》，载《上海财经大学学报》，2003（1）。

⑤ Paul Krugman. Increasing Returns and Economic Geography [J]. Journal of Political Economy, Vol. 3: 484 - 499, 1991.

⑥ Porteous. D. J. The Geography of Finance: Spatial Dimension of Intermediary Behavior [M]. Aldershot: Avebury, 1995: 10 - 278.

市场的空间分布不均，会导致金融产业的集聚。Davis（1998）[①] 研究了金融企业的选址问题，认为供给、需求和外部经济是三个决定性因素。张凤超（2003）[②] 研究了金融产业的地域差异，认为地域的差异也是不断变动的。

（二）金融产业集聚动因

Marshall（1920）、Weber（1929）、Porter（1990）等在解释产业集聚的现象时，将产业集聚的动因归结为：外部经济、规模经济、集聚经济和交易成本四个方面[③]，以及人才、市场、政策、信息等相关因素。

获得外部经济和规模经济是金融产业集聚的主要动因之一。Kindle Berger（1974）[④] 的研究证实，外部经济和规模经济会导致银行和其他金融机构会选择一个特定的区位进行集聚。韩国学者 Park Y. S.（1989）[⑤]指出，规模经济会诱导银行加强合作，金融机构共享基础设施，进而形成集聚。

人才和市场是金融产业集聚的另一个主要动因。Naresh 和 Gary（2001）[⑥] 对英国金融产业集聚的研究表明，能够提供大量的会计、精算、法律等专业人才，以及拥有巨大的金融市场，是金融产业在伦敦集聚的重要动因。

信息和交易成本也是诱发金融产业集聚的原因。Porteous（1995）、Martin（1999）等金融地理学者从"信息外在性"、"信息不对称"、"信息腹地"等角度解释金融产业集聚。Kang 和 Stulz（1995）[⑦] 的研究发现，良好的信息传递能够降低金融企业的交易成本，从而会促使金融产业集聚。

金融产业集聚的动因还有很多，国内外学者都做了详细研究。例如 Goldberg、Helsley 和 Levis（1988）[⑧] 研究了金融制度与金融产业集聚的关系，潘英丽（2003）[⑨] 认为税收制度是影响金融产业集聚的因素之一，梁颖（2006）[⑩] 研究了金融产业集聚的宏观动因。

---

① Davis. E. P. International Financial Center—An Industrial Analysis [J]. Bank of England, Discussion Paper, Vol. 51：1 – 23, 1990.

② 张凤超：《金融产业成长及其规律探讨》，载《当代经济研究》，2003（10）。

③ 程书芹、王春艳：《金融产业集聚研究综述》，载《金融理论与实践》，2008（4）。

④ Kindle Berger. The Formation of Financial Centers：A Study of Comparative Economic history [M]. Princeton：Princeton University Press, 1974：58 – 70.

⑤ Park. Y. S. Musa Essayed. International Banking and Financial Centers [M]. Boston：Kluwer Academic Press, 1989：68 – 84.

⑥ Naresh R. Pandit, Gary Cook. The Dynamics of Industrial Clustering in British Financial Services [J]. The Services Industrial Journal, Vol. 21：33 – 61, 2001.

⑦ Kang J. K., R. Stulz. Why is there a home bias? An analysis of foreign portfolio equity ownership in Japan [J]. Journal of Financial Economics, Vol. 2：71 – 77, 1995.

⑧ Michael A. Goldberg, Robert W. Helsley and Maurice D. Levis. On the Development of International Centers [J]. Annals of Regional Science February, Vol. 22：81 – 94, 1988.

⑨ 潘英丽：《论金融中心形成的微观基础——金融机构的空间聚集》，载《上海财经大学学报》，2003（1）。

⑩ 梁颖：《金融产业集聚的宏观动因》，载《南京社会科学》，2006（11）。

（三）金融产业集聚模式与机制

金融产业集聚的模式主要有两种：自然形成模式和政府主导模式[①]。陈继海（2003）[②]认为，还有一种计划型的产业集聚模式，主要发生在计划经济体制下。

自然形成模式，也称市场主导型集聚模式，该模式的形成有很多偶然因素，同时也与市场经济的发育程度有重要联系。这一模式多见于发达市场经济国家，例如英国伦敦的金融城，美国纽约的曼哈顿。政府主导型集聚模式，即政府通过产业政策，引导金融企业在某一特定的区域集聚。这一模式多发生在新兴经济体国家（如新加坡）。

梁颖和罗霄（2006）[③]对两种模式的发生机制进行了研究。市场主导模式和政府主导模式都是通过改变金融制度，来引致金融产业集聚。不同的是，市场模式是由市场因素引发制度变迁，政府主导模式则是通过政府行政手段。

（四）金融产业集聚效应

对于金融产业集聚效应，国内外学者做了许多研究。金融产业集聚效应可以分为两部分：一是对产业内的效应，即对产业发展的影响；二是对产业外的效应，主要是对区域经济增长的影响。

金融产业集聚对产业内的效应主要有三个：信息外溢效应、知识学习效应和网络效应。Bossone、Mahajan和Zahir（2003）[④]的研究指出，地理位置的接近，有利于金融机构交换信息，形成信息外溢。Feldman和Audretsch（1999）[⑤]认为，金融产业集聚会产生知识学习效应，即金融机构之间相互学习对方的优势。连建辉、孙焕民和钟惠波（2005）[⑥]研究了金融产业集聚的网络效应。这三种效应的综合作用结果会导致规模经济和外部经济。当然，金融产业集聚也会产生一些负面效应（如过度竞争等）。

王力和黄育华（2004）[⑦]研究发现金融产业集聚会产生极化效应，这一效应会促使金融资源流向集聚地，最终会导致区域金融中心的形成，区域金融中心作为增长极会推动区域经济增长。刘军、黄解宇和曹利军（2007）[⑧]指出，金融产业集聚到一定阶段后，会产生负面效应，例如信息成本增加、办公楼租金昂贵和过度竞争等。当这一负面效应愈发明显时，金融资源会由集聚状态变为扩散，即产生扩散效应。除了极化效应和扩散效应，金融产业集聚

① 王传辉：《国际金融中心产生模式的比较研究及我国的启示》，载《世界经济研究》，2000（6）。
② 陈继海：《世界各国产业集聚模式比较研究》，载《经济纵横》，2003（6）。
③ 梁颖、罗霄：《金融产业集聚的形成模式研究：全球视角与中国的选择》，载《南京财经大学学报》，2006（5）。
④ Bossone B., Mahajan S. and Zahir F. Financial Infrastructure, Group Interests and Capital Accumulation [R]. IFM, Office of the Executive Director, Vol. 2004：34，2003.
⑤ Feldman M. P. and Audretsch D. B. Innovation in cities：Science－based diversity, specialization and localized competition [J]. European Economics Review, Vol. 43：409－429, 1999.
⑥ 连建辉、孙焕民、钟惠波：《金融企业集群：经济性质、效率边界与竞争优势》，载《金融研究》，2005（6）。
⑦ 王力、黄育华：《国际金融中心研究》，北京，中国财政经济出版社，2004。
⑧ 刘军、黄解宇、曹利军：《金融集聚影响实体经济机制》，载《管理世界》，2007（4）。

还会产生回波效应[①]。

三、中国金融业制度变迁的经济学分析：基于混业经营的视角

从历史演进的视角来审视中国金融业分工与演进的制度变迁过程，其脉络是与经济运行机制的转型相一致的。新中国成立以来，我国经历了从落后的市场经济向计划经济、又从计划经济向完善的市场经济转型的艰辛历程。在时间序列上，相当于将发达国家在数百年间完成的制度变迁压缩在不到一个世纪里完成（其中还增加了一个非市场经济的制度试验）[②]。其间，中国金融业经营模式及其产业集聚的变迁演进，也同样体现了不同时期的历史痕迹。

回顾各国金融制度变迁与演进的历程，在经营管理模式的选型问题上，大体有分业经营和混业经营两种不同的路径选择。分业经营与混业经营，是指金融业是否以金融机构为标准而划分不同的经营范围。通常意义上的分业与混业则是指一国金融体系内部业务分工的概念，在我国一般指银行、证券、保险、信托等金融业务在同一机构内融合或分离的关系。

概括起来，如果不将中国传统的钱庄与票号纳入分析的视野，而仅就现代意义上的金融管理模式渗透到中国社会生活中的历史加以简要梳理的话，大体可以将其划分为新中国成立以前的混业经营尝试时期、新中国成立以来至改革开放前的高度集权化经营时期、改革开放初期的粗放型混业经营模式、20世纪90年代中期以来的严格分业经营与混业经营探索等若干时期。

（一）新中国成立以前的混业经营尝试

通常对中国金融混业与分业经营模式的研究，往往从20世纪80年代改革开放初期作为逻辑起点，似乎只有在那个时候，关于银行、证券与保险业之间的分工与整合，才纳入中国经济学研究的视野。其实，金融业经营模式的理论探讨与实践探索，是与现代经济学在中国从萌芽到成长的历程大体相伴的。而作为一门科学的经济学，其在中国的逐渐形成和系统发展则可以追溯到20世纪初叶。

尽管当年的中国金融业经营者并没有现代意义上的混业经营理念，然而，在新中国成立前的金融实践中，确实曾经出现过一些对混业经营模式的探索与尝试。其主要表现有两个方面：一是银行业与保险业的混业经营，二是银行参与实业投资。

1. 银行业投资创办保险公司

随着近代中国保险业的出现，在1926年前后，中国保险界内出现了银行界大量投资于保险业的新现象。1926年12月，由交通、金城、中南、大陆、国华、东莱等银行，投资开

---

① 李立辉：《区域产业集群与工业化反梯度推移》，北京，经济科学出版社，2005。
② 林毅夫：《当代制度分析前沿系列》，上海，上海财经大学出版社，2003。

办了安平保险公司，从而掀起了银行大规模投资保险业的浪潮①。银行业大量投资于保险业，促进了中国民族保险事业的发展。当时的研究者对此也曾指出："一向被人漠视忽略的中国保险业，这几年来已呈现出一种生气勃勃的景象了。金融界方面给予的助力，实在不小，全国各大银行凭着他们深厚的金融势力，直接间接地扶植了一些规模较大保险公司出来，集成一条坚固的阵线，以与洋商公司相颉颃，社会为之一新。"②

银行业大规模投资保险业的原因主要有以下两个方面：首先，银行对保险公司所产生的正外部效应内在化，使银行既能获得业务发展带来的收益，又能获得保险公司的利润。其次，如果银行投资创立保险公司，就可以充分利用银行的有形和无形资源开展业务，降低保险展业的成本，实现范围经济效应。

如果我们不从意识形态的角度对当年的金融管理者加以过多苛求的话，这种银行业投资保险业的经营模式，实际上已然开启了中国金融混业经营的先河。

2. 银行参与实业投资

其中较具典型意义的案例是上海商业储蓄银行对企业的投资活动。据1934年统计，上海商业储蓄银行对71家企业进行投资，其中投资额超过5万元的企业就有10家③。这种银行投资参与实业经营的活动，也可以视为广义混业经营的一种模式。

尽管这一时期，以美国为代表的市场经济发达国家已然开始走上严格分业经营的道路，但中国金融业仍旧根据自身特点开展了一系列混业经营的尝试。总体上看，这一时期的混业经营模式，具有典型的"需求诱致型"制度变迁模式的特点④。其原因在于，当时银行、证券、保险以及民族产业都处于各自发展的幼稚时期，相关制度规则尚不完善，为各业之间的交叉与融合留下了较大的空间。由于各业规模较小，混业经营的风险也不很显著，相关"防火墙"的构建也尚未引起足够的重视。由此可见，金融业具体经营模式的选择，在不同历史时期，呈现不同的特点，并不存在着某种可以放之四海而皆准的标准模式。

（二）计划经济下的集权化经营模式（新中国成立初期—20世纪70年代末期）

1948年12月，中国人民银行在石家庄成立，这标志着新中国金融体系的建立。此后我

---

① 根据1939年的《中国金融年鉴》统计，当时与银行形成战略伙伴关系的保险公司有如下之多：中央信托局保险部与中央银行；上海联保水火险公司与广东银行；大华保险公司、中国第一信用保险公司、宝丰保险公司与上海银行；太平保险公司、安平保险公司、丰盛保险公司与交通银行、金城银行、中南银行、大陆银行、国华银行、东莱银行；中国天一保险公司与交通银行、金城银行、大陆银行、国华银行、东莱银行；中国保险公司与中国银行；四明保险公司与四明银行；泰山保险公司与浙江兴业银行；华兴保险公司与中国通商银行；兴华保险公司与聚兴诚银行。

② 资料来源：谢国贤：《保险事业在中国》，载《银行周报》第21卷，第19期。

③ 具体包括：中国建设银行公司（投资筹建浙江钱塘江大桥）20万元；交通银行12.5万元；中国银行23.2万元；永利化学工业公司97.5万元；商办闸北水电股份有限公司5.17万元；英美烟公司5万元；南通大储公司堆栈7.5万元；蚌埠公记堆栈5.5万元；宝丰保险公司20万元；上海自来水公司12万元。资料来源：上海商业储蓄银行档案（上海市档案馆藏），Q275—1—839，投资企业略况原稿（1934年）。

④ 按照新制度经济学的分析，所谓"需求诱致型"制度变迁是指，现行制度安排的变更或替代，或者是新制度安排的创造，是由个人或一群（个）人，在响应获利机会时自发倡导、组织和实行的。诱致型制度变迁必须由某种在原有制度安排下无法得到的获利机会引起。

国参照前苏联银行的模式，确立起高度集中的单一型金融组织体系。在改革开放前的 30 年间，这种以人民银行为核心、统收统支、统存统贷的"大一统"金融体制，一直曲折起伏地发展延续。

在这一模式下，全国只有一家中国人民银行，既经营商业银行业务又从事金融管理工作，尽管当时针对海外业务还存在着中国银行和中国人民保险公司，但在内部组织结构上，它们仅仅作为中国人民银行的一个部门。这一时期，由于中国的证券业已然基本消亡，保险也仅仅局限于国际贸易等有限的海外业务。中国人民银行体现为综合经营管理全部金融业务的唯一机构。因此，如果我们不很严格地加以界定的话，得出这样的结论——那一时期的中国金融业处于一种相对畸形的混业经营状态之下——似乎也无不可之处。

尽管，这种特殊模式的产生与发展，有其深刻的时代历史背景，我们没有权利对当年的制度设计者加以随意性的品评。但是，不得不承认的是，作为我国金融业制度变迁的初始条件，高度集权的"大一统"金融体制，致使中国人民银行集中央银行与商业银行于一身，政府在资源配置和改革过程中居于绝对的主导地位，金融产品单一，金融工具缺乏，融资渠道稀少。随着中国社会经济的运行轨迹逐渐向市场经济转向的进程，这种模式已难以适应时代的要求。

（三）粗放型的混业经营模式（20 世纪 80 年代初期—90 年代中期）

1. 改革开放初期的混业经营尝试

改革开放初期，中国的金融体制改革大体循着两条发展路径展开，一是体制内的银行专业化；二是体制外的金融机构混业化。1980 年国务院下达的《关于推动经济联合的暂行规定》中指出"银行要试办各种信托业务"。此后，各家银行陆续以全资或参股形式开办了大量金融信托机构。1987 年发布的《企业债券管理暂行条例》规定，企业债券可以委托银行或其他金融机构代理发售，经中国人民银行批准，各专业银行和其他金融机构可以经办企业债券转让业务。

尽管早期的金融体制改革中，仅仅存在着对混业经营模式的模糊认识，其指导思想也仅是为了改变大而全的封闭型金融组织结构，建设具有开放性的以专业化分工为前提的金融体系。循着这种中央政府供给主导型的制度变迁方式，20 世纪 80 年代初期，中国非银行金融机构取得了蓬勃发展，各类经济主体（包括各级政府财政部门、四大专业银行、新的商业银行以及企业法人等）纷纷组建具有混业经营性质的各种金融机构。其中，相对典型的有 1986 年重新组建的交通银行和中国国际信托投资公司[①]。这些混业经营的初步尝试，开拓了金融业经营者的视野，为下一时期中国粗放型混业经营模式的全面发展奠定了基础。

---

① 交通银行组建之初的业务范围包括：各种本外币银行业务、保险、证券、投资、房地产、租赁和信托等非银行业务。中国国际信托投资公司实际上是一个集"金融、生产、贸易、服务"等为一体的混合经济体，其经营范围包括：国内外投资、国内外贸易、海外工程承包和劳务输出、外汇业务、国际金融和对外担保、租赁、咨询、房地产、旅游、为外商保险、外商委托的其他代理业务。同时，中信公司还投资设立了租赁公司和中信实业银行。

2. 混业经营模式的全面展开（20 世纪 80 年代末期—90 年代初期）

20 世纪 80 年代末期至 90 年代初期的中国金融混业经营浪潮，主要是在金融机构对利益追求的自发冲动下展开的。由于新设立的商业银行具有混业经营的优势，这使得原国有专业银行的分工局限愈发明显。在当时政府监管政策思路不很清晰的背景下，我国的国有专业银行全面开办了信托公司、证券公司和其他经营实体，甚至直接投资经营各类工商实业，逐渐使银行成为了全能银行。

20 世纪 90 年代初期证券市场的恢复与重建，也为国有专业银行拓展混业经营业务提供了广阔空间。由于当时没有专门的证券公司或投资银行，四大国有专业银行纷纷开始经营证券业务，以全资或参股的形式，开办了大量的证券公司或信托投资公司。当我们对这些近乎"野猫式"经营的金融混业历程加以回顾的时候，需要加以肯定的是，在中国证券市场初步形成的过程中，银行在资金、技术、人员和组织管理等方面，发挥了重要的促进作用，促进了资本市场的形成与发育。

概括起来，这一时期的金融混业经营模式，呈现以下几个方面的特点：第一，银行兼营证券业和信托业务。初期的证券公司和信托公司大多由银行全资附属或控股，证券和信托成为银行的重要兼营业务。第二，证券公司介入银行的融资业务。第三，信托公司兼营银行业务。初期的信托公司大多变相办理存贷款业务，成为银行规避贷款限额管理的主要途径。第四，银行和信托公司参与实业投资和房地产经营，这是导致后来经济秩序混乱的重要制度性因素，也是导致这种混业经营尝试终结的重要原因。

作为渐进式金融改革的一种尝试，尽管这种混业经营模式具有过于粗放管理的内生缺陷，但这种"需求诱致型"制度变迁模式所体现的混业经营的巨大利益诱惑，却始终伴随着中国金融业的成长历程。也正是基于这种对利益最大化的追求，在此后十多年的严格分业经营模式下，中国金融理论界和实务部门也始终在探索着不同模式的混业经营道路。

（四）严格分业经营模式的确立与渐进式混业经营的探索

1. 严格分业经营模式的确立

中国金融学界对分业与混业问题的反思，早在 20 世纪 80 年代中期就已开始。1986 年，国家体改委、中国人民银行与世界银行联合召开的"金融改革研讨会"上，就曾指出，金融分业和混业的制度选择必须从各国实际出发，对中国这样处于金融业发展初期的国家，应选择金融分业管制政策。1988 年，中国人民银行开始提出银行业与证券业分业管理。1991 年中国人民银行制定的"八五"期间金融体制改革方案中，就提出了分业经营的要求，但这一方针并未得到有效贯彻，反而在 1992 年提出了全方位多功能发展的口号。

1992 年下半年开始，我国出现了房地产热和证券投资热，大量银行信贷资金通过同业拆借流入证券市场，造成了经济过热、金融秩序混乱的局面。对此政府采取整顿金融秩序的调控举措，由此开启了金融业严格分业经营模式的进程①。

1993 年 11 月通过的《中共中央关于建立社会主义市场经济体制若干问题的决定》中，明确提出"银行业与证券业实行分业管理"。1995 年，相继颁布的《中国人民银行法》、《商业银行法》和《保险法》三部法律，确立了我国金融分业经营、分业监管的总体格局。同时，根据国务院的要求，四大国有商业银行与所属信托投资公司以及信托部、证券部全面脱钩，不再保留隶属关系或挂靠关系，银行不再经营信托投资业务，除承销国债和代理发行债券外，不再办理证券业务。1999 年施行的《证券法》则进一步明确了我国金融业分业经营、分业管理的原则。

这一时期中国金融业经营管理模式的演变，具有相对较强的政府主导型制度变迁的特征。这无疑是对此前"需求诱致型"制度变迁的一种强制校正，对于稳定金融秩序与防范金融风险发挥了重要作用。当然，作为一种在短期内紧急启动的强制性制度变迁方案，这种严格分业经营模式，自然难免具有某些矫枉过正的嫌疑，在一定程度上也抑制了中国金融业的发展空间。

2. 严格分业模式下的混业经营探索

无论是从金融企业追求规模经济与范围经济的利益冲动，还是从监管部门因应全球混业经营潮流的挑战出发，在严格分业模式下，混业经营的探索始终没有停止。这种探索主要体现为理论上的反思和实践上的渐进尝试两个方面：

（1）理论层面上的混业经营探讨与争鸣

理论层面上对金融混业经营问题的探讨，大体包括支持分业模式与支持渐进式混业模式两种观点。前者认为，目前我国的分业经营、分业监管体制符合现实国情，对混业经营在短期内不应予以考虑；1999 年才正式形成的银行、证券、保险分业监管的体制，也不应很快就使之成为历史。后者认为，在国际金融业由单一、分业走向统一、混业的趋势下，中国金融业在实行分业经营和分业管理的前提下，应允许银行业、保险业、证券业、信托业之间业务适当交叉和渗透，同时抓紧研究提升银行、证券、保险业竞争力的组织结构模式。受不同政策建议倾向的影响，以及全球金融危机爆发后对美国金融混业改革的反思，决策部门在处理具体实践中出现的混业经营个案尝试中，其政策取向也难免显得摇摆不定。

（2）实践层面上的混业经营模式探索

近 20 年来的分业经营历程，也同样体现了中国金融业探索混业经营现实路径的曲折历程。在实践中，大体形成了银证合作、银保合作与证保合作等各具特色的混业经营模式。出现了以中信集团、平安保险公司等为代表的一批初具雏形的金融控股公司组织构架。

---

① 关于这一时期粗放型金融混业经营模式是否对国民经济运行造成了关键性危害，有观点认为：造成关键危害的，并不是商业银行从事证券业务本身，而是商业银行利用其从事证券业务的机构进行的信贷资金、同业拆借资金转移投机。在证据收集和整理中，处理这一典型的违规行为，尚未发现其他有关商业银行经营证券业务弊大于利的事实证据。进一步的论述参阅：邵东亚：《金融业的分与合：全球演进与中国实践》，北京，北京大学出版社，2003。

（五）实行金融混业经营的约束条件

1. 实行多样化经营的边际收益需要大于边际成本

获取更多的收益是任何经营决策中最为基本的影响因素。对于金融机构决定采用多样化经营的混业经营模式而言，这一规律自然也是适用的。实施混业经营的收益主要来源于三个方面：一是争取更多的经营收益，二是获取规模经济下的范围经济效益，三是减少金融业务转换的边际成本。其相应成本与风险主要源于新业务领域发展中的诸多不确定性。也就是说，只有当实行多样化经营的边际收益大于边际成本的情况下，实行混业经营才具备现实的可能。

2. 具备良好的金融企业素质与有效的企业产权结构

在当今的国际金融市场上，混业经营的金融体系所面临的外部性金融冲击与内部控制风险具有日益增长的趋势，这就相应提高了对金融企业素质的要求。混业经营模式所内生具有的复杂性，决定了金融机构需要具有较强的风险意识和内控约束机制，金融监管当局的运行体系需要实现健全高效。只有在金融企业内部建立了相对完善的包括决策、执行、监督和信息传导在内的组织体系，金融混业经营模式才可能取得预期的成效。

对处于社会转型阶段的经济体而言，有效的产权结构也是实施混业经营的重要外部约束条件（产权结构在此主要是指剩余索取权和剩余控制权的配置结构）。通过有效产权机构下，微观金融机构利益相关主体之间委托—代理机制的合理设计，构建相对完善的激励兼容机制，避免金融混业经营中所可能出现的逆向选择和道德风险问题。

3. 规范的金融市场秩序与有效的金融监管模式

规范的金融市场秩序包括两层含义：一是有效的市场竞争机制，二是完善的市场运行体系。在混业经营模式下，金融企业之间优胜劣汰的生存竞争更加激烈。这就要求金融机构的多样化经营需要在一个规范有序的市场环境中展开，所有金融机构（既包括实施多样化经营的混业机构，也包括实施特色经营的专门化金融机构）都要遵循某些具有"一致同意"色彩的普适性规则。而这些包括正式规则和非正式规则在内的市场秩序规范的构建，无疑是一个相对漫长的内生制度演化过程。

有效的金融监管体系构成了实施混业经营战略的重要环境约束条件。不同金融业经营模式与不同金融监管模式之间的耦合与协调，也成为21世纪各国金融业所面临的重要时代命题。如果监管水平难以达到金融混业经营的客观要求，相关配套制度安排无法实现有效的协调与整合，却在金融业的具体经营模式上超越自身具体国情的许可，而采取更具挑战性的金融业经营管理模式与产业集聚方式；由于金融系统内蕴含的系统性风险缺乏有效地化解与释放通道，将有可能酿成金融动荡乃至经济社会危机。

4. 规范的社会信用体系与诚信政府的建设

无论是经济学院派还是商学院派的金融学研究，金融业的经营管理问题都需要纳入整个社会信用体系的框架中加以考察。在通常意义上，金融系统作为引导储蓄向投资转化的基本制度结构，其有效运行的基础在于社会信用体系的成熟与规范。只有在基本社会信用体系的构建过程大体完成之后，对于不同投资者的风险偏好区分才成为可能。金融混业与分业模式的选择，在某种程度上也取决于感受不同风险的投资者，对于不同金融产品和金融中介的选择，进而形成不同投资群体结构和金融中介组织的类型结构。

如果从更加宽泛的意义上加以考察，金融业经营模式的选择还取决于一国政府整体上的诚信水平。制度经济学对经济史演进的考察表明，国家抑或政府在社会的长期发展演化中具有至关重要的作用。国家的兴衰在某种程度上取决于政府的治理水平。在市场经济条件下，政府的公共经济行为无疑构成了政府治理活动的主要方面。也只有大体上遵循这样一条逻辑线索，即政府公共经济行为规范化—重塑政府治理结构—铸造信用平台，建设诚信政府，促进经济发展，构建一个具有良好社会诚信氛围的公共治理结构，关于金融分业与混业的具体经营模式的取舍权衡，才可能拥有一个相对宽松的制度选择空间。

四、北京金融街、上海陆家嘴金融产业集聚的比较分析

（一）金融街、陆家嘴金融产业集聚过程与现状

1. 金融街的金融产业集聚过程

金融街是北京第一个大规模整体定向开发的金融功能区，始建于1992年。1998年，中国建设银行总部入驻金融街，拉开了金融机构集中入驻的序幕。1999年底，银监会、证监会、保监会、工商银行、泰康人寿、银河证券等一批重量级机构入驻金融街，标志着金融街金融产业集聚雏形的形成。随后，有100余家外资金融机构和国际组织入驻金融街，例如高盛银行、花旗银行、摩根士丹利银行、摩根大通银行、凯雷投资等。随着入驻金融机构的不断增加，金融街的国际化程度和影响力不断增加。

目前，金融街的核心区域已由原来的1.18平方公里增加到2.59平方公里，建筑面积总规模600多万平方米。截至2012年底，金融街区域金融机构管理的金融资产总额达到61.8万亿元人民币，占中国内地金融机构总资产规模的50%左右，控制着全国90%以上的信贷资金、65%的保费资金。共有各类金融机构1 000多家，从业人员17.4万人，其中硕士以上学历从业人员占比为43%[①]。

2. 陆家嘴金融产业集聚过程

陆家嘴是中国第一个国家级金融贸易开发区，始建于1990年，占地28平方公里，规划开发6.8平方公里。1998年，人民银行上海分行落户陆家嘴，标志着陆家嘴进入金融机构

---

① 金融街在线：《2012年全年北京金融街实现三级税收2 484.8亿元》，http：//finance. chinanews. com/cj/2013/01
-09/4474566. shtml，2013 - 04 - 27。

集聚阶段。随后，建设银行、上海投资信托公司、浦东发展银行等金融机构的总部或上海分支机构，以及上海证券交易所、上海期货交易所陆续入驻，陆家嘴金融产业集聚初具规模。人民银行上海总部和中国金融期货交易所分别于 2005 年和 2006 年在陆家嘴成立，进一步提升了陆家嘴金融产业集聚程度。截至 2012 年 12 月底，陆家嘴金融贸易区内共有金融机构 658 家，其中外资金融机构 55 家。

目前，陆家嘴金融贸易区已经形成了以中外银行、保险公司、信托投资公司、证券公司、基金公司为主的金融服务体系，以上海证券交易所、上海期货交易所、中国金融交易所等国家级要素市场为主的金融交易体系。

3. 金融街与陆家嘴金融产业集聚过程及现状的比较

金融街和陆家嘴的金融产业集聚的模式都是政府主导型，集聚过程也大致相似，都是中资银行先行进驻，到一定阶段后，其他金融机构和外资金融机构大量集聚。两者的不同之处在于，金融街的金融产业构成中，偏重于提供金融服务的机构，缺少提供金融交易市场的组织和机构，陆家嘴的金融产业体系相对更完善。

（二）金融街、陆家嘴的金融产业集聚动因

1. 金融街的金融产业集聚动因

外部经济和规模经济是产业集聚的一般动因，金融企业选择在金融街集聚的特殊动因主要有：地理位置优越、区域经济快速发展、专业人才众多、政府的扶持和优惠的政策。

金融街位于北京，这使其具有国内其他地方不可比拟的地理位置优势。北京是我国的政治中心，拥有丰富的行政资源，金融决策和监管机构均集中于此。靠近决策和监管中心，可以让金融机构更迅速地获得最新的决策和监管信息，降低信息获取成本。

北京的经济总量增长迅速，由 2000 年的 2 460.5 亿元增长到 2012 年的 17 801 亿元。经济的强劲增长和规模的扩大，产生了巨大的金融市场，北京市存款余额由 2000 年的 11 526 亿元增长到 2012 年的 84 837.3 亿元，贷款余额由 6 407.9 亿元增加到 43 189.5 亿元[①]。

北京是全国教育最为发达的地区，拥有一批著名的高等院校和科研院所。截至 2012 年，北京市拥有高等院校 118 所，各类科研院所 280 个[②]。其中 52 所高校和 117 个科研单位具有研究生培养资格。这些高等院校和科研机构为经济发展培养了大量不同层次和专业方向的人才，能够有效满足金融企业的用人需求。

为了吸引金融机构入驻金融街，西城区和北京市先后出台了一系列优惠政策。2003 年，西城区出台了《关于促进金融产业发展的意见》，从财政等方面给予入驻金融机构优惠。2008 年，北京市发布了《关于促进首都金融业发展的意见》，为金融产业发展提供更全面的政策支持。

---

① 北京统计信息网，http：//www. bjstats. gov. cn，2013 – 04 – 30。
② 北京市科委，http：//www. bjkw. gov. cn，2013 – 04 – 30。

2. 陆家嘴的金融产业集聚动因

司月芳等（2008）[1] 指出，陆家嘴金融产业集聚的动因主要包括：靠近金融市场、区位对公司信誉的重要性、当地政府的支持和政策制度。

目前，上海拥有完善的金融市场体系，包括证券、期货、货币、黄金、钻石、产权、外汇、航运等交易所。2012 年，上海证券交易所有上市公司 954 家，股票市值 15.9 万亿元，全球排名第 7 位，亚洲第 3 位。上海期货交易所、上海黄金交易所、上海钻石交易所的交易额均处于全球前列。这些全国性的交易市场相互补充，形成了完备的金融市场体系，为金融机构参与交易提供了便利。

陆家嘴金融贸易区是国家级开发区，经过多年的建设和发展，已然在国际上形成了较高知名度。陆家嘴已经成为一个品牌，吸引了大量的公司总部和国际知名金融机构进驻。截至 2012 年，陆家嘴累计引进跨国公司地区总部 81 家[2]。陆家嘴强大的品牌效应可以增加入驻企业的无形资产，提高客户的信任度。

陆家嘴作为国家级开发区，获得了政府部门的大力支持。上海是国内第一批得到中国人民银行批准允许外资金融机构设立分支机构、经营人民币业务的城市之一，这对外资机构入驻陆家嘴起到了很大的推动作用。在国际金融危机爆发之后，国务院通过了将上海建设成为国际金融中心的意见。"十二五"期间，国家发改委发布《"十二五"时期上海国际金融中心建设规划》，极大地促进了上海乃至陆家嘴地区金融产业的发展。

除此之外，人力资源、地理位置、区域经济等因素，也是吸引金融机构集聚陆家嘴的原因。上海市的人力资源相当丰富，拥有普通高等院校 96 所。除了每年培养的十多万毕业生外，还吸引了一大批海内外人才来沪发展。上海位于长江出海口，拥有优良的海港，是中国面向世界的窗口。凭借着优越的地理位置，上海经济发展迅速。上海市经济总量长期位于全国各城市之首。2012 年，上海市 GDP 总量为 20 101.33 亿元，人均 GDP 高达 84 444.11 元。

3. 金融街与陆家嘴金融产业集聚动因的比较

金融街和陆家嘴金融产业集聚的动因在以下方面大致相同：政府支持，优惠的政策，高等院校集中提供大量人才支持，地理位置优势，区域经济快速发展。其差异在于，各类动因对吸引金融产业集聚的重要程度不同，地理位置优势对金融街更重要。陆家嘴比金融街更有吸引力的地方在于，靠近八个全国性的要素交易市场，金融机构可以更便捷地参与交易。

（三）金融街、陆家嘴的金融产业集聚效应

金融产业集聚对产业内的效应可以用产业增加值、产业利润率等指标来衡量，也可以用税收指标来衡量。在税率不变的条件下，产业增加值越多，利润越大，贡献的税收也就越

---

① 司月芳、曾刚、樊鸿伟：《上海陆家嘴金融集聚动因的实证研究》，载《人文地理》，2008（6）。

② 浦东新闻：《"亿元楼"集聚的经济能量》，http://gov.eastday.com/qxxc/node39/node45/node61/u1a13378.html，2013 - 05 - 03。

多。同样，金融产业集聚对区域经济的效应，也可用税收指标来衡量。金融产业对区域经济的贡献越大，其缴纳的税收占整个区域税收的比例也应越大。因此，本文采用税收总额和其占区域税收的比例，来衡量金融产业集聚效应。

表1　　　　　　　　　　　　　金融街历年税收总额及其占比

年份	税收总额（亿元）	占西城区比例（%）	占北京市比例（%）
2003	83.6	26.80	4.80
2004	104	25.10	5
2005	320	45.70	13.40
2006	650	55.80	20.50
2007	858.6	56.50	21
2008	1 247.5	65.80	24.30
2009	1 707.2	75.90	28.40
2010	1 632.1	64.30	22.50
2011	1 926.9	75.20	25.50
2012	2 484.8	81.40	30.80

资料来源：《北京统计年鉴》、《北京西城区统计年鉴》。

表2　　　　　　　　　　　　陆家嘴金融贸易区历年税收总额及其占比

年份	税收总额（亿元）	占浦东新区比例（%）	占上海市比例（%）
2003	50	18.18	2.05
2004	80.25	21.00	2.58
2005	122.57	26.53	3.48
2006	150	26.71	3.62
2007	249.86	31.70	3.86
2008	306.02	32.08	4.67
2009	305.07	25.48	4.57
2010	344.37	25.93	4.30
2011	380.87	21.41	3.97
2012	478	25.68	4.59

资料来源：《上海统计年鉴》、《上海年鉴》、《上海浦东新区统计年鉴》。

从表1可以看出，金融街创造的税收总额逐年增长，其占西城区和北京市税收总额的比例也在增加。可见，金融街的金融产业集聚极大地促进了西城区和北京市经济的发展。

从表2可以看出，陆家嘴金融贸易区的税收总额在不断增加，但其占浦东新区和上海市税收总额的比例，却没有明显上升。由此或许可以得出，陆家嘴金融产业集聚对浦东新区和上海市经济发展的税收贡献作用不强。

（四）金融街、陆家嘴金融产业集聚存在的问题

经过二十多年的发展，金融街和陆家嘴的金融产业集聚已经形成一定规模，但在其发展过程中也存在一些问题。

金融街和陆家嘴存在两个共同的问题：（1）金融国际化程度不高。目前，入驻金融街的外资金融机构数量不多，只有高盛、花旗等少数知名外资金融机构。陆家嘴引进的外资金融机构只有55家。与伦敦、纽约、新加坡等国际金融中心差距较大，它们均有上百家外资金融机构。（2）商务成本高。金融街和陆家嘴所在地区的写字楼租金逐年上涨，2012年金融街甲级写字楼租金上涨至274.81元/平方米/月。2012年，"小陆家嘴"写字楼的平均租金为279/平方米/月。

此外，金融街还存在以下两个问题：第一，缺乏金融交易市场。北京没有全国性的证券、期货等交易所，而且与这些交易所距离较远。第二，金融机构结构单一。入驻金融街的金融机构以商业银行为主，缺少非银行类的金融机构。

陆家嘴则在以下两个方面存在问题：第一，发展空间不足。陆家嘴金融贸易区的核心区域（只有1.7平方公里的"小陆家嘴"）已经接近饱和，没有空间去容纳新进入的金融机构。第二，规划不合理。陆家嘴地区的道路建设不合理，经常引发交通拥堵。同时，缺少服务配套体系，区域内的白领面临饮食和消费等难题。

五、天津于家堡与北京金融街、上海陆家嘴金融产业集聚比较

于家堡金融区位于天津滨海新区中央商务区的核心，具有"核中核"的区位优势。于家堡的规划面积为3.86平方公里，建成后将成为全球最大的金融区。目前，入区的企业包括兴业银行天津分行等中资机构以及洛克菲勒集团、托马斯·李（THL）投资集团、铁狮门集团等国际集团。

（一）优势分析

1. 区位优势

天津位于环渤海经济圈的中心位置，是中国北方最大的沿海开放城市。而且，天津毗邻首都北京，是北京通往东北、华东地区铁路的交通咽喉，也是北京的海上门户。良好的区位优势有效带动了金融资源向天津的流动，而且便利的港口优势，促进天津对外金融的发展，也有利于天津建设离岸金融中心。

2. 政策支持优势

2006年5月26日，《国务院关于推进天津滨海新区开发开放有关问题的意见》出台，明确指出要"鼓励天津滨海新区进行金融改革和创新"。2009年10月，国家发改委经国务院同意，批复了《天津滨海新区综合配套改革试验金融创新专项方案》，进一步明确了天津

金融改革创新的重点内容和努力方向。国家政策的大力扶持，为天津的金融产业集聚创造了有利的发展环境。

3. 金融创新优势

天津是北方重要的工业城市，滨海新区更是云集了国内外大批的先进制造企业，在现代制造业方面拥有良好的基础。在国家政策的大力扶持下，天津在发展与实体经济紧密相关的金融创新领域产业领域，取得了非凡的成绩。

第一，私募股权投资基金。

中国第一只契约型产业投资基金——渤海产业投资基金在天津成立，总规模达到 200 亿元，这为天津科技含量较高的企业增加了一种融资渠道选择。截至 2011 年末，天津市累计注册股权投资基金企业 2 408 户，注册（认缴）资本 4 607.18 亿元①，规模居全国前列。

第二，融资租赁。

作为我国金融改革创新的实验基地，滨海新区的融资租赁发展最为迅猛。截至 2012 年底，在津注册的融资租赁公司达到 115 家，融资租赁合同余额为 3 700 亿元，占全国的四分之一。②

第三，创新性要素市场。

近年来，天津积极推进创新性要素市场建设，发挥市场优化资源配置的功能，建立多种交易市场。目前，已建成天津股权交易所、滨海国际知识产权交易所、排放权交易所、文化产权交易所、渤海商品交易所等多家创新型交易平台，涉及产权交易、"两高两非"（国家级高新技术产业园区内的高新技术企业和非上市非公众股份有限公司）股权交易、主要污染物排放权交易、大宗商品交易等主要交易类型。这些创新性要素市场的建立有利于促进各类资源、信息在天津的汇集，为完善金融创新体系提供了支撑。

随着中国经济的迅猛发展，中国在国际金融体系中的话语权不断增强。于家堡作为中国经济增长"第三极"的核心金融区，将会吸引更多跨国金融机构的目光，面临更多的发展机会。尤其是在人民币国际化的过程中，天津成为第二个获准建设离岸金融市场的城市，这将会促进于家堡对外金融的发展，带动金融产业集聚。

（二）劣势分析

1. 经济总量不足、基础设施不完善

从表 3 和表 4 可以看出，无论是经济发展还是基础设施建设，天津都要落后于北京和上海，对金融产业发展的支撑不够强劲。这一点可以从表 5 中得到印证：无论是银行、证券还是保险，天津的发展明显落后。

---

① 金融街：《天津市股权投资基金注册资本超 4 600 亿》，http：//finance. jrj. com. cn/2012/01/31153712136731. shtml，2013 － 05 － 01。

② 中华人民共和国商务部：《截至 2012 年天津滨海新区融资租赁公司达 115 家》，http：//www. mofcom. gov. cn/article/difang/tianjin/201304/20130400104510. shtml，2013 － 04 － 30。

表3   2012 年北京、上海、天津经济发展比较

项目	北京	上海	天津
GDP（亿元）	17 801	20 101.33	12 885.18
城镇居民人均可支配收入（元）	36 469	40 188	29 626
固定资产投资（亿元）	6 462.8	5 254.38	8 871.31
进出口总额（亿美元）	4 079.2	8 013.1	1 156.23
实际直接利用外资（亿美元）	80.4	151.85	150.16
地方财政收入（亿元）	2 865.2	3 743.71	1 760.02

资料来源：2012 年北京、上海、天津国民经济和社会发展统计公报。

表4   2012 年北京、上海、天津基础设施比较

项目	北京	上海	天津
客运总量（万人次）	149 035.6	14 546.55	28 462.20
货运总量（万吨）	28 649.5	94 376.25	47 697.58
互联网普及率（%）	72.2	68.4	58.5
邮电业务总量（亿元）	547.3	447.4	186.74
R&D 支出占 GDP 比例（%）	5.79	3.16	2.7
技术交易额（亿元）	2 458.5	588.52	172.11
专利授权量（件）	50 511	51 508	20 003
城市污水处理率（%）	83	84.1	87.5
城市绿化覆盖率（%）	46.2	38.3	34.53

资料来源：2012 年北京、上海、天津国民经济和社会发展统计公报。

表5   2012 年北京、上海、天津金融产业发展比较   单位：亿元

项目（亿元）	北京	上海	天津
金融业增加值	2 592.5	2 450.36	959.03
存款余额	84 837.3	63 555.25	20 293.79
贷款余额	43 189.5	40 982.48	18 396.81
证券交易额	85 412.9	547 500	10 743.11
保费收入	923.1	820.64	238.16

资料来源：2012 年北京、上海、天津国民经济和社会发展统计公报。

　　受金融危机影响，2012 年天津的经济发展增速明显放缓，由 2011 年的 16.4%下降至 13.8%[①]，这对原本经济总量就不大的天津而言，是一个不小的打击。

---

① 天津市统计信息网：http：//www. stats - tj. gov. cn/，2013 - 05 - 01。

2. 总部经济不足，辐射能力强劲的金融机构较少

目前，将总部设立在天津的金融机构数量较少，如图1所示，无论是银行、证券公司、保险公司还是其他金融机构，总部位于天津的机构数量均远低于北京和上海。总部经济不足，导致天津的资金流动速度不足，阻碍了天津金融产业发展。

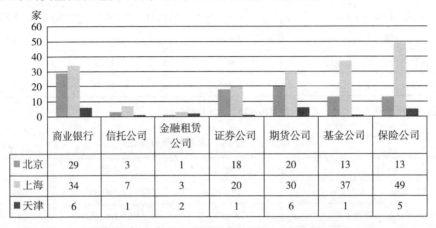

	商业银行	信托公司	金融租赁公司	证券公司	期货公司	基金公司	保险公司
北京	29	3	1	18	20	13	13
上海	34	7	3	20	30	37	49
天津	6	1	2	1	6	1	5

注：商业银行包括国有商业银行、股份制商业银行、城市商业银行、农村商业银行、三类新型农村金融机构、邮政储蓄银行、外资银行。

资料来源：北京、上海、天津银监局、证监局、保监局、统计局公开数据。

图1 总部设在北京、上海、天津的金融机构数量比较

此外，在天津，采取直接融资渠道的企业数量较少。天津证监局、北京证监局、上海证监局的公开数据显示：截至2013年3月，天津地区的上市公司仅有38家，远低于北京的184家和上海的203家，这使得企业对银行的资金需求过大，不利于银行分散其金融风险，导致天津银行业资产质量不高，盈利能力偏弱，辐射能力有限。

3. 金融创新政策有待进一步具体落实

国家对天津金融创新的政策支持力度很大，但在实践中仍存在一些问题：某些政策更多地被用于招商引资，而不是将创新工作落到实处；在具体操作过程中，不同监管机构之间的沟通不畅，导致金融创新发展机制低效；在研究方面，科研单位的研究成果并没有与实际结合，很多研究成果未能转化为有效生产力。这些问题都阻碍了天津金融创新的进一步发展。

4. 高端金融人才匮乏

尽管天津拥有南开大学、天津大学等高校，但与北京、上海相比，高校数量明显不足，教师待遇偏低，高端金融人才和经济管理人才流失严重。

5. 与环渤海其他城市的竞争激烈

除了与北京之间的竞争之外，同属环渤海地区的青岛、大连也在大力发展金融业，力图建设成为区域金融中心。这两个城市经济基础较好，且同样具有优良的港湾，在发展对外经济方面并不逊色于天津，这对天津金融产业集聚发展是一个很大的挑战。

（三）于家堡金融区的定位与发展模式

美国的金融危机已经为世界敲响警钟，实体经济和虚拟经济需要均衡发展，否则将会对整体经济增长产生严重影响。因此，于家堡金融区的目标定位应充分体现：利用先行先试的政策优势，促进金融创新，提高金融产业集聚水平，把金融业发展成为带动实体经济和虚拟经济协调发展的支柱产业。

从目前中国经济发展的现状来看，区域性金融产业聚集区难以完全通过市场机制形成，市场机制与政策扶持缺一不可。尤其目前天津金融产业集聚程度不高，政策扶持是十分必要的。因此，在建设于家堡金融区的过程中，需要充分利用既有的政策支持，重点推动多元化资本市场的建设，拓宽融资渠道，吸引更多的金融机构落户天津发展；利用市场机制，巩固目前天津在金融创新方面已取得的成果；进一步完善天津的金融生态建设，实现金融产业良性发展。

六、天津于家堡金融区发展的政策建议

（一）发展 OTC 市场，完善资本市场建设

发展 OTC 市场可以有效完善天津资本市场建设：一方面，OTC 市场可以成为主板市场和创业板市场的补充；另一方面，OTC 市场可以成为私募股权基金的退出渠道。目前天津 OTC 市场雏形已成，但是由于资金渠道狭窄、交易主体不足、同质化竞争等问题而发展缓慢。针对这一问题，可借鉴美国 NASDAQ 市场经验，完善做市商制度；拓宽"两高两非"公司股权和私募基金股权份额交易的上柜公司范围，兼顾成长性良好的中小企业；建立灵活的"升级转板"机制和退市机制，在 OTC 市场成长起来的中小企业，在满足一定要求后，可以转至主板市场交易，对经营不善的企业，要严格执行退市机制；加强与其他地区产权交易机构的交流，实现各类交易机构之间的联动。

（二）加强保险市场的建设

自从滨海新区被纳入国家整体发展战略之后，天津良好的投资、经营环境吸引了一大批国内外优秀企业前来投资，固定资产投资增长迅速，这对保险市场来说是一个很大的需求。然而，天津保险业的发展并不完善，保险机构较少，市场规模较小。因此，于家堡应该加强对保险业的扶持，引进实力较强的境内外保险机构，探索保险公司与银行、融资租赁公司的合作等。

（三）鼓励金融创新

首先，打造于家堡的区位品牌，建立有自身特色的金融创新，如 OTC 市场、股权投资基金等，提高对金融机构的吸引力。其次，提升天津地区的金融创新能力，而不仅仅是模仿国外金融产品。鼓励区域内不同金融创新主体之间的合作，如由科研机构负责产品研发、金

融机构负责产品销售运营，实现产学研跨区域合作，同时完善对金融创新的激励机制，以优惠政策吸引实力强劲的金融机构以及高端金融人才前来发展。最后，对目前发展较好的金融创新领域，如融资租赁，应与天津良好的制造业基础相结合，充分挖掘资产管理的功能，避免将其落入"类贷款"的模式。

（四）加强金融生态建设

良好的金融生态环境可以更加合理地配置金融资源，带动经济发展。于家堡金融区可以从以下几点着手：一是完善征信体系建设，以中国人民银行天津分行的征信体系为基础，整合银行、保险、工商、税务、海关等部门所掌握的相关信息，建立信用数据库，解决信息不对称的问题，化解逆向选择和道德风险。同时还应完善信用信息的采集、使用机制，防止个人信息、商业机密为不法分子获取。二是要加强法制建设，加快相关金融法律法规的完善，做到有法可依、有法必依；加强执法人员的职业素养，做到执法必严、违法必究。三是微观审慎监管与宏观审慎监管协调推进，有效控制金融风险。

参考文献

［1］Kindle Berger. The Formation of Financial Centers: A Study of Comparative Economic History ［M］. Princeton: Princeton University Press, 1974: 58 – 70.

［2］Naresh R. Pandit, Gary Cook. The Dynamics of Industrial Clustering in British Financial Services ［J］. The Services Industrial Journal, Vol. 21: 33 – 61, 2001.

［3］Taylor P. Financial Services Clustering and Its Significance for London ［J］. Journal of Financial Economic, Vol. 9: 336 – 342, 2003.

［4］Paul Krugman. Increasing Returns and Economic Geography ［J］. Journal of Political Economy, Vol. 3: 484 – 499, 1991.

［5］Porteous. D. J. The Geography of Finance: Spatial Dimension of Intermediary Behavior ［M］. Aldershot: Avebury, 1995: 10 – 278.

［6］Davis. E. P. International Financial Center—An Industrial Analysis ［J］. Bank of England, Discussion Paper, Vol. 51: 1 – 23, 1990.

［7］潘英丽：《论金融中心形成的微观基础——金融机构的空间聚集》，载《上海财经大学学报》，2003（1）。

［8］张凤超：《金融产业成长及其规律探讨》，载《当代经济研究》，2003（10）。

［9］程书芹、王春艳：《金融产业集聚研究综述》，载《金融理论与实践》，2008（4）。

［10］Park. Y. S. Musa Essayed. International Banking and Financial Centers ［M］. Boston: Kluwer Academic Press, 1989: 68 – 84.

［11］Kang J. K., R. Stulz. Why is there a home bias? An analysis of foreign portfolio equity ownership in Japan ［J］. Journal of Financial Economics, Vol. 2: 71 – 77, 1995.

［12］Michael A. Goldberg, Robert W. Helsley and Maurice D. Levis. On the Development of International Centers

[J]. Annals of Regional Science February, Vol. 22：81 - 94, 1988.

[13] 梁颖：《金融产业集聚宏观动因》，载《南京社会科学》，2006（11）。

[14] 王传辉：《国际金融中心产生模式的比较研究及对我国的启示》，载《世界经济研究》，2000（6）。

[15] 陈继海：《世界各国产业集聚模式比较研究》，载《经济纵横》，2003（6）。

[16] 梁颖、罗霄：《金融产业集聚的形成模式研究：全球视角与中国的选择》，载《南京财经大学学报》，2006（15）。

[17] Bossone B., Mahajan S. and Zahir F. Financial Infrastructure, Group Interests and Capital Accumulation [R]. IFM, Office of the Executive Director, Vol. 2004：34, 2003.

[18] Feldman M. P. and Audretsch D. B. Innovation in cities：Science - based diversity, specialization and lo-calized competition [J]. European Economics Review, Vol. 43：409 - 429, 1999.

[19] 连建辉、孙焕民、钟惠波：《金融企业集群：经济性质、效率边界与竞争优势》，载《金融研究》，2005（6）。

[20] 王力、黄育华：《国际金融中心研究》，北京，中国财政经济出版社，2004。

[21] 刘军、黄解宇、曹利军：《金融集聚影响实体经济机制》，载《管理世界》，2007（4）。

[22] 李立辉：《区域产业集群与工业化反梯度推移》，北京，经济科学出版社，2005。

[23] [德] 柯武刚、史漫飞：《制度经济学——社会秩序和公共政策》，北京，商务印书馆，2000。

[24] 蔡浩仪：《抉择：金融混业经营与监管》，昆明，云南人民出版社，2002。

[25] 吕兆德、马蔡琛：《金融衍生品交易的会计处理与税制设计》，载《河北学刊》，2007（1）。

[26] 马蔡琛、邹宏魁：《中国金融混业经营制度变迁的经济学分析》，载《河北学刊》，2009（1）。

[27] 马长林：《民国时期上海银行界的风险意识》，载《学术月刊》，2001（3）。

[28] 邵东亚：《金融业的分与合：全球演进与中国实践》，北京，北京大学出版社，2003。

推行可转换型运费远期合约
推动天津航运金融发展

◎ 温博慧①

〔内容提要〕天津国际航运中心建设经过多年发展，基础设施不断完善，各项服务功能不断加强，航运要素的不断集聚给航运金融服务业的发展带来了巨大的发展空间。结合滨海新区金融创新先行先试的有利政策，使天津的航运金融业务在虚拟经济与实体经济有机结合的基础上迈向高端化，对天津航运业发展将具有重大意义。本文分析认为，可转换运费远期合约将实现在合约规模、场内外交易方式、不同标的航线和参与主体等方面实现灵活转换，适合于在航运价格衍生品发展起步阶段使用并延续化发展。

〔关键词〕航运金融　运费远期合约　可转换

一、可转换型远期运费合约的含义与推动作用

运费远期合约（Freight Forward Agreement，FFA，也被称为运费远期协议）是金融衍生工具的一种，是交易双方约定在未来某一时点，就事先约定的运费价格与波罗的海运费发布的指数价格（或者普氏油轮运费指数）的差额进行现金结算，该合约中往往规定了具体的航线和数量等要求。目前，运费远期合约已成为国际航运金融领域中至关重要的金融产品，在世界各航运金融中心发展中不可或缺，并具有行业引领性。

可转换型运费远期合约是比原始运费远期合约更具灵活性的一种合约形式，其可体现为在各种合约要素上的转换，例如，在合约规模上可转换，标的航线上可转换，场内交易与场外交易间可转换，交易人群可转换，远期和期货间可转换，远期和期权间可转换等。通过转换能够更加贴近市场实际需求，促进航运金融乃至整个航运业的发展。

通过整理分析该产品在国外的发展，课题组认为可变转换型运费远期合约对航运金融乃至整个航运业的发展具有如下作用。

① 温博慧，女，天津财经大学金融系副教授，天津财经大学中国滨海金融协同创新中心研究员。基金项目：国家自然科学基金青年项目（71103126），2011 年度天津市政府重点咨询课题，天津财经大学优秀青年学者培育计划支持。

第一，高效促进资源优化配置，提升航运产业活力。可转换型运费远期合约在不同层面可转换的灵活性增加了其较其他金融产品对资金的吸引力，可以强化引导社会资金流向航运领域。尤其是可转换型运费远期合约在合约规模方面的可转换性，不仅可以增加对中小企业的吸引力，还可以连通小企业与大企业之间的交易，使航运业得到更多企业的关注。在航运企业不断得到金融支持的同时，他们的不断发展将使整个产业结构向航运领域方向转移，从而实现优化资源配置和提升航运产业活力。

第二，提升所处产业价值链位置，增强与国际接轨能力。全球公认的国际航运中心城市均有着发达的航运金融服务业。国际经验表明，航运产业价值链的高端位置是高端航运金融衍生业务。可转换型运费远期合约特别适合航运衍生品发展处于起步阶段的城市使用，并能有效促进其进一步发展。其通过场内交易与场外交易间的转换，远期和期货间的转换，远期和期权间的转换，可以以点带面实现航运金融向更高层次发展。通过合约标的物（即国内航线与国际航线）间的转换既可以帮助国内企业走到国际市场进行交易，又可以方便地引进国外交易者，实现国内与国际交易在产品上的融合。

第三，提高航运金融业运作效率。可转换型运费远期合约可以推动航运金融业的竞争和发展，推动其他航运金融产品的生成与交易，提高金融体系的效率。一项恰当而有意义的金融产品创新不仅能够实现其基本的微观功能，还能够带动整个领域内金融活动的活跃度。可转换型运费远期合约在可转换方面的灵活性在吸引资金的同时还会增强航运金融市场的流动性。流动性的增强会为航运信贷、航运租赁、私募等金融行业的发展提供便利。可转换型运费远期合约交易市场上保值者、投资者、交易商等各种市场参与者的需求旺盛，加剧了金融市场间的激烈竞争，这样一方面刺激了新产品的创新和新市场的开辟，在合约的可转换中促进和引导新产品的推出；另一方面，市场间的竞争促进了金融产品交易的一体化，大大提高了金融市场的运作效率。

第四，扩大对航运金融风险管理的范围。此产品将价格变动风险同其他正常商业活动风险分离开来，参与者可以把所承担的价格波动风险予以转移对冲，从而实现对风险的规避。可转换型运费远期合约的灵活性可以吸引更多的市场参与者，从而使更多的参与者能够被纳入到风险管理的范畴。航运企业、与航运相关的贸易和生产经营企业，以及金融机构，特别是可转换方式使中小企业的加入也成为可能。它们都可以利用此品获取信息、规避风险，对促进航运业的发展有着极其重要的意义。

二、国外主要航运中心航运金融发展特征

（一）国外主要航运交易市场特征分析

国外航运市场的组成要素包括货物、船舶、港口和航线。根据运输货物的形态不同，国

际航运市场可以分为集装箱运输市场、干散货运输市场和油轮运输市场。按照运输组织方式的不同，国际航运可以分为定期船运输和不定期船运输。一般来说，集装箱运输采用班轮运输的方式，干散货和油轮运输采用不定期船运输的方式。

当前国外主要的航运交易市场有伦敦、纽约、东京、汉堡、奥斯陆、鹿特丹等。

1. 伦敦市场

伦敦市场是历史最悠久、租船业务最多的市场，它的成交量占世界租船成交量的30%以上。其原因一方面是拥有优越的地理位置；另一方面是因为有历史上最早成立的航运交易所——波罗的海航运交易所。在波罗的海航运交易所进行的交易基本上是公开的，其成交租约最终也被船东和租船人获悉。但在洽谈中，也有船东和租船人要求对洽谈内容予以保密的情况。这时，洽谈双方当然应该信守这一约定。但因为是自由协商，当天成交的内容，最后还是会被人们获悉。波罗的海航运交易所的租船活动可以代表世界各地船、货供求现状，也可反映世界航运市场的状况，因此世界各地的船东和租船人都时刻密切关注该交易所的交易动态。

2. 纽约市场

纽约市场在第二次世界大战前只不过是一个地方性的市场，至今已经发展成为仅次于伦敦市场的国际性航运交易市场。

与伦敦市场不同，纽约市场没有专门用于进行交易磋商的场所，交易活动全由经纪人或代理人通过电话、电传等联系、磋商和成交。纽约市场主要货主是谷物、铁矿石、煤炭进出口商人；主要船东来自希腊、挪威等国。美国、加拿大、阿根廷等国都是世界上主要的粮食出口国，美国还是煤炭出口大国。世界上大部分石油租船合同都是在纽约市场成交的。

纽约市场的发展，有一些特殊因素起着重要作用。第二次世界大战后，纽约成为世界上最大的经济中心，其金融业在世界经济中具有举足轻重的作用。纽约贸易繁荣，保险业也发达，有众多的代理公司、经纪人公司，还有许多海事律师事务所，海事仲裁组织、海事诉讼和仲裁法律体系健全。这些因素直接或间接地促进了纽约租船中心的繁荣和发展。

3. 东京市场

东京市场是一个地方性的市场。它在初期只是一个国内航运市场，随着日本海运事业的发展，现已成为对东南亚地区也有重要影响的航运市场。日本经济发达，海运业尤其发达，但其国土面积狭小，国内资源贫乏，经济对外依赖性很强，因而对外贸易量巨大，使东京航运市场成为在国际上有影响的货主型航运市场。

4. 汉堡、奥斯陆、鹿特丹市场

汉堡、奥斯陆和鹿特丹市场主要是船东汇集的地方。这些市场上的船东大多从事第三国运输，对租船市场的依赖性很大，主要在市场上寻找世界各地需要运力的租船者。

（二）国外航运中心竞争力排名原因分析

经过调研分析，目前世界主要有660多个港口城市（区域），主要国际航运中心城市

（港口）50个，其竞争力指数分值如表1所示。调研分析发现，其相互之间重要的差距存在于航运金融的发展程度。这对于天津提升竞争力排名具有重要的启示意义。为此，笔者分析了国外主要航运中心当前主要使用的金融工具，并重点关注运费远期合约所处的位置。

表1　　　　　　　　　　　　　国外航运中心竞争力指数分值

航运中心	区位	国别	竞争力分值	位次
伦敦	欧洲	英国	683.1	1
东京	亚洲	日本	581.7	2
纽约	北美洲	美国	579.7	4
新加坡	亚洲	新加坡	547.9	6
汉堡	欧洲	德国	538.2	7
洛杉矶	北美洲	美国	537	8
鹿特丹	欧洲	荷兰	528.4	9
釜山	亚洲	韩国	509.1	10
安特卫普	欧洲	比利时	498.5	11
圣保罗	拉丁美洲	巴西	491.7	12
温哥华	北美洲	加拿大	490.5	13
巴生港	亚洲	马来西亚	472.2	15
迪拜	亚洲	阿联酋	471.4	16
孟买	亚洲	印度	466.8	17
圣彼得堡	欧洲	俄罗斯	457.1	19
悉尼	大洋洲	澳大利亚	455.4	20
纳哈瓦尼赫鲁	亚洲	印度	453.2	21
高雄	亚洲	中国	452.3	22
神户	亚洲	日本	447.6	23
塞德港	非洲	埃及	445.5	24
热那亚	欧洲	意大利	444.1	25
伊斯坦布尔	欧洲	土耳其	443.3	26
名古屋	亚洲	日本	442.2	27
林查班	亚洲	泰国	437.9	28
广州	亚洲	中国	436.8	29
丹绒不碌	亚洲	印度尼西亚	431.9	30
赫尔辛基	欧洲	芬兰	430.8	31
阿尔赫西拉斯	欧洲	西班牙	426.6	33
焦亚陶罗	欧洲	意大利	425.7	34
马尼拉	亚洲	菲律宾	424.4	35
宁波	亚洲	中国	423.2	36

航运中心	区位	国别	竞争力分值	位次
巴塞罗那	欧洲	西班牙	421.1	37
马赛	欧洲	法国	420.5	38
巴尔博亚	北美洲	巴拿马	418.5	39
科伦坡	亚洲	斯里兰卡	416.2	40
德班	非洲	南非	414.9	41
不来梅	欧洲	德国	414.5	42
雅典	欧洲	希腊	411.3	43
吉达	亚洲	沙特阿拉伯	410.7	44
布宜诺斯艾利斯	拉丁美洲	阿根廷	409.2	45
都柏林	欧洲	爱尔兰	408.9	46
拿骚	北美洲	巴哈马	404.6	48
哥本哈根	欧洲	丹麦	400.2	50

（三）国外主要航运中心当前主要使用的金融工具

从世界主要航运中心的历史发展来看，航运业和金融业犹如一对孪生兄弟，总是相互联系并行发展的。没有金融业的全力支持，航运业就难以维持和进一步发展。著名的国际航运中心——伦敦、纽约、东京、新加坡和汉堡同时也都是著名国际金融中心。在航运金融方面，其主要使用的金融工具如表2所示。

表2   **国外主要航运中心当前主要使用的金融工具**

航运中心	所涉及的金融工具
伦敦	拥有世界上最完备的航运融资、海上保险等服务体系，仅航运金融服务业每年创造的价值就多达20亿英镑，成为国际航运交易中心的楷模。近几年的数据显示，伦敦的船舶融资约占全球市场18%，是全球最大的船舶融资业务中心，同时海上保险收入也占全球保费总收入的23%左右
纽约	有非常大的租船市场，年成交量占全球总成交量的30%以上。因此在船舶融资方面，在金融市场以公开发行股票方式筹集船舶资金上表现得十分突出，为全球三大船舶融资业务中心之一
东京	船舶制造业在全球具有领先地位，政府通过各项金融税收政策如优惠贷款、贷款担保、债转股等形式来支持造船企业从事船舶融资业务，并且在全球的海上保险业务量上也得到一杯羹
新加坡	世界枢纽港，以国际中转运输为主。它主要服务于东南亚，在船舶融资、海上保险、资金结算等方面发挥着重大作用
汉堡	私募股权方式，即KG模式筹集船舶资金在全球航运金融领域独树一帜，从而使其成为全球三大船舶融资业务中心之一

以运费远期合约为主的金融衍生工具市场繁荣发展。该市场从1992年最初的2亿美元起步，2007年市场规模已经达到创纪录的1 500亿美元，是国际航运价格衍生品交易品种中最活跃、最具吸引力的产品。长久以来，运费远期合约市场成为全球投机者和投资者进入航运市场的首选，航运商、贸易商、生产商、金融机构等都纷纷加入其中。其在奥斯陆期货期权结算所的交易量比重分别达到了15%、49%、16%和20%。其动机和目的主要出于套期保值或投机。随着海运市场形势的变化，海运运费衍生品市场也随之展示出其阶段特点

（四）国外典型航运运价指数与运费衍生品的发展方向

国外主要的航运指数都是运价指数，集中在干散货、集装箱、油轮这几个方面。其中具有一定影响力，受到航运界广泛关注的有接近 20 种。国外市场上的运费远期合约基本上是以航运价格指数为标的，形成金融衍生产品。20 世纪初，国际上更是涌现了更多的航运价格指数，并力图以此为基础推出更多种运费远期合约。其主要体现如下：

汉堡船舶经纪人协会（VHSS）在 2007 年 10 月发布了汉堡集装箱船期租价格指数，亦称 ConTex 指数。VHSS 收集 3 种不同配载级别的集装箱船租金数据作统计，为集装箱租赁贸易衍生市场提供指标，办法是参与该指数的船公司每周需提供 2 次集装箱船租金资料。Con-Tex 指数每周发布两次。

德国船东及船舶经纪行 EmstRuss 公司现正酝酿设计全球首个集装箱运输对冲机制，方法是采用德国船舶经纪协会（GSA）已设计的全球货运指数，作为制定运输合约价格的基准与蓝本，并在该基础上发展出集装箱运输的远期运货协议（FFA）。

伦敦老牌船舶经纪公司豪尔·罗宾逊公司，在 2003 年推出一个集装箱船租金每周指数，作为由 250TEU 至 4 500TEU 船的租金指标。但该公司最近意识到，市场出现越来越多大型船只，应推出可涵盖至运力达 14 000 箱的超大型集装箱船指数。所以该公司计划推出超巴拿马型集装箱船租金指数，为新一代大型船只提供租金指标。现在该指数正在筹备中。同时，该公司正研究成立一个可融合船租金及新船造价的指数，目前正进行内部测试。

波罗的海航运交易所筹备开发干散货船运费衍生产品，并推出全新干散货船综合运费交易指数，用于远期运费协议（FFA）买卖。

英国辛浦森航运咨询有限公司、英国毅联汇业、挪威奥斯陆海运衍生产品交易所均推出了有关海运衍生产品。

从理论上讲，航运运费衍生品与商品期货和金融期货的功能类似，主要有两个：一是对海运费的波动进行套期保值，规避运费波动带来的风险；二是价格发现，通过对远期运费价格的走势来判断未来现货运费价格的走势。国际运费衍生品主要有三种：运费指数期货、运费远期合约和运费期权。BIFFEX 期货合约、FFA 以及波罗的海运费指数期权即是具有代表性的运费衍生品。

BIFFEX 的交易方式类似于股指期货，它的报价也采用指数形式，对应的现货是 BFI 指数，每个点数的价值是 10 美元。BIFFEX 期货合约在交易时涉及两个价格：合同价格和当天的 BFI 价格。如果买入 BIFFEX 期货合约的合同价格是 1 000 点，交割日当天的 BFI 指数是 1 100 点，那么买入方在交割日的收益 $10 \times 100 = 1 000$ 美元，相应的卖出方的损失就是 1 000 美元。反之，如果交割日当天的 BFI 指数 800 点，那么合约的买入方损失是 $10 \times 200 = 2 000$ 美元，合约的卖出方的收益是 2 000 美元。双方交易的违约风险几乎为零，因为合约双方都有保证金存在交易所，期货交易所会为交易双方进行结算。BIFFEX 在推出后受到船东和货主的欢迎，对于规避国际航运的运费风险起到了积极作用。

但是，缺点在于 BIFFEX 和对应的现货 BFI 是一个指数，它是由十多条航线的运价进行加权平均得到的，缺乏对某一具体航线的针对性，这是 BIFFEX 的先天不足。

在国际航运的日常经营中，无论是船东还是货主，都是关注某一条航线的经营。BFI 指数是十多条航线的运价加权平均得到的，不能很好地反映某一条具体航线的运费变化，对某一条航线进行风险对冲的作用有限。在出现针对某一条航线的风险进行对冲的工具后，BFFIEX 的交易量日渐萎缩，BIFFEX 给交易所带来的利润锐减，伦敦金融期货交易所于 2003 年将 BIFFEX 撤出。目前，活跃在国际航运市场上的就是能够针对某一条具体航线进行风险规避的工具——运费远期合约。

三、运费远期合约的推出对现货市场风险的影响效应

金融衍生品的发展彻底改变了传统的金融市场，对世界经济的发展产生了深远影响。那么运费远期合约推出后对现货市场风险产生怎样的影响，是加剧还是减少现货市场价格的波动，是值得进一步关注的问题。本部分参考波罗的海指数的运费远期合约发展数据，从实证角度分析运费远期合约推出前后，相对应的即期市场运费指数所发生的变化，结合 GARCH 族模型，根据 VaR 风险值指标，检验推出前后其即期市场风险情况的变化。

（一）样本数据来源和预处理

本文所选的数据是波罗的海航运指数（IP）。采样区间定为 2000 年 2 月 1 日至 2011 年 12 月 31 日。数据来源于 Bloomberg 数据库。将 IP 进行对数处理，从而得到其日间对数收益率序列。对其进行不包含截距项和趋势项的 ADF 单位根检验，检验结果表明，日间对数收益率的 ADF 检验值在 99% 的置信水平上均为显著。

（二）研究模型与实证结果

采用 GARCH 模型族和基于 GARCH 的 VaR 模型，分析序列波动性动态过程，波动性干扰的持续效果以及风险控制能力的变化。

1. 波动持续性的影响检验

GARCH 族模型通常被认为是刻画证券报酬率的最适当的模型之一，它估计得是否准确，在很大程度上取决于条件误差方程。一般认为，证券报酬率产生过程中，报酬率波动性与时间回归的非条件误差呈尖峰厚尾状。对其日间对数收益率序列进行统计特征的描述后发现运费远期合约推出前后，两序列都明显具有尖峰厚尾的特征。因此，为了使 GARCH 模型的估计结果更为准确，本文选择针对尖峰厚尾状解释力更强的，基于广义误差分布（GED 分布）的 GARCH 模型族。针对常用的 AR（1）-GARCH（1，1）和 GARCH-M（1，1）模型对基于 GED 分布的 GARCH 模型族的均值方程进行挑选，发现两序列在 AR（1）-GARCH（1，1）模型下的回归系数的显著性是最高的，因此选择基于 GED 分布的 AR（1）-

GARCH（1，1）模型进行分析。

为了使模型的解释力更为充分，这里在方差方程中加入虚变量——金融危机，记为 D，并设处在金融危机的时间 D 取 1，其他时间段取 0。这样，将修改后的 AR（1）- GARCH（1，1）模型设计为：

$$R_t = b_0 + b_1 R_{t-1} + \varepsilon_t \tag{1}$$

$$\sigma_t^2 = \alpha_0 + \beta_1 \sigma_{t-1}^2 + \alpha_1 \varepsilon_{t-1}^2 + \gamma_1 D \tag{2}$$

重新估计模型，结果如表 3 所示。基于 GED 分布特征，模型估计系数可以通过。

表3　　　　　　　　　　　　FIP 日间收益率序列的修正模型估计

		α_1（GDE 值）		β_1（GDE 值）		$\alpha_1 + \beta_1$
远期运费合约推出前	AR（1）- GARCH（1，1）	0.03421	(6.187)	0.6705	(39.31)	<1
远期运费合约推出后		0.03967	(6.079)	0.7586	(37.24)	<1

从估计结果看，调整后的模型中两序列的 $\alpha_1 + \beta_1$ 均小于 1，说明条件方差序列平稳，模型具有可测性。由于 α_1 代表近期市场消息的重要性，如果 α_1 的数值越大，则显示市场信息转换为未来波动性冲击的传递速度更快，隐含着信息传输的速度相对迅速，从而市场价格的效率更高。在远期运费合约推出前，IP 日间对数收益率序列的 $\alpha_1 = 0.03421$，而在推出之后 $\alpha_1 = 0.03967$，说明在远期运费合约推出后，新消息对波动带来冲击的速度较外汇期货推出之前增加了。又由于 β_1 说明过去的旧信息对未来波动性的影响效果，如果 β_1 数值越大，则代表波动性干扰因子的影响越持久，隐含着信息影响效果的衰减相对缓慢。在远期运费合约推出前，IP 日间对数收益率序列的 $\beta_1 = 0.6705$，而推出之后 $\beta_1 = 0.7586$，说明在运费远期合约推出后，旧信息所带来的波动冲击的持续性有弱化的现象。同时，序列的 GARCH 模型均呈现外汇期货推出前的 $\alpha_1 + \beta_1$ 值大于推出后的 $\alpha_1 + \beta_1$ 值的现象，也就是说，由于运费远期合约的推出，使波动性干扰因子对其现货市场的影响减弱了。

2. 基于 GARCH - VaR 模型的检验

VaR（Value at Risk）是指在正常的市场条件下，给定置信水平的一个持有期间内某种风险资产的最大损失，其通常被译为风险价值。VaR 方法用一个简单的数值直接表示出了单个投资产品或投资组合所面临的风险大小，在金融风险管理中有着广泛应用。

VaR 一般表达式为

$$VaR = W_0 Z_\alpha \sigma_t \sqrt{\Delta t} \tag{3}$$

式（3）中 w_0 为初始价值，Z_α 为置信水平 α 下的分位数，σ_t 为波动率，即标准差。由于 σ_t 可以由 GARCH 模型测算，于是形成 GARCH - VaR 模型。

从本文估计出的基于 GED 分布的修正的 AR（1）- GARCH（1，1）模型中取条件异方差 σ_t^2，将条件异方差开平方就得到波动率，即标准差。使用国际清算银行（BIS）建议的置信水平99%，也就是对应 2.326 个标准差。目标期限长度选择以日为单位。将每日的波动率代入 VaR 的计算公式，即公式（3），这样在正常的市场条件下，以一天为目标时期，在显著性的区间下，计算出每天 VaR 的临界值，也就是每天有99%的可能性损失不会超过的某一个值。由于 VaR 是一种建立在历史数据和一定的统计参数分布的基础上的预测模型，所以在预测其未来风险状况时要进行检验，也就是事后检验。如果存在误差，则需要知道误差的数量。由于这里显著性水平为99%，也即理论上可能会超出这个范围的概率为1%。将由模型测算的每日的 VaR 值与两序列实际每日的波动率的绝对值作比较，如果差大于零，则表示在 VaR 范围内。结果表明运费远期合约推出后的现货收益率在预计 VaR 值之外的数据要少于推出以前的个数，并且收益率曲线与 VaR 边界的拟合也在推出后表现得更好（见图1）。

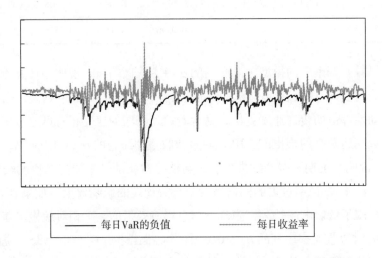

　　—— 每日VaR的负值　　　　　　　　—— 每日收益率

图1　运费远期合约推出后波罗的海航运指数日间对数收益率序列与 VaR 边界的拟合

四、国际市场典型运费远期合约的交易方式与设计格式

　　FFA 的交易方式有两种：一种是场外交易，又称柜台交易，另一种是场内交易，又称交易所交易。FFA 交易最初源于 OTC 方式，即买卖双方通过经纪人进行相互协商，在双方一致的基础上，进一步依据 FFABA 合同或 ISDA（International Swaps and Derivatives Association）合同进行最后谈判。合同的结算价格以波罗的海公布的官方价格为准，在结算日，一方支付对方的运费差额。交易所交易方式是 FFA 在国际海运交易所（IMAREX）上市之后出现的，买卖双方在交易所内直接进行交易，并且在清算行进行最终差额结算。目前，挪威期货和期权结算所（后来与国际海事交易所合并）、纽约商品交易所结算所、伦敦结算所和新加坡交易所都开展了 FFA 结算业务。

这两种交易方式的最大差别在于，交易者面临的信用风险不同，OTC 交易的风险由买卖双方直接承担（通过清算行结算除外）；交易所交易的风险则转嫁到清算行身上。另外，从交易费来讲，OTC 交易需支付经纪人佣金；而交易所交易不仅需要支付经纪人佣金，还需要支付一定比例的结算费用。从资金成本来讲，OTC 交易不需要支付保证金，而交易所交易需要缴纳一定比例的保证金。从交易主体来看，OTC 的买卖双方大多为大船东、大货主，交易活动的出发点在于套期保值，规避航运运费风险；而交易所交易的主体多为金融机构，以投机获利为目的。从目前二者的市场地位来看，OTC 的交易量、市场价值等参数都占据 FFA 交易的绝大部分，但随着金融机构参与力度的加大，交易所交易方式为越来越多的公司所接受。其具体比较如表 4 所示。

表 4　　　　　　　　　　　　　　场外交易和场内交易的比较

	场外交易	场内交易
交易费用	经纪人佣金	经纪人佣金和结算费
资金成本（保证金）	无保证金	需缴纳一定比例的保证金
信用风险	承受一定的违约风险	零（风险转嫁给结算所）
对企业现金流的影响	可能对现金流产生一定影响	对现金流影响较小
使用比例	仍占据主流地位	使用的公司越来越多

从合约文本格式来看，场外交易所采用的合约文本主要有两类，一类是由远期运费合约经纪人协会制定的 FFABA 合同，该合同是 FFABA 协会成员所主要使用的合同；另一类是由国际互换和衍生品协会制定的 ISDA 合同，该合同主要在一些大银行和大公司之间使用。目前，有将近 75% 的 FFA 场外交易参与者在使用 FFABA 合同，其余的 25% 则选择使用 IS-DA 合同。

奥斯陆国际海运交易所的场内交易额 2004 年达到了整个运费远期市场市值近 16% 的份额（其中场内湿货运费远期为整个湿货运费远期的 30% 左右，干货则为 7% ~ 10%），而2005 年为 18% 左右（其中湿货估计为 35%，干货为 15%）。从其他指标如参与者的数量、交易方式、现货和衍生品市场的发展进行衡量，运费远期市场的成长性可见一斑。表 5 显示了其上市交易合约的主要内容。

表 5　　　　　　　　　奥斯陆国际海运交易所上市交易合约的标的物一览

	标的物（现货）—航线	发布单位	交易量
干货	单个航线		
程租	211：C4，好望角型，理查德湾—鹿特丹，150 000 公吨（mt）	波罗的海交易所	
	212：C7，好望角型，玻利维亚—鹿特丹，150 000mt	波罗的海交易所	
	213：C4 AVG：好望角型，理查德湾—鹿特丹，150 000mt	波罗的海交易所	
	214：C7 AVG：好望角型，玻利维亚—鹿特丹，150 000mt	波罗的海交易所	

续表

	标的物（现货）—航线	发布单位	交易量
期租	241：P2A，巴拿马型，期租，直布罗陀—远东	波罗的海交易所	
	242：P3A，巴拿马型，期租，韩国—日本（环太平洋航线）	波罗的海交易所	最大
干货	"一篮子"航线		
	220：CS4TC，好望角型，期租平均	波罗的海交易所	
	250：PM4TC，巴拿马型，期租平均	波罗的海交易所	最大
	290：SM5TC，超灵便型，期租平均	波罗的海交易所	
油轮—原油	单个航线（TD 为 Tanker Dirty 简写，意为原油轮）		
	101：TD7，阿芙拉型，北海—欧洲大陆，80 000mt	波罗的海交易所	
	102：TD9，阿芙拉型，加勒比海—美湾，70 000mt	波罗的海交易所	
	103：TD5，苏伊士型，西非—美东，130 000mt	波罗的海交易所	
	104：TD3，巨型，海湾—日本，260 000mt	波罗的海交易所	最大
	105：TD4，巨型，西非—美湾，260 000mt	波罗的海交易所	
	106：TD12，巴拿马型，欧洲西北岸—美湾，55 000mt	波罗的海交易所	
	107：TD8，阿芙拉型，科威特—新加坡，80 000mt	波罗的海交易所	
油轮—成品油	单个航线（TC 为 Tanker Clean 简写，意为成品油轮）		
	151：TC4，MR 型，新加坡—日本，30 000mt	普氏	
	152：TC2，MR 型，欧洲大陆—美东，33 000mt	波罗的海交易所	最大
	153：TC1，LR2 型，海湾—日本，75 000mt	普氏	
	154：TC5，LR1 型，海湾—日本，55 000mt	普氏	
	155：TC6，MR 型，阿尔及利亚—地中海，30 000mt	波罗的海交易所	

注：1. 在期货合约中，以期租（T/C）为标的物的交易单位 1 手为 1 天，而其他以 1 000mt 为 1 手，其中油轮运输的季度合约为 3 000mt 为 1 手，年度合约为 12 000mt 为 1 手。上表中的交易量"最大"是同类货物类别中的比较，如 TD3 在整个原油海运费期货产品中交易量最大。类似"211"、"101"的数字表示交易代码。

2. 海运有干货和湿货运输之分，油轮是湿货运输的一种；干货有散货和杂货运输之分。上表中的 C4 和 C7 代表波罗的海好望角型运费指数（BCI）中某个特定的航线；P2A 和 P3A 是指波罗的海巴拿马型运费指数（BPI）中某个特定的航线，只不过这个指数不是即期的价格，而是期租船的运费；CS4TC 表示 BCI 指数中四条期租航线的平均运费，也可看做这 4 条期租航线构成的"一篮子"指数，而 BCI（2004 年 4 月标准）是包括上述 4 条航线的 11 条特定航线构成的"一篮子"指数；PM4TC 是 BPI 中 4 条期租航线构成的"一篮子"指数价格；SM5TC 是波罗的海超灵便型船运费指数（BSI）中 5 条期租航线构成的"一篮子"指数价格，目前其实就是 BSI 运费指数，因为另外两条待计入指数的航线权重为零。所有的油轮 TD 和 TC 航线都是波罗的海国际油轮运费指数（BITR）的成分航线。

3. C4 和 C7 月度合约中的交割价为交割前最后的连续 7 个交易日的平均价，而 C4AVG 和 C7AVG 的交割价格是月度合约当月交易的第一天到交易的最后一天的平均价。

4. 运输干散货的船型按照载重吨位从大到小分为：好望角型（Capesize）、巴拿马型（Panamax）、超灵便型（Supramax）等。原油运输的油轮船型按照载重吨位从大到小可分为超大型（ULCC）、巨型（VLCC）、苏伊士型（Suezmax）、阿芙拉型（Aframax）、巴拿马型（Panamax）等。成品油运输的油轮按照载重吨大小可分为 LR2 型、LR1 型、MR 型等。

表6　　　　　　　其他三大交易所货运远期上市交易合约的标的物一览表

交易所	湿货（包括原油 TD 和成品油 TC）	干货
纽约商品交易所（NYMEX）	TC1，TC2，TC4，TC5，TD3，TD5，TD6（跨地中海），TD7，TD9，TD10D（加勒比海到海湾）。主要是与石油消费大国美国和日本有关的航线	
伦敦结算所（LCH）	TD3，TD5，TD7，TC2	C4，C7，C3（巴西到宝山/北仑的铁矿石运输航线），C5（西澳到宝山的铁矿石运输航线），P2A，P3A，CS4TC，PM4TC，SM5TC
新加坡交易所（SGX）	TD3，TC4	与伦敦结算所同

以奥斯陆国际海运交易所为例，其发展动态如表7所示。表7中的EFP（Exchange of Futures for Physical，EFP），又称为弹性交割，是指合约到期，买方或者卖方可以事先通知交易所和结算所，然后双方私下就履约条件进行沟通，取得共识后，方便双方履约。体现了运费远期合约的设计向可转换方向的发展。

表7　　　　　　　奥斯陆国际海运交易所场内交易的运费远期市场的发展

	2002 年	2003 年	2004 年	2005 年	2006 年
有资格的场内交易者	很少，主要相关航运企业	50～75 个金融机构进入	75～100 个对冲基金进入	100～125 个其他投资者进入	125 个以上，市场参与者更加多样化
交易方式	OTC	结算所进入	屏幕电子交易	期权交易，更多的结算所加入	更多的流动性，投资的金融产品
现货市场	低，上升	波动性较大	历史性的新高	下降和反弹	波动性大
衍生品	不成熟	开始交易	较少的交易量	金融性的投机产品	世界范围内的对冲，EFP

五、天津市航运金融业发展现状与面临的问题

（一）天津市航运金融业发展现状

调研分析发现，天津在世界660多个港口城市（区域）竞争力排名中，位居第14，在国内港口城市排名中位居第3。而位居第1的中国香港在国际排名中位居第3，位居第2的上海在国际排名中位居第5（见表8）。

表8　　　　　　　　　　国内港口城市在国际航运中心中的竞争力指数分值

航运中心	区位	国别	竞争力分值	位次
中国香港	亚洲	中国	580.6	3
上海	亚洲	中国	568.8	5
天津	**亚洲**	**中国**	**490.2**	**14**
大连	亚洲	中国	460.3	18
深圳	亚洲	中国	429.3	32
青岛	亚洲	中国	405.2	47
厦门	亚洲	中国	403.3	49

香港市场是以船东为中心的区域性国际航运市场。香港市场的动态受东京市场的影响较大。香港能够充分发挥其自由港的便利条件，且有其独特开放的金融政策支持，在船舶融资及航运业资金结算领域占据一席之地，并已发展成为国际上著名的航运资金结算中心。上海市场是国内最大的航运市场，并且将以国际航运中心为目标而高速发展，除集中了中远、中海、长航集团等大中型国有航运企业外，国际航运公司也大举进军上海，使上海航运市场日益繁荣，建立了上海航运交易所。目前上海航运交易所主要业务有：以信息服务为重点，研究和发布中国运价指数；根据交通部授权，实施国际集装箱班轮运输运价报备、运价协调和运价检查；为会员单位提供"一关三检"配套服务。调研分析发现，天津与其他排名前列城市的重要差距在于航运金融的发展程度。

天津市按照国家关于滨海新区综合配套改革试验总体要求，积极加快金融改革创新，以建设北方国际航运中心为目标，建设航运金融服务体系。截至2011年底，天津已发展船舶产业投资基金，设立天津国际航运交易所，发挥银行、保险、基金、租赁、保理等综合优势，促进航运经纪、海事仲裁、教育培训等机构发展，组织高端航运论坛，建立航运自律协会组织，全面提升航运金融发展的层次和水平。但航运产业中的资金流动性，交易活跃度等方面仍有待提升。

天津国际航运交易所筹备启动会议后，天津市组织多方讨论研究设立工作，筹备组在借鉴国际上著名的波罗的海航运交易所和挪威IMAREX航运交易所先进经验的基础上，通过研究比较国内已开展业务的上海、大连、青岛三家航运交易所，确定了综合化、国际化、市场化的建设原则。天津的航运交易所既不同于国内的上海等地的航运交易所，仅仅以航运管理和港口服务为主；也不同于商品交易所等以标准化合约交易为特点的交易所；在短时期内可能也不具备建立像挪威IMAREX航运交易所那样的国际结算环境。因此，应定位为以提供航运综合服务为基础，逐步推出航运指数、航运企业股权交易、航运金融标准化衍生产品的交易所。

（二）天津市航运金融业发展中面临的问题

目前天津航运金融发展的不足集中表现为以下方面：

第一，航运金融产品种类不足，企业难觅航运风险管理工具。可以说，截至目前，尚未设计出立足自身实际，锚定于国内或区域航线的运费远期合约，缺乏自主性产品。现行的国际运费远期合约交易市场并不能真正反映与众多中国海运企业自身利益休戚相关的中国航线运费的波动，更使得我国的航运市场价格运行缺乏市场指引。

第二，目前的航运金融市场不能帮助航运企业在国际航运金融市场中获得优势。远期运费价格有时会波动非常大，异常的波动也会让企业对金融产品所具有的风险产生畏惧。由于目前在我们的航运金融市场中并未开展可转换型运费远期合约的交易，所以对借助境外市场进行交易的航运企业不能形成有效帮助或指导。

第三，航运金融市场不能较好地使从事航运业的诸多中小企业融入其中。大宗货物的货主有时与身兼船东的船运公司签订长期运输合同，可以锁定长期运输价格不需要进行运费保值。相反，小船东和小货主，或短线航运对此则是急需的。但是，国际运费远期合约市场不适合国内众多中小企业参与，小船东和小货主或短线航运参与者考虑到交易成本（如保证金、佣金等），以及合约规模，对国际市场望而却步。国内市场对此却无能为力，天津市更是如此。

（三）推动航运金融发展过程中的地方政府协调

随着我国区域经济的发展，以企业为主的市场竞争在一定程度上已成为以区域为边界的竞争，因而区域内各地方政府之间的博弈问题愈加突出。如何有效调节各政府间的博弈以实现区域整体利益最大化，成为亟待解决的问题。针对这一问题，学术界基于经典博弈理论进行了研究，并得出了一些具有积极意义的观点。但是研究中忽视了以下三个问题：各地方政府作为博弈参与者的有限理性（Bounded Rationality）；各地方政府的同质、异质特征；在市场经济体制不断完善，国家发展战略由优先推动部分特区的发展转向推动全国各地区的全面发展，地方财政、经济政策独立性加强，各地方各自发展欲望十分强烈的情况下，区域内各地方政府间的博弈行为已成为长期的演化过程。梅纳德·史密斯（Maynard Smith，1982）针对博弈中存在的有限理性，参与者异质和长期性问题阐述了演化博弈理论，并提出演化路径与可求解的演化稳定策略（Evolutionarily Stable Strategy，以下简称稳定策略）的存在性。因此，从有限理性假设出发，基于演化博弈理论，区别同质、异质地方政府间的博弈，掌握其各自在外部条件既定的情况下的演化路径与稳定策略，对实现有效调节具有重要的指导意义。本部分基于演化博弈理论，根据泰勒和约翰克（Taylor 和 Jonker，1978）的模仿者动态（Replicator Dynamics）模型，深入分析区域内地方政府间博弈行为的同质参与者对称演化博弈和异质参与者非对称演化博弈的演化路径、稳定策略及如何实现有效调节。

1. 区域内地方政府间博弈行为的演化博弈模型

在有限理性条件下，区域内各地方政府之间的博弈过程类似于群体成员间随机配对，相邻个体的相互学习和某种形式的相互反应的反复博弈，其策略调整可用"选择策略—演化—选择新策略—再演化"的演化博弈复制动态机制来模拟。

假设：

博弈中的参与者（记为 I_k，其中 $k=1$，2，$\cdots$，i，$\cdots$，j，$\cdots$，n，n 是参与者的总数）是区域内有独立决策权的各地方政府。参与者满足有限理性假设，在群体中随机配对，相互学习，相互反应。

为了便于在模型中表示，将博弈中的强势参与者标记为 I_i，弱势参与者标记为 I_j。同质参与者的博弈属对称演化博弈，异质参与者之间的博弈属非对称演化博弈。

每个参与者的战略均为竞争和合作两种。在参与者群体中，强势参与者 I_i 面对弱势参与者 I_j 时选择合作策略的概率为 $p(p \in [0,1])$，选择竞争策略的概率相应为 $(1-p)$。弱势参与者 I_j 面对强势参与者 I_i 时选择合作策略的概率为 $q(q \in [0,1])$，选择竞争策略的概率相应为 $(1-q)$。参与者在面对自己的同质参与者时双方选择合作策略的概率均为 $m(m \in [0,1])$，选择竞争策略的概率相应均为 $(1-m)$。这里 p，q，m 均为时间 t 的函数。

设在对称演化博弈的一次博弈中，参与双方均选择合作时各获得支付 a，均选择竞争时获得支付 b，一方竞争而对应方合作时竞争方获得支付 c 合作方获得支付为 0。另设在非对称演化博弈的一次博弈中，如果强势参与者选择合作的策略，则当弱势参与者同样也选择合作策略时强势参与者获得支付 i_{11}，弱势参与者获得支付 j_{11}；当弱势参与者选择竞争策略时强势参与者获得支付为 0，弱势参与者获得支付 j_{12}。如果强势参与者选择竞争的策略，则当弱势参与者选择合作策略时强势参与者获得支付为 i_{21}，弱势参与者获得支付为 0；当弱势参与者选择竞争策略时强势参与者获得支付 i_{22}，弱势参与者获得支付 j_{22}。

为了使模型便于分析，假设在博弈的过程中外部条件既定不变。

2. 博弈的支付矩阵

根据上述假设条件，对称演化博弈和非对称演化博弈一次博弈的支付矩阵如表 9 和表 10 所示。

表 9　　　　　　　　　区域内各地方政府对称演化博弈一次博弈的支付矩阵

参与者 i ＼ 参与者 j	合作	竞争
合作	a, a	0, c
竞争	c, 0	b, b

注：其中支付变量值的关系为 $b < 0 < c < a$。

表 10　　　　　　　　区域内各地方政府非对称演化博弈一次博弈的支付矩阵

强势参与者 I_i ＼ 弱势参与者 I_j	合作	竞争
合作	i_{11}, j_{11}	0, j_{12}
竞争	i_{21}, 0	i_{22}, j_{22}

注：其中支付变量值的关系为 $j_{22} < i_{22} < 0 < j_{11} < i_{11} < j_{12} < i_{21}$，$i_{21} > i_{11} + j_{11} > j_{12}$。

3. 模型分析

根据泰勒连续时间模仿者动态模型中的微分方程，可以分析出区域内各地方政府同质参与者对称演化博弈和异质参与者非对称演化博弈的演化路径和稳定策略。

同质参与者博弈的演化路径与稳定策略：同质参与者的纯策略是合作和竞争两种，所对应的支付分别为 $E_{合作} = am(t)$ 和 $E_{竞争} = cm(t) + b(1 - m(t))$，则平均支付为：$\overline{E} = m(t)E_{合作} + (1 - m(t))E_{竞争} = am^2(t) + (1 - m(t))[cm(t) + b(1 - m(t))]$。按照泰勒微分方程，得到：$\dfrac{dm(t)}{dt} = m(E_{合作} - \overline{E}) = m(1 - m)[m(a + b - 2c) + c - b]$。求解得，当 m 取 0，1 或 $\dfrac{b - c}{a + b - 2c}$ 时，$\dfrac{dm(t)}{dt} \equiv 0$。又因为支付存在 $b < 0 < c < a$ 的关系，阈值 $m = \dfrac{b - c}{a + b - 2c} > 1$，所以该对称演化博弈的演化稳定解是 $(0, 1)$ 和 $(1, 0)$ 两个，对应的演化稳定策略是（合作，竞争）和（竞争，合作）。博弈策略的演化路径如图 2 所示。

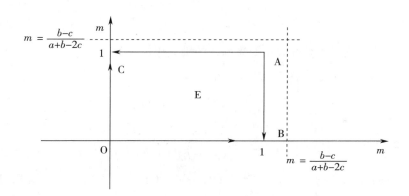

图 2 区域内地方政府间博弈行为的同质参与者对称演化博弈演化路径图

由于支付矩阵中 $b < 0 < c < a$，所以同质参与者之间进行合作是实现区域整体利益最大的策略组合，即（竞争，合作）。通过对博弈系统演化路径的分析及图 2 的描绘，我们知道实现区域整体利益最大的策略组合是（合作，合作），但在外界条件不变的情况下，仅依靠群体相互学习的自发力量，这一策略组合是无法稳定实现的（即处于 A 点的位置转瞬即逝）。同质参与者群体的策略最终都会收敛于（合作，竞争）或（竞争，合作），即稳定于 B 点或 C 点。由于上述路径与阈值、参与者的支付无关，没有可以直接调节的变量，所以针对区域整体利益最大的有效调节只能是针对同质地方政府施加完全强制性的管治措施，以使各地方政府时刻保持选择合作策略，从而实现整体利益最大化。

异质参与者博弈的演化路径与稳定策略：异质参与者的纯策略也是合作和竞争两种。强势参与者所对应的支付为 $E^{强}_{合作} = i_{11}q(t)$，$E^{强}_{竞争} = i_{21}q(t) + i_{22}(1 - q(t))$，则平均支付是：$\overline{E}^{强} = p(t)E^{强}_{合作} + (1 - p(t))E^{强}_{竞争} = p(t)i_{11}q(t) + (1 - p(t))[i_{21}q(t) + i_{22}(1 - q(t))]$。

由于强势参与者之间相互学习模仿，将使 $p = p(t)$ 按照下列模仿者动态方程确定的方向趋势演化。按照微分方程，得到：$\dfrac{\mathrm{d}p(t)}{\mathrm{d}t} = p(E_{合作}^{强} - \overline{E}^{强}) = p(1 - p)[(i_{11} - i_{21} + i_{22})q - i_{22}]$。当 p 取 0，1 或 $\dfrac{i_{22}}{i_{11} - i_{21} + i_{22}}$ 时，$\dfrac{\mathrm{d}p(t)}{\mathrm{d}t} \equiv 0$。因此 $p = 0$，1 是强势参与者策略选择的两个稳定状态解。同理，针对弱势参与者来讲，按照泰勒微分方程，得到：$\dfrac{\mathrm{d}q(t)}{\mathrm{d}t} = q(E_{合作}^{弱} - \overline{E}^{弱}) = q(1 - q)[(j_{11} - j_{12} + j_{22})p - j_{22}]$。当 $q = 0$，1；$p = \dfrac{j_{22}}{j_{11} - j_{12} + j_{22}}$ 时，$\dfrac{\mathrm{d}q(t)}{\mathrm{d}t} \equiv 0$。因此 $q = 0$，1 是弱势参与者策略选择的两个稳定状态解。

对于一个由微分方程系统描述的群体动态，其均衡点的稳定性是由该系统的雅克比矩阵的局部稳定分析得到的。因此，通过区域内强势参与者与弱势参与者各自独立的演化稳定解，利用雅克比矩阵，可以分析出此非对称博弈的整体演化稳定解，从而得出演化稳定策略。

区域内异质地方政府非对称演化博弈系统的雅克比矩阵为

$$J = \begin{bmatrix} (1 - 2p)[(i_{11} - i_{21} + i_{22})q - i_{22}] \\ p(1 - p)(i_{11} - i_{21} + i_{22}) \\ q(1 - q)(j_{11} - j_{12} + j_{22}) \\ (1 - 2q)[(j_{11} - j_{12} + j_{22})p - j_{22}] \end{bmatrix}$$

其局部均衡解 (p, q) 共有 5 个：$(0, 0)$，$(0, 1)$，$(1, 0)$，$(1, 1)$，$(p = \dfrac{j_{22}}{j_{11} - j_{12} + j_{22}}, q = \dfrac{i_{22}}{i_{11} - i_{21} + i_{22}})$。对于均衡点 $(0, 0)$ 来讲，其雅克比行列式的符号正，迹的符号为正，是不稳定的。均衡点 $(0, 1)$ 对应的雅克比行列式的符号为正，迹的符号为负，从而是演化稳定解。同理，均衡点 $(1, 0)$ 是演化稳定解，而均衡点 $(1, 1)$ 不是演化稳定解。因为均衡点 $(p = \dfrac{j_{22}}{j_{11} - j_{12} + j_{22}}, q = \dfrac{i_{22}}{i_{11} - i_{21} + i_{22}})$ 的雅各比矩阵的行列式符号为负，而迹是 0，所以该均衡点的博弈策略是一个鞍点。综上所述，该非对称演化博弈的演化稳定解是 $(0, 1)$ 和 $(1, 0)$，对应的演化稳定策略是（合作，竞争）和（竞争，合作），博弈策略的演化路径如图 3 所示。

从图 3 中我们看到，这一博弈系统最终将稳定于策略（合作，竞争）或（竞争，合作），具体收敛于哪个要看系统的状态。关键问题在于，$p = \dfrac{j_{22}}{j_{11} - j_{12} + j_{22}}$ 和 $q = \dfrac{i_{22}}{i_{11} - i_{21} + i_{22}}$ 两条线将系统划分成了四个区域（如图 2 所示）。当初始状态落在区域 A 内

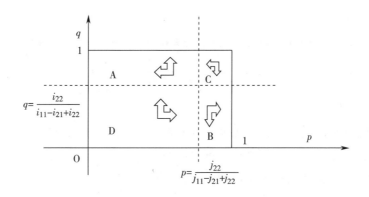

图3　区域内地方政府间博弈行为的异质参与者非对称演化博弈的演化路径图

时，参与者群体将稳定于策略（竞争，合作），即强势参与者群体选择竞争策略，弱势参与者群体选择合作策略；当初始状态落在区域 B 内时，参与者群体将稳定于策略（合作，竞争），即强势参与者群体选择竞争策略，弱势参与者群体选择合作策略；当初始状态落在区域 C、D 内时，演化的方向不确定，有可能进入 B 区域而稳定于策略（合作，竞争），也有可能进入 A 区域而稳定于策略（竞争，合作）。（$p = \dfrac{j_{22}}{j_{11} - j_{12} + j_{22}}$，$q = \dfrac{i_{22}}{i_{11} - i_{21} + i_{22}}$）是使博弈系统演化特性改变的阈值，当系统的状态在这两个值附近时，微小的变化将影响到系统演化的最终结果，而当系统的状态落在 A、B 区域内时，系统演化的最终状态是确定的。

从区域内地方政府间博弈行为的异质参与者非对称演化博弈的支付矩阵中不难看到，由于 $i_{21} > i_{11} + j_{11} > j_{12}$，强势参与者选择竞争策略同时弱势参与者选择合作策略是实现区域整体利益最大的策略组合，即（竞争，合作）。通过对博弈系统演化路径的分析，我们知道在外界条件不变的情况下，如果博弈系统的初始状态落在 A 区域内，仅依靠群体相互学习的自发力量，（竞争，合作）策略将可以实现，并且最终将稳定于该策略；如果落入 C、D 区域将有可能回到 A 区域从而实现在该策略下的稳定，也有可能落入 B 区域，而一旦落入 B 区域，将不能实现稳定于使区域整体利益最大化的策略（竞争，合作）。由于在这一博弈系统中，博弈落入哪个区域与参与者的支付有关，所以并不需要像对称演化博弈中一样施加完全强制性的管治，只需通过改变参与者的支付就可引导博弈状态落入 A 区域，然后系统就能自发地稳定于实现整体利益最大化的策略。

研究发现，在外部条件既定的情况下，区域内同质、异质地方政府的博弈存在各自不同的演化路径和稳定策略；并且实现稳定策略的路径不是经典博弈理论下的简单线性路径，而是复杂的非线性路径，存在关键性的阈值。这意味着，对区域内地方政府间博弈行为的调节需要依博弈参与者的不同属性和博弈的演化路径来进行，并且有效地调节思路需在博弈的外部求解。

六、对天津市推动可转换型远期运费合约
发展航运金融的对策建议

对合约附加上可转换的性质可以极大提升合约的应用性能。港口城市是航运金融发展的必然资源性前提。在航运金融领域内进行可转换型远期运费合约的金融创新，能够较在其他无垄断性资源附加的领域进行创新获得更大收益。

（一）设立可转换点的建议

结合国际运费远期合约交易的优缺点，建议天津市发展可转换型远期运费合约可以在合约规模上可转换，近似标的航线间可转换，场内交易与场外交易间可转换，远期和期货间可转换，远期和期权间可转换。以期实现，通过小合约规模吸引中小企业，由小规模合约到大规模合约的转化引导企业靠近国际化交易，连接小企业与大企业之间的交易；通过近似标的航线间的转换，实现市场流动性的充足给予；通过场内交易与场外交易间的转换，远期和期货间的转换，远期和期权间的转换，实现天津市航运金融向更高层次的发展，以更好地和国际航运金融产品接轨，甚至主导相关航线的国际定价话语权。从而结合滨海新区金融创新先行先试的有利政策，使天津在与其他城市金融创新的激烈竞争中脱颖而出。

（二）确立以可转换型远期运费合约产品推动其他航运金融产品再推动产业发展的思路

天津相较上海，在发展航运金融方面最大的劣势在于缺乏成熟的期货交易所的支撑，为此我们可以从 OTC 市场入手打开瓶颈，暂时避开期货这种严格规范化的场内交易形式，而采取经典的远期转期权的方式逐步拓展航运金融产品层次，从而，使天津在与其他城市航运金融创新的激烈竞争中脱颖而出。

具体来讲，在经典运费远期合约上附加权利行使条款，即转换为期权合约，这是极为简单的。并且在金融产品的高级程度上能够实现拓展。所谓期权转现货，就是持有同一合约月份的期权买卖双方达成协议，以期实现现货交割，把期权部位转换成现货部位的交易。这里要求买卖双方的期权执行价格、合约月份、期权类型要相同。

结合天津市情况，课题组建议可以从以下角度考虑选择：第一，与国外联动且活跃的品种，模式与国外一致。第二，与国外联动而国内不太活跃的相关品种，根据品种自身情况设计。第三，关联性不大或无关联的品种，根据品种自行设计。建议标的物不太活跃的期权用欧式，标的物非常活跃的品种用美式，还可考虑使用亚式期权，即定期执行，如每月提供一次执行机会，愿意执行权利的投资者可以有执行的机会。

（三）制定天津市推动航运金融、推动可转换型运费远期合约发展的规划

以国家大力发展战略性新兴产业为契机，组织专门力量制定天津市发展航运金融产品的专门规划，且该规划应为执行性规划、操作性规划。明确对可转换运费远期合约产品的推动

思路，发展目标，通过在全市层面的统一规划，促进航运金融的快速良性发展。这样的规划出台，可以给予市场参与者和产品期待者坚定的信心，避免市场设计者和需求者由于担心未来的明朗性而望而却步，或犹豫不决，从而能够从航运金融创新的初始点鼓励相关单位的创新热情。

（四）大力整合市场需求，选好龙头，发挥龙头的带动作用

市政府要加大力度整合市场需求。通过整合市场需求可以绑定航运领域的相关参与者，借助集体的力量化解单兵作战的风险，以使可转换型远期运费合约得到正确应用。需要天津市政府和有关部门筛选并鼓励相关有资历的部门（龙头）率先开展。借助龙头参与者更好地发挥可转换型远期运费合约应有的作用。对龙头参与者的选择，建议天津可以走两条路径：一是借助国企作龙头，形成龙头参与者链条；二是选择天津市航运实业中的名牌航线，名牌船只，名牌金融服务硬件形成龙头参与者链条。

无论是对外引进还是对内培育，都要加大政策支持和协调服务力度，确保软硬件建设需要，在人才、资金、基础设施等方面要求，要尽全力支持，构成龙头参与者发展的精神加工配套体系。

课题组根据调研推荐，可以由以下几个单位率先成为可转换运费远期合约交易的龙头参与者，如东疆保税港区管委会、新金融服务有限公司、海航实业、船舶基金、Poten 中国、交通银行、招商银行、建设银行、民生银行和渤海财险，组织它们负起帮代其他航运企业进行交易的责任。

（五）搭建技术平台推动可转换型远期运费合约乃至航运金融产品发展

政府要进一步支持构建航运业相关企业的信息库。利用政府的信息平台，及时发布行业中新的交易需求，未来交易走向，及时进行技术创新。定时发布行业发展趋势，帮助企业借助国际国内宏观经济调整经营。同时，积极促进航运领域内相关企业的信息共享。

建议可转换型运费远期合约的交易平台采用政府主导的研发模式。利用政府支配公共产品的权力和沟通协调能力，将企业、金融机构、高等院校和研究机构连为一体，建设一个以推动航运金融发展为核心的团队，创建公共研发平台。利用公共研发平台对社会开放、资源共享，及时把研究成果转化为生产力，弥补可转换型运费远期合约在初始设计中可能存在的不足和在促进航运金融发展方面未被挖掘的潜力。有重点地扶持和鼓励企业试水交易，引入境外战略合作者。鼓励产学研联合科技攻关，解决影响产业发展中研发环节的瓶颈。

（六）对天津推出可转换运费远期合约的时机选择建议

正如研究报告前文所述，由于境外运费远期合约的规模不断扩大，加之由境内参与到境外的运费远期合约交易量不足，国际航线运价的定价权几乎已完全由境外市场掌握，境外衍生市场已经在一定程度上削弱了我国在航运领域的主导权。加之，随着国际市场逐步开拓航运指数，进一步发展运费远期合约的相关高级衍生，使得国内航线定价的主导权也处于岌岌可危的环境当中。天津作为国内排名较为靠前的港口城市，不仅有义务在航运金融领域进行

提升，而且在先行先试的优惠环境中，积极发展形式多样的运费远期合约也是较其他城市具有比较优势和突破自身困境的绝佳机会。

在本轮金融危机的影响下美国经济下滑，全球经济不景气影响了人们对传统经济强势国的信心。中国在新一轮世界经济排名中的位置继续走向前列，特别是航运市场，给予了世界航运新的亮点，因此天津作为国内航运排头城市，应抓住当前的局势特点，以使我国实际航运经济情况对国际市场的影响作用，甚至主导作用得到凸显。当前天津尽快积极开发适合国内实际的多种形式的运费远期合约，实际上是最佳时机，其不仅对天津自身提升，对全国航运业的发展均具有重要意义。

（七）给予相关优惠的建议

政府在金融创新的过程中具有打破路径依赖和提高竞争效率的作用，可以从以下优惠政策打破路径依赖和提高竞争效率：第一，政府可给予参与者税费方面的政策优惠。第二，优化人才技术环境，加快人才培养和引进。人才是金融创新设计的主体，也是金融创新产品交易的核心。在制度约束下，正确的设计与交易的关键均在于人。建议重点引进两类人才以使天津市的航运金融也得到更快发展：一是高端人才，推行"项目＋人才"为主的人才引进方式；二是技术骨干，通过政策引导，重点引进国内外航运金融尤其是从事过运费远期合约交易的经验丰富的一线技术人员。

参考文献

[1] 李俊、卢春霞：《国际干散货 FFA 市场的协整研究和定价应用》，载《中国水运（下半月）》，2008（7）。

[2] 宫晓、吕靖、王尧：《远期运费市场与即期运费市场的关系研究》，载《大连海事大学学报》，2010（1）。

[3] 朱意秋、郑文：《国内外研究远期运费协议市场效率的方法和结论》，载《大连海事大学学报（社会科学版）》，2011（3）。

[4] 张建、杨永志：《FFA 在航运市场风险管理中的应用》，载《世界海运》，2006（5）。

[5] 朱剑：《干散货远期运费市场功能实证研究》，上海交通大学，2007。

[6] 宫晓婷、吕靖、王尧：《远期运费市场与即期运费市场的关系研究》，载《大连海事大学学报》，2010（1）。

[7] 肖贻铭：《干散货运价套期保值有效性实证研究》，大连海事大学，2009。

[8] 孙璐清、朱意秋：《我国企业参与运费衍生品市场的现状及成因》，载《重庆交通大学学报（社会科学版）》，2010（3）。

[9] 宗蓓华、邵泊洋：《运价远期市场对即期价格波动特征影响的研究》，载《中国航海》，2008（2）。

地方投融资平台债务风险：预警与实证

◎ 武彦民　　张丽恒①

〔**内容提要**〕地方投融资平台债务风险是人们关注地方债务风险的主要聚焦点。地方投融资平台的举债行为是准财政行为——行财政责、干财政事、扬财政名、揽财政过。推升融资平台债务风险的因素涉及宏观、中观和微观各个层面。在合理筛选指标体系基础上，利用多级模糊综合评价方法，构筑地方投融资平台债务风险程度的测评预警模型，并进行实证分析。从近期和远期两个视角提出地方融资平台债务风险的治理对策。

〔**关键词**〕地方融资平台　债务风险　模糊综合评价　预警模型

地方政府性债务是目前社会各界关注的焦点之一。主流声音是地方政府性债务潜藏着很大风险，局部地区债务风险甚至累积到危机程度。投融资平台债务是地方债务的重要组成部分，人们对地方债务的研究经常聚焦于地方投融资平台债务风险。我们认为，仅仅是攻其一点、不及其余的片面定性研究无助于对地方投融资平台债务风险状态的准确把握，多层次、多角度筛选指标体系，搭建有预测功能的预警模型，并对融资平台当前债务风险状态进行实证分析，据此提出政策建议，是唯一正确的选择。

一、相关理论与现状描述

地方投融资平台债务是指由地方政府及其部门和机构、所属事业单位等通过财政拨款或注入土地、股权等资产设立，具有政府公益性项目投融资功能，并拥有独立企业法人资格的经济实体举借的债务②。作为判定投融资平台公司的第一印象，它们的注册名称通常是建设投资公司、建设开发公司、投资开发公司、投资控股公司、投资发展公司、投资集团公司、

---

① 武彦民，天津财经大学经济学院院长，博士生导师。张丽恒，经济学博士，天津市经济发展研究所《天津经济》编辑部副编审。

② 本概念是依据2010年7月30日财政部、发展改革委、人民银行和银监会联合发出的《关于贯彻国务院关于加强地方政府融资平台公司管理有关问题的通知相关事项的通知》中地方投融资平台公司的概念引申得出。

国有资产运营公司、国有资本经营管理中心等，以及行业性投资公司，如交通投资公司等。

地方投融资平台公司是介于政府部门与完全企业之间的混合性实体单位（或称为准政府机构或准公司）。它具有公司的外壳，但包含政府机关的内核。它不完全等同于政府机关，因为它在工商部门注册，具有形式上的公司内部治理结构，实现一定的经营收入，享受公司性报酬形成机制；它也不完全等同于一般的公司，它有明显的政府背景，地方政府是主要发起人和出资人，地方财政以各种方式补充其羸弱的现金流，地方政府对其掌控程度明显高于其他公司。简言之，地方投融资平台公司是收益性与公益性兼备、自身现金流与政府贴补兼备、机关性与公司性兼备、政府行为与市场行为兼备的准公司。

地方投融资平台企业向社会提供兼有公共品和私人品双重属性的准公共品。一方面，平台公司提供的物品本身兼具收益性和公共性，比如地铁等；另一方面，平台公司也会交叉提供收益性很强的准私人物品和毫无收益性的纯公共物品，前者如高铁和高速公路等（甚至商业住宅），后者如免费公路等。从整体上讲，平台公司会获得低于成本水平的现金流。这也是平台公司极强政府背景的典型体现。

地方投融资平台的举债行为是准财政行为——行财政责、干财政事、扬财政名、揽财政过。平台公司通过举债使政府对它的有限注资获得"杠杆化"效应，地方财政功能因此得到进一步强化，社会经济发展的物质环境因此得到大幅度改善，经济增长规模因此得到进一步扩张，城镇基础设施和公共设施也因此得到大幅度提升。可以说，没有数千家地方投融资平台公司，我们不可能取得当今辉煌的社会发展、经济增长和民生改善的成就。

但是，地方投融资平台之所以受到强烈关注，并非是它的一长串骄人业绩，而是它所累积的日渐庞大的债务规模和不断加深的债务风险。它在放大财政注资运作效果的"杠杆化"效应的同时，也带来地方财政风险、国家财政风险、银行信贷风险的"杠杆化"效应。许多专家、学者基于种种原因开始担忧地方投融资平台公司的过快发展和过度举债行为，审计署的审计公告更给这种担忧提供了确切的数据支撑。

国家对金融活动的高度控制、银行业与地方政府之间的盘根错节的互相牵制关系，是地方投融资平台债务风险迅速累积的主要外部原因。在地区发展、民生改善、政策调控、指标考核等多重压力下，在现有法律法规体系的直接约束下，地方政府不得不通过设立投融资平台公司，"借道"银行业手中庞大的金融资源，实现自己的宏伟目标。循着"地方政府—融资平台—金融系统—融资平台—地方政府"的"路线图"，整个金融市场变成了各级政府的"钱袋子"，金融业替代了财政和税收制度的部分功能，"信贷资金财政化"现象严重。

审计署2011年6月27日发布的《全国地方政府性债务审计结果》显示："至2010年底，全国省、市、县三级政府共设立融资平台公司6 576家，其中：省级165家、市级1 648家、县级4 763家；有3个省级、29个市级、44个县级政府设立的融资平台公司均达10家以上。从这些公司的经营范围看，以政府建设项目融资功能为主的3 234家，兼有政府项目融资和投资建设功能的1 173家，还进行其他经营活动的2 169家。融资平台公司2010

年底的政府性债务余额为 49 710. 68 亿元，占全国地方政府性债务余额的 46.38%。其中政府负有偿还责任、担保责任和可能承担一定救助责任的债务分别占 63.12%、16.38%、20.50%。部分融资平台公司管理不规范，盈利能力和偿债能力较弱。审计的 6 576 家融资平台公司中，有 358 家存在借新还旧问题，借新还旧率平均为 54.20%；有 148 家存在逾期债务 80.04 亿元，债务逾期率平均为 16.26%；有 1 033 家存在虚假出资、注册资本未到位等问题，涉及金额 2441.5 亿元。"2012 年 11 月至 2013 年 2 月，审计署又对 36 个地方政府本级 2011 年以来政府性债务情况进行了审计，结果显示，融资平台公司依然是主要的地方债务形成主体，占比 45.67%；融资平台债务比 2010 年底增长 22.5%，亦即平台债务风险的累积依然在继续。

二、地方融资平台债务风险的成因

（一）宏观层面

1. 宏观经济环境。地方融资平台公司的融资意愿和可能性与经济周期呈同方向变动。在经济繁荣阶段，平台公司筹集资金较为容易，且对经营状况的未来预期也较好，因而投融资战略倾向于扩张；在经济衰退阶段，资金筹集的成本升高，未来前景较为负面，因而投融资战略倾向于收缩；在经济萧条阶段，平台公司倾向于选择低风险的投融资项目，投融资战略倾向于维持现状；在经济复苏阶段，对新的投资项目平台公司需要进行审慎分析，投融资战略有较大的不确定性。

2. 国家政策倾向。国家财政货币政策通常具有逆对经济风向的特性，而地方投融资平台本身也兼有财政性和金融性双重属性。"双紧"政策组合会从必要性和可能性两方面抑制融资平台公司的举债冲动；"双松"政策组合也会从这两方面释放融资平台的融资潜力。继续深入分析，鉴于地方政府追求发展动机的永恒性，融资平台的举债融资效果与货币政策类型和力度之间存在最为紧密的关系。

3. 法规约束软化。现行《预算法》明确规定："除法律和国务院另有规定外，地方政府不得发行地方政府债券。"《预算法修正案草案》第二稿又删除了一审稿中关于允许地方政府举债的条款，这将使地方政府更为倚重投融资平台的举债融资功能。《中华人民共和国担保法》第八条规定："国家机关不得为保证人，但经国务院批准为使用外国政府或者国际经济组织贷款进行转贷的除外。"然而现实情况却是地方政府融资平台的实际融资过程中，无论项目有无配套的土地、能否产生现金流以及项目建设期间是否有相应利息偿还的财政补贴，商业银行都会要求出具一份地方人大或地方政府财政承诺的担保函（哪怕这样的担保函仅有象征意义）。地方政府融资平台依据《公司法》的规定已是独立经济实体，可以向市场融资并对基础设施项目进行投资经营。然而对地方政府承担融资平台公司债务的责任，

《公司法》并未明确进行规定和限制。《贷款通则》明确规定的借款主体中不包括地方政府，这也使得地方政府只能借助融资平台公司来缓解自己庞大的资金需求压力。

（二）中观层面

1. 地区经济环境。总体上讲，地区经济环境与融资平台债务状况呈同向变动。一个经济增长迅速、经济结构平衡、经济效益良好、资源禀赋超值的地区当然会给本地投融资平台企业以超强的借债信心，也会给银行等债权主体的金融资源以更大的吸引力，其结果就是这些地区的平台公司获得了更大规模的金融支持，形成了更大规模的平台债务。但是，基于同样的理由，融资平台借款双方会在地区经济环境优越的过分刺激或诱导下，片面扩大融资规模，过分释放借债冲动，从而将本地融资平台债务风险提高到一个较高程度。

2. 政府治理水平。一个管理规范、职责清晰、公开透明、廉洁高效、信息准确、考核指标科学完整的地方政府，会对本地投融资平台借债行为提供有效指导和恰当约束，不会一味传导那些刺激平台债务膨胀的声音。这样的地方政府不会给平台公司施加过分的扩张压力，不会使平台公司完全变身为一个行政机构，毫无经济动物的属性，更不会将分担偿债责任的承诺丢弃给上届政府，自己只享受借债发展的愉悦。要知道，在目前的干部体制下，一届政府的借债冲动总是强于偿债责任心。

3. 地方信用状况。极强的政府背景是投融资平台公司的典型特征，平台自身的借债信心和债权银行的贷款信心本质上都源于平台公司的政府背景。如果地方政府偿债信誉良好，整个地方债务规模和结构限定在公认的风险控制标准①之内，这肯定会对地方投融资平台债务水平提升发挥积极作用。从根本上分析，地方政府信用状况受制于地方财政状况。不难想象，财源比较充裕，收入态势向好，财政日子宽裕，土地财政兴旺的地区，往往会在支出安排上优先满足偿债资金需要（偿债支出在财政支出分类中被归入无弹性支出或法定支出），从而获得较高的信用评价，当地投融资平台债务往往会有更大的扩张空间。当然如果过分倚仗当时较高的信用评价，致使地方债务包括融资平台债务过分膨胀的话，也会逐步蚕食过去多年积累的地方信用。

（三）微观层面

尽管有很强的政府背景，融资平台公司仍然是债务的第一承担者和直接承担者。地方政府对平台债务有一定偿债责任，但其"出牌"规则、出手方式和力度等均有很大的不确定性。政府与平台公司之间的"父爱主义"有时候会表现为竭力支持，有时候也会表现为推卸责任。因此，融资平台公司本身的经营素质也对债务风险状况产生极大影响。

1. 融资平台经营状况。说到底，融资平台经营状况就是它从各种渠道获得的非债务性

---

① 如天津市 2007 年 9 月发布的《天津市政府债务管理暂行办法》第三十二条规定：根据政府债务情况和经济社会发展水平，原则上各级人民政府和"三区"（市开发区、保税区、市高新区）管委会负债率（直接债务余额与当年地区生产总值的比例）不得超过 10%，债务率（直接债务余额与当年地方财政收入的比例）不得超过 100%，偿债率（年度应还本付息额与当年地方财政收入的比例）不得超过 15%。

资金来源与资金占用之间的对比关系。地方政府划拨给公司的资产的净现金流和盈利能力，地方财政给付融资平台的支持方式与力度，土地净收益转拨给公司的规模和及时程度等，都关乎融资平台的经营状况和债务水平。当然，继续深入剖析的话，房地产价格走势、招商引资成效、财政分配形势、经营管理水平、内部治理结构等，都在更深层面影响着融资平台企业的经营业绩和债务风险程度。

2. 融资平台治理结构。虽然融资平台名义上是按照《公司法》成立的组织，但其构建并没有按照现代公司制度进行。资本结构政府为主，经营管理政府主导，人事任免政府决策，平台债务政府兜底。融资平台本质上就是地方政府融资的工具，仅是利用市场化经济主体的名义行使政府融资功能，因此构建合理的现代公司治理结构也就无从谈起。

3. 地方担保救助力度。在我国目前有关政府债务的法律法规不健全的情况下，地方政府对融资平台救助意愿的判断是决定地方政府融资平台债务风险大小的重要方面。其大力支持和及时救助将使融资平台在债务风险爆发之时得以全身而退，否则将很可能引发连锁反应。但总体上看，地方政府会对融资平台公司债务极力承担实质性担保和救助责任，不仅是为了持续性融资的需要，也是维护一方社会稳定的需要。但是，意愿和态度在根本上受制于能力，如果融资平台债务规模太大，超出本地广义财政①的承担能力，债务违约危机将难以避免，地方政府也很难全身而退。

三、地方投融资平台债务风险预警模型构建

（一）指标体系选取

1. 指标体系的选取原则。可以对地方投融资平台债务风险进行描述和刻画的指标很多，如何从繁多的指标中选取数量有限、刻画准确的指标体系，是我们对地方融资平台债务风险程度进行量化描述的基本前提。指标体系的选取原则是：（1）科学性，即所选指标必须能够客观、准确地描述融资平台债务运行的某一个侧面，这是某项指标当选的首要条件；（2）有限性，即最终构建的指标体系只能由不太多的指标构成，每个指标均可以"独当一面"，这是决定该指标体系现实有用程度，或可操作性的主要因素；（3）数据的可获得性，即所选指标必须有比较权威的统计数据来源，否则，再科学的指标体系也会因为没有准确的数据来源而难以进行"数学"描述；（4）非重复性，即每个入选指标都能够准确描述平台债务风险的特定侧面，彼此之间互不重复。

2. 指标体系选取结果。根据前面梳理的融资平台债务风险的产生原因，以及评价指标

---

① 广义财政是指政府全部财力的分配过程，包括一般预算资金、预算外资金、社会保障缴款、适度赤字规模、政府性基金、资本预算盈余等。

遴选四原则，我们初步选取了如下三个层次、十个类别，共30个三级指标构成的地方投融资平台债务风险评价指标体系。基于系统科学的"分析—重构"方法，构造地方融资平台债务风险预警指标体系，首先，设定地方融资平台债务风险为目标层用 A 表示，并在此基础上，将影响地方融资平台债务风险的因素分解为三个中间目标，即宏观风险因素（B1）、中观风险因素（B2）以及微观风险因素（B3）。其次，宏观风险因素主要通过宏观经济状况、宏观政策状况、国家法律制度和市场经济环境四个指标类来表达，相应使用 C1、C2、C3、C4 表示；同理，中观风险因素分解为：区域经济水平（C5）、地方政府治理（C6）、地方政府信用（C7），微观风险因素分解为：平台经营状况（C8）、平台治理情况（C9）、地方政府担保（C10）。最后，对于指标因子的选择，我们在参考了国内外风险预警指标体系的前提下，选取了19项基础性比较强的指标项，并在对这些指标因子进行必要的归类和组合之后，分列到了上述的各准则之内，构成因子层，因子层统一用 $D_i(i = 1, 2, 3, \cdots)$ 表示。这样就得到了一个完整的地方融资平台债务风险预警指标体系（见图1）。

（二）多级模糊综合评价法

所谓模糊综合评价是在模糊环境下，考虑多种因素的影响，根据给出的评价标准和具体的评价值，经过模糊变换后对事物作出评价的方法。多级模糊综合评价就是先把要评价的某一事物的多种因素，按其属性分为若干类大因素，然后对每一类大因素进行初级的综合评价，最后再对初级评价的结果，进行高一级的综合评价。模糊综合评判法是利用模糊集理论进行评价的一种方法，也就是应用模糊关系合成原理，从多个因素对被除数评判事物隶属等级状况进行综合性评判的一种方法。模糊综合评判的优点是可对涉及模糊因素的对象系统进行综合评价，它克服了传统数学方法结果单一性的缺点，结果包含的信息丰富，解决了传统观点看来无法进行数量分析的问题，也避免了判断的模糊性和不确定性问题。

1. 模糊综合评判方法的基本步骤

模糊综合评判包括7个基本步骤：

（1）确定模糊评价指标集（评价因素）S

设定地方政府融资平台风险预警指标体系为评价指标集合。图1所示的风险预警指标体系即构成了因素层次划分模型，其中决定最终值指标的因素集为 S，其中，$S = (s_1, s_2, s_3, \cdots, s_{29}, s_{30})$，按照层次因素，因素集又可以分为相应的子集，如宏观风险因素子集为 $S_1 = (s_{1,1}, s_{1,2}, s_{1,3}, s_{1,4})$，其他的情况与之相同，这里不再一一列出。

（2）确定评价集 V

评价集是对各层次因素状态的直接描述和表征方式，可采用等级评价。这里采用五等级评价，确定模型中各因素的评价等级为5个，$V = (V_1, V_2, V_3, V_4, V_5) = $（非常好, 较好, 一般, 差, 很差）。

（3）对评价集赋值 U

对评价分别赋值为：很好10，好8，一般6，差4，很差2，即 $U = (10, 8, 6, 4, 2)$。

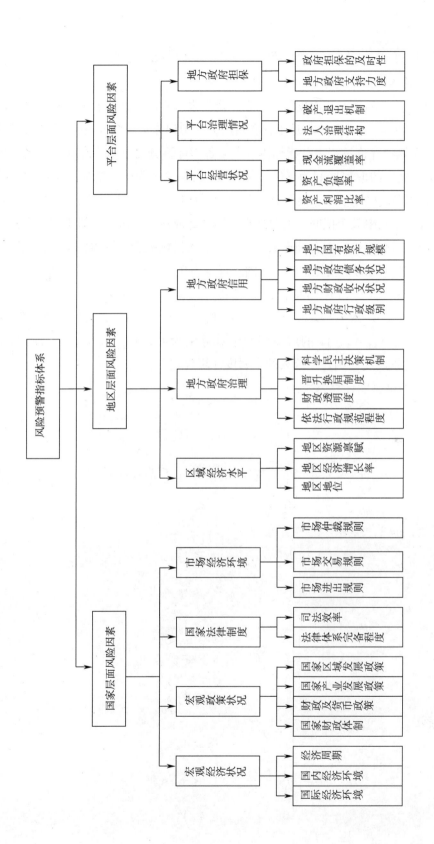

图1 地方政府融资平台风险预警模型构建

对于 S_i 中各因素的权数分配为 $A_i = (a_{i_1}, a_{i_2}, \cdots, a_{i_n})$，其中 $\sum_{t=1}^{n_t} a_{i_t} = 1$。

(4) 确定单因素评价矩阵（隶属度矩阵）R

在模糊集合中，其中的元素和模糊集合存在一定的隶属程度，即隶属度。百分之百的隶属关系则记为隶属度 $R=1$，百分之百地不存在隶属关系则记为隶属度 $R=0$。隶属度的取值区间为 $[0, 1]$。在风险评价过程中，指标体系中的各指标百分之百地不存在隶属关系则记为隶属度 $R=0$，隶属度的取值区间为 $[0, 1]$。在风险评价过程中，指标体系中的各指标与风险之间的关系用隶属度来表示。定量指标的单因素评价可以直接计算其实际值，但若把某指标的实际值看成是其中某个区间上的普通点，则会造成落在两区间边缘附近的点其数值相差不大，而却相差一个等级的不合理现象。为此，引入模糊概念。具体做法是：该区间中点的隶属度为1，而该区间两个相邻区间中点的隶属度为0，连接1和0，则得到某个指标在该区间的隶属度函数。根据指标的特征，拟定其隶属度函数为线性函数，且满足：若 $R_{vj}(r_j)$，则，$R_{vj+1}(r_j)=0$，$R_{vj-1}(r_j)=0$，其中 $j=1, 2, 3, \cdots, n$。n 为等级的个数，v 为等级。设等级 V_1、V_2、V_3、V_4、V_5 的取值区间中点分别为 v_1、v_2、v_3、v_4、v_5，r_{ij} 为指标值，$\mu v1(r_{ij})$ 为 r_{ij} 的隶属度，则任一因素的隶属度计算公式为：

A. 极大性指标的隶属度计算公式：

对于最高等级

$$\mu_{v_1}(r_{ij}) = \begin{cases} 1 & r_{ij} \geq V_1 \\ \dfrac{r_{ij}-V_2}{V_1-V_2} & V_2 < r_{ij} < V_1 \\ 0 & r_{ij} \leq V_2 \end{cases} \tag{1}$$

对于中间等级，$j=2, 3, 4$

$$\mu_{v_1}(r_{ij}) = \begin{cases} 0 & r_{ij} \geq V_{j-1} \\ \dfrac{V_{j-1}-r_{ij}}{V_1-V_2} & V_j < r_{ij} < V_{j-1} \\ 1 & r_{ij} = V_j \\ \dfrac{r_{ij}-V_{j+1}}{V_j-V_{j+1}} & V_{j+1} < r_{ij} \leq V_j \\ 0 & r_{ij} \leq V_{j+1} \end{cases} \tag{2}$$

对于最低等级

$$\mu_{v_1}(r_{ij}) = \begin{cases} 1 & r_{ij} \leq V_5 \\ \dfrac{V_4-r_{ij}}{V_4-V_5} & V_5 < r_{ij} < V_4 \\ 0 & r_{ij} \geq V_4 \end{cases} \tag{3}$$

B. 极小性指标的隶属度计算公式：

对于最高等级

$$\mu_{v_1}(r_{ij}) = \begin{cases} 1 & r_{ij} \leqslant V_1 \\ \dfrac{V_2 - r_{ij}}{V_2 - V_1} & V_2 < r_{ij} < V_1 \\ 0 & r_{ij} \geqslant V_2 \end{cases} \tag{4}$$

对于中间等级，$j = 2$，3，4，

$$\mu_{v_1}(r_{ij}) = \begin{cases} 0 & r_{ij} \leqslant V_1 \\ \dfrac{r_{ij} - V_{j-1}}{V_j - V_{j-1}} & V_j > r_{ij} > V_{j-1} \\ 1 & r_{ij} = V_j \\ \dfrac{V_{j+1} - r_{ij}}{V_{j+1} - V_j} & V_{j+1} > r_{ij} > V_j \\ 0 & r_{ij} \leqslant V_{j+1} \end{cases} \tag{5}$$

对于最低等级

$$\mu_{v_1}(r_{ij}) = \begin{cases} 1 & r_{ij} \geqslant V_5 \\ \dfrac{r_{ij} - V_4}{V_5 - V_4} & V_5 > r_{ij} > V_4 \\ 0 & r_{ij} \leqslant V_4 \end{cases} \tag{6}$$

定量指标还需确定其值域，即对应风险等级的划分。可采取直接取值的方法，即按行业规定的最低（或最高）限度为基本依据。需要说明的是，不同行业、不同类型的公司在不同的时期，各个预警评价指标的值域范围不尽相同，即使在同一公司，由于前后时期条件、管理水平的提高、环境因素的变化，其指标值域也不会一致。在此种情况下，公司应及时分析研究实际情况，准确地作出判断。

确定单因素评价矩阵将上述定量指标的评价结果作适当组合，即可得所需的单因素评价矩阵，如宏观风险评价指标体系，包括两个具体指标，设它们的单因素评价结果为 R，$R = [r_{i1}, r_{i2}]$，$i = 1$，2，则其单因素评价矩阵为：$R = [R_1, R_2]^{\perp}$。

（5）确定各指标权重集 W

根据各个指标因素的重要程度对各指标赋予相应的权重，其大小应与影响因素对上一层指标影响程度大小相一致，从而组成评价指标因素的权重集合。记为 W：

$$W_K(w_{k1} w_{k2} \cdots w_{k3}) \tag{7}$$

$$\sum_{j=1}^{m} w_{kj} = 1 \tag{8}$$

确定权重的方法有主观赋权法、客观赋权法、层次分析法等。主观赋权法因为主观意识的成分居多，通常容易引起争议；客观赋权法是最为直接的方法，可我们选取的数据不合适；层次分析法虽然操作过程比较复杂，但从理论上讲较为合理，而且有数学推导证明。风险的评价权重可以根据专家评定以及评价者多年积累的经验进行确定。采用层次分析法确定指标权重，即按照各指标的相对重要程度，综合专家意见得出权重值。它可将人们的主观判断量化，是一种简便而又实用的决策方法。

层次分析法（Analytical Hierarchy Process，AHP）是将与决策有关的元素分解成目标、准则、方案等层次，在此基础之上进行定性和定量分析的决策方法。该方法是美国著名运筹学家，匹兹堡大学教授萨蒂（T. L. Satty）在 20 世纪 70 年代初提出的一种层次权重决策分析方法。这种方法的特点是在对复杂的决策问题的本质、影响因素及其内在关系等进行分析的基础上，利用较少的定量信息使决策的思维过程数学化，从而为多目标、多准则或无结构特性的复杂决策问题提供简便的决策方法。利用层次分析法确定权重的具体步骤为：

①建立问题的递阶层次结构。这是 AHP 中最重要的一步。把复杂问题分解为称为元素的部分，把这些元素按属性不同分为若干组，以形成不同层次同一层次的元素作为准则，对下一层次的某元素起支配作用，同时又受上一层次元素的支配。这种从上至下的支配关系形成了一个递阶层次。处于最上面的层次通常只有一个元素，一般是分析问题的预定目标，或理想结果。中间的层次一般是准则、子准则。最低一层包括决策的方案。层次之间元素的支配关系不一定是完全的。

②构造两两比较判断矩阵。在建立递阶层次机构之后，上下层之间的元素隶属关系就确定了。在这一步中，人们要对于每一层次中各元素的相对重要性给出一定的判断。假定上一层次中的 A_k 作为准则，对下一层次的元素 B_1，B_2，$\cdots$，B_n 有支配关系。决策者要反复判断对于准则 A_k，两个元素 B_i，B_j 哪一个更重要些，并对重要多少赋予一定数值。重要度的赋值采用 1～9 标度法，如表 1 所示。对于 n 个元素，得到两两比较矩阵 $B = (a_{ij})_{n \times n}$。判断矩阵中元素有：$a_{ij} > 0, a_{ij} = 1/a_{ji}(i, j = 1, 2, \cdots, n)$。对 n 阶判断矩阵仅需对其上（下）三角元素 $n(n-1)/2$ 个给出判断。当等式 $a_{ik}a_{kj} = a_{ij}$ 成立时，称判断矩阵具有一致性。

表1　　　　　　　　　　判断矩阵比较标度表

标　度	定　义	含　义
1	同样重要	两个因子比较，有同样的重要性
3	稍微重要	两个因子比较，一个比另一个稍微重要
5	明显重要	两个因子比较，一个比另一个明显重要
7	重要得多	两个因子比较，一个比另一个重要得多
9	极端重要	两个因子比较，一个比另一个极端重要
2，4，6，8，		上述相邻判断的中间值

假设有 n 个预警指标 C_1，C_2，$\cdots$，C_n，利用表 1 给出的比例标度对各项指标的相对重要性进行比较判断，获得相对重要度值 a_{ij}，构成判断矩阵 R_a：

$$R_a = \begin{bmatrix} r_{11} & r_{12} & \cdots & r_{1m} \\ r_{21} & r_{22} & \cdots & r_{2m} \\ \cdots & \cdots & \cdots & \cdots \\ r_{n1} & r_{n2} & \cdots & r_{nm} \end{bmatrix} \tag{9}$$

③因素权重的计算

这里使用方根法求解。具体步骤如下：

第一，计算判断矩阵每一行因子的乘积 M

$$M_i = \prod_{j=1}^{n}(e_{ij}), i = 1, 2, 3, \cdots, n \tag{10}$$

第二，计算 M_i 的 n 次方根

$$W_i^T = \sqrt[n]{M_i} \tag{11}$$

第三，对向量 $W_i^T = [W_1^T, W_2^T, \cdots, W_n^T]$ 作标准化处理

$$W_i = W_i^T / \sum_{i=1}^{n} W_i^T \tag{12}$$

则 $W = [W_1, W_2, \cdots, W_n]$ 即是所求的特征向量，为各因子加权时的权重。

④一致性检验。由于判断矩阵是人为赋予的，取得各因子的权重后要进行一致性检验，以保持多因素评价思想逻辑的一致性，使各评价之间协调一致，而不会出现内部矛盾的结果，这也是保证评价结论可靠的必要条件。其计算步骤如下：

第一，计算随机一致性指标 CI

$$CI = (\lambda_{max} - n)/(n - 1) \tag{13}$$

$$\lambda_{max} = 1/n \sum_{i=1}^{n}(\sum_{j=1}^{n} W_i W_j) \tag{14}$$

式（14）中：λ_{max} 为判断矩阵的最大特征根，n 为判断矩阵的最大阶数。

第二，计算一致性比率 CR

$$CR = CI/RI \tag{15}$$

式（15）中 RI 为平均随机一致性指标，其值由表 2 查得。

表2					平均随机一致性指标							
阶数	1	2	3	4	5	6	7	8	9	10	11	12	13
RI	0	0	0.58	0.89	1.12	1.26	1.36	1.41	1.46	1.49	1.52	1.54	1.56

当 $CR < 0.1$ 时，即可认为该判断矩阵通过了一致性检验；但当 $CR > 0.1$ 时，则不能通过一致性检验，应重新对判断矩阵进行调整。

⑤计算各层元素的组合权重。将权重计算结果由上而下逐层进行适当的组合，计算出最低层次元素相对于总目标的组合排序权重向量，并对整个递阶层次模型的一致性再进行检验。

（6）计算模糊综合隶属度值集 B

设某类中 n 个指标的单因素评价矩阵为 R_k，由单因素评价矩阵 R_k 及评语集 U，可得各具体指标的评分：

$$B_k = R_k U^{\perp} \tag{16}$$

（7）预警模型

由 B_k 及指标权重 W_k，可得出该类的评价结果 U_k

$$U_k = W_k B_k \tag{17}$$

然后，令 $B = [U_1 U_2 \cdots U_3]$，重复上述计算步骤，将 S 中的三个因素子集 $S_k(k = 1,2,3)$ 看成是 S 上的单个因素，按各 S_k 在 S 中所起作用的大小分配权重；由各 S 的评价结果 $S_k(k = 1,2,3)$，得出最终的风险预警模型为：

$$U = W \cdot B \approx W \begin{vmatrix} U_1 \\ U_2 \\ U_3 \end{vmatrix} \tag{18}$$

综合隶属度 U 是评价对象 S 得到的测评总分。

2. 风险预警评判等级信号设置

为了直观地预报不同类型的警情，可以结合国家统计经济监测预警的做法，对警度采取类似交通管制的蓝灯、绿灯、黄灯、红灯信号来分别表示正常状态、低度风险警戒、中度风险警戒、高度风险警戒不同等级的警度。如果能够跟踪某个时期各项预警指标的数值变化，并有有关的信号描述，同时制作相应的预警指标信号图，这样就可观测到地方融资平台的风险来源及其变化，同时也可初步判断地方融资平台所承受的风险状态，据此采取相应的措施。具体步骤如下：

（1）划定预警区间。要使地方融资平台债务风险评价指标体系发挥作用，还需要建立一套完整的动态的地方融资平台债务风险预警机制。预警就是利用风险评价指标体系完成指标的筛选、修正和处理，以确定各指标运行状态，汇总求值得出综合评分，按照设定的风险"预警值"划分警度。我们把预警指标划分为优良、正常、低度、中度、高度五个等级。具体划分如下：平台风险预警可分为 5 个预警区，即 Ⅰ 区（低风险区）、Ⅱ 区（较低风险区）、Ⅲ 区（中等风险区）、Ⅳ 区（较高风险区）、Ⅴ 区（高风险区）。警戒线可按照这 5 个等级的风险进行划分，即风险档次集 $V = [V_1 \quad V_2 \quad V_3 \quad V_4 \quad V_5]$，其中 V_1 表示优良，V_2 表示正常，V_3 表示低度风险，V_4 表示中度风险，V_5 表示高度风险。

表3   地方融资平台债务风险评价等级划分

风险等级	V_1	V_2	V_3	V_4	V_5
风险得分区间分布	(8, 10]	(6, 8]	(4, 6]	(2, 4]	[0, 2]
风险程度	优良	正常	低度	中度	高度

（2）设计灯号显示系统。平台风险预警系统可采取类似交通管制信号灯的显示法。因本系统有预警区间，故可设计5灯显示系统。即"蓝灯"、"绿灯"、"黄灯"、"橙灯"、"红灯"五种标识进行单项预警。针对不同的预警区间，灯号显示所表现的警情也会有所不同（见表4）。

表4   预警信号的设置与应对

综合评估结果	指标预警信号				
	蓝灯	绿灯	黄灯	橙灯	红灯
低风险			关注	监控	采取措施
较低风险		关注	监控	监控	采取措施
中等风险	关注	监控	监控	采取措施	采取措施
较高风险	监控	监控	采取措施	采取措施	采取措施
高风险	监控	监控	采取措施	采取措施	采取措施

如果在风险正常区域和风险防范区域内，那么将此结论以风险报告的形式传递到融资平台业务职能部门，正常运营。对于可能出现的风险，以报告形式交融资平台风险管理部门，防微杜渐。

如果在警戒区域内，融资平台的风险管理部门会向融资平台提出预警警告，加强监控指标相对的风险区域，整个融资平台每天报告可能影响风险加深的业务，专人负责，争取控制风险。

如果风险在危险区域，融资平台风险管理部门应提高警示强度，对相关公司负责人进行经济处罚和行政处罚，加强监管，保持融资平台的正常运营。

如果风险在失控区域，融资平台应当向相关监管机构求助，争取得到资金支持和舆论沉默，维护社会稳定。

（三）关于地方投融资平台风险程度的多级模糊综合评价模型的实证分析——以天津某平台公司为例

1. 天津某平台公司基本情况。本公司是一家主要从事交通建设项目的融资平台企业，它有强烈的地方政府背景，经历了由隶属某局到集团化改制的过程。但由于该公司主要建设经营对象是收费公路，自身也将业务扩展到建筑材料批发兼零售、自营和代理各类商品和技术的进出口等领域，为自己赢得了更为广阔的生存空间，因此其日常运转完全靠自身经营实现的现金流，对地方财政的倚重度较低。

截至 2011 年 12 月 31 日，该平台公司总资产 550.79 亿元，净资产 105.80 亿元，负债 444.99 亿元，资产负债率 80.79%。全年实现营业收入 47.49 亿元，净利润 0.38 亿元，经营活动净现金流为 68.65 亿。2012 年 6 月 30 日，该公司总资产 567.36 亿元，净资产 120.11 亿元，负债 447.24 亿元，资产负债率 78.83%；2012 年 1—6 月共实现主营业务收入 16.91 亿元，净利润 0.21 亿元，经营活动净现金流为 11.23 亿元。具体业绩指标如表 5 所示。

表5　　　　　　　2009—2012 年上半年天津某平台公司财务指标　　　　单位：万元

项　目	2009 年	2010 年	2011 年	2012 年 1—6 月①
主营业务收入	331 897.53	491 248.07	474 887.65	169 106.94
主营业务成本	228 995.78	360 808.95	314 431.18	74 939.37
毛利润率	31.00%	26.55%	33.79%	55.69%
净利润	3 238.53	2 266.81	3 761.17	2 083.27
销售净利率	0.98%	0.46%	0.79%	1.23%
总资产报酬率	0.07%	0.04%	0.07%	0.07%
净资产收益率	0.32%	0.22%	0.36%	0.35%
利润总额	1 399.49	2 057.47	2 633.61	1 418.76
归属于母公司的净利润	3 238.53	2 266.81	3 761.17	2 083.27

2. 该平台公司债务水平的多级模糊综合评价实证分析

我们利用前面搭建的多级模糊综合评价模型，根据天津某平台公司的各项业务数据，对该公司债务风险程度进行实证性分析。

表6　　　　　　　　融资平台宏观风险指标预警界限表（阈值）

指标代码	评价指标	高风险 (0~45分)	风险 (45~60分)	基本安全 (60~80分)	安全 (80~100分)
01	宏观经济状况				
011	国家 GDP 增长率	[0.75, 1]	[0.60, 0.75]	[0.25, 0.60]	[0, 0.25]
012	国家城镇化率	[0, 60]	[60, 75]	[75, 90]	[90, 100]
013	财政预货币政策	[0.75, 1]	[0.60, 0.75]	[0.25, 0.60]	[0, 0.25]
014	法律因素	[0.75, 1]	[0.60, 0.75]	[0.25, 0.60]	[0, 0.25]
015	市场环境	[0.75, 1]	[0.60, 0.75]	[0.25, 0.60]	[0, 0.25]

① 2012 年 1—6 月总资产报酬率和净资产收益率均为年化后。

表7　　　　　　　　　　融资平台中观风险指标预警界限表（阈值）

指标代码	评价指标	高风险 (0~45分)	风险 (45~60分)	基本安全 (60~80分)	安全 (80~100分)
W1	区域经济水平				
W11	地区GDP增长率	[0.75, 1]	[0.60, 0.75]	[0.25, 0.60]	[0, 0.25]
W12	地区城镇化率	[0, 10]	[10, 30]	[30, 60]	[60, 100]
W2	制度环境				
W21	地区市场环境	[0.75, 1]	[0.60, 0.75]	[0.25, 0.60]	[0, 0.25]
W22	政策影响程度	[0.75, 1]	[0.60, 0.75]	[0.25, 0.60]	[0, 0.25]
W3	地方政府信用				
W31	地方政府级别	县市级	地市级	副省级	直辖市
W32	地方财政总收入	[0, 50]	[50, 200]	[200, 500]	500以上
W33	地方债务依存度	60%以上	[40%, 60%]	[20, 40%]	20%以下
W34	地方财政增长率	0以下	(0, 10]	(10, 20]	20以上
W35	地方财政自给率	[0, 30]	[30, 50]	[50, 90]	90%以上

表8　　　　　　　　　　融资平台微观风险指标预警界限表（阈值）

指标代码	评价指标	高风险 (0~45分)	风险 (45~60分)	基本安全 (60~80分)	安全 (80~100分)
U1	经营业绩				
U11	净资产收益率	[0, 0.5]	[0.5, 1]	[1, 1.5]	[1.5, 3]
U12	资产负债率	[70%, 90%]	[50%, 70%]	[40%, 50%]	[20%, 40%]
U13	资产利润比率	小于0	(0, 2)	(2, 5)	5以上
U2	平台治理				
U21	法人治理结构	[0.75, 1]	[0.60, 0.75]	[0.25, 0.60]	[0, 0.25]
U22	破产退出机制	[0.75, 1]	[0.60, 0.75]	[0.25, 0.60]	[0, 0.25]
U3	政府担保程度				
U31	政府支持力度	[0.75, 1]	[0.60, 0.75]	[0.25, 0.60]	[0, 0.25]
U32	支持及时程度	[0.75, 1]	[0.60, 0.75]	[0.25, 0.60]	[0, 0.25]

评定或设定各个指标的权重。如前所述，确定权重的方法有主观赋权法、客观赋权法、层次分析法等。这里采用层次分析法确定权重，图1所示的风险预警指标体系即构成了因素层次划分模型中决定最终值指标的因素集S是由两个层次的因素构成，第一层因素为因素集 S =（S1，S2，S3）=（宏观风险，中观风险，微观风险），其中第一层因素又分别由第二层因素即具体指标构成。

表9   第一层因素指标权重值

风险预警	宏观要素	微观要素	中观要素	Wi
宏观要素	1.0000	0.7541	0.5532	0.2419
微观要素	1.3260	1.0000	0.7336	0.3208
中观要素	1.8076	1.3632	1.0000	0.4373

表10   因素指标权重值

宏观要素	宏观经济状况	宏观政策状况	Wi
宏观经济状况	1.0000	0.8187	0.4502
宏观政策状况	1.2214	1.0000	0.5498
判断矩阵一致性比例：0.0000；对总目标的权重：0.4906；1 ambda. max：2.0000			

微观要素	公司地位	公司经营管理	公司财务风险	Wi
公司地位	1.0000	0.6703	0.4493	0.2138
公司经营管理	1.4918	1.0000	0.8187	0.3410
公司财务	2.2255	1.2214	1.0000	0.4452
判断矩阵一致性比例：0.0043；对总目标的权重：0.3289；1 ambda. max：3.0044				

中观要素	区域经济发展	制度环境	地方政府信用	Wi
区域经济发展	1.0000	2.2255	0.8187	0.3586
制度环境	0.4493	1.0000	0.2466	0.1410
地方政府信用	1.2214	4.0552	1.0000	0.5004
判断矩阵一致性比例：0.0171；对总目标的权重：0.1805；1 ambda. max：3.0178				

表11   宏观因素指标权重值

宏观要素	国家 GDP 增长率	国家城镇化率	Wi
国家 GDP 增长率	1.0000	1.4918	0.5987
国家城镇化率	0.6703	1.0000	0.4013
判断矩阵一致性比例：0.0000；对总目标的权重：0.2209；1 ambda. max：2.0000			

宏观政策状况	国内市场环境的完善程度	国家财政货币政策松紧程度	Wi
国内市场环境的完善程度	1.0000	1.2214	0.5498
国家财政货币政策松紧程度	0.8187	1.0000	0.4502
判断矩阵一致性比例：0.0000；对总目标的权重：0.2698；1 ambda. max：2.0000			

表12 微观因素指标权重值

公司地位	地方政府支出力度	与政府的关系	Wi
地方政府支出力度	1.0000	1.4918	0.5987
支持的及时性	0.6703	1.0000	0.4013
判断矩阵一致性比例：0.0000；对总目标的权重：0.0703； 1 ambda. max：2.0000			
公司经营管理	公司的治理是否规范	破产退出机制是否完善	Wi
公司的治理是否规范	1.0000	1.2214	0.5498
破产退出机制是否完善	0.8187	1.0000	0.4502
判断矩阵一致性比例：0.0000；对总目标的权重：0.1121；1 ambda. max：2.0000			

公司财务风险	公司资产负债率	资产利润比例	净资产收益率	Wi
公司资产负债率	1.0000	2.2255	1.4918	0.4745
资产利润比例	0.4493	1.0000	0.8187	0.2279
净资产收益率	0.6703	1.2214	1.0000	0.2976
判断矩阵一致性比例：0.0043；对总目标的权重：0.1464； 1 ambda. max：3.0044				

表13 中观因素指标权重值

区域经济发展	地区 GDP 增长率	地区城镇化率	Wi
地区 GDP 增长率	1.0000	1.4918	0.5987
地区城镇化率	0.6703	1.0000	0.4013
判断矩阵一致性比例：0.0000；对总目标的权重：0.0647；1 ambda. max：2.0000			
制度环境	地区的市场环境	政策对地区发展的影响	Wi
地区的市场环境	1.0000	0.8187	0.4502
政策对地区发展的影响	1.2214	1.0000	0.5498
判断矩阵一致性比例：0.0000；对总目标的权重：0.0255；1 ambda. max：2.0000			

地方政府信用	地方政府级别	地方财政增长率	地方债率依存度	地方国资规模	Wi
地方政府级别	1.0000	3.3201	2.2255	1.8221	0.4310
地方财政增长率	0.3012	1.0000	0.6703	0.4493	0.1235
地方债率依存度	0.4493	1.4918	1.0000	0.6703	0.1842
地方国资规模	0.5488	2.2255	1.4918	1.0000	0.2614
判断矩阵一致性比例：0.0019；对总目标的权重：0.0903；1 ambda. max：4.0050					

　　根据计算出来的风险值以及权重系数，计算出融资平台的总体标准风险分数值，并参照预警信号表输出预警信号和风险状况评价。

表14   **2011 年天津某平台公司相关指标评分结果**

指标	评分指标	权重	数据	评分或风险度	得分
宏观指标	国家 GDP 增长率	0.0652	9.3%	80	5.2160
	国家城镇化率	0.0437	51.27%	40	1.7480
	财政货币政策	0.0731		60	4.3860
	市场环境	0.0599		60	3.5940
中观指标	地区 GDP 增长率	0.0939	16.4%	80	7.5120
	地区城镇化率	0.0629	70.7%	66	4.1514
	地区市场环境	0.0278		60	1.6680
	政策对地区发展的影响	0.0339		60	2.0340
	地区政府级别	0.0943		90	8.4870
	地方财政增长率	0.0270		95	2.5650
	地方债务依存度	0.0403		50	2.0150
	地方财政自给率	0.0572		50	2.8600
微观指标	净资产收益率	0.0411	0.36%	40	1.6440
	资产负债率	0.0275	80.22%	50	1.3750
	资产利润比率	0.0601	0.06%	40	2.4040
	公司治理	0.0492		50	2.4600
	破产及退出机制	0.0678		50	3.3900
	地方政府支持力度	0.0325		60	1.9500
	政府支持及时性	0.0424		60	2.5440

通过综合计算，得到天津某平台公司的综合得分为 62.0034 分，按照阈值表格对照，可以得出结论，该地方融资平台基本安全，但是存在风险隐患。

在分析过程中，可以清晰地看到中观指标即天津市地方政府的各项指标对天津某平台公司债务风险的重大影响。中观影响的权重很高，达到 0.4373，即地区经济发展水平及地方政府的财政收支状况对融资平台债务风险的走向有着很大影响，这也与之前的研究结论相吻合。微观影响的权重也很高，达到 0.3208，但是由于地方政府融资平台先天存在盈利能力低下和治理结构有严重缺陷等问题，造成各项指标得分都很低，加权后对平台债务风险平衡的贡献率很低。宏观因素对中观及微观指标都造成了重大影响，但是指标得分方面，国家 GDP 增速、国家城镇化率、国家财政货币政策和国内市场完善程度相对于地方政府融资平台来说都是既定的，因此影响权重为 0.2419。

四、地方投融资平台债务风险治理对策

（一）地方融资平台债务风险治理的近期治理

近期内为缓解地方融资平台的债台高筑问题，避免融资平台进一步扩大债务规模，避免融资平台过度举债，进而危及地方财政安全乃至国家财政安全，管理模式宜选择。以行政控制为主，逐步建立规则。具体措施包括以地方债务的需求管理为切入点，充分发挥行政控制的监督和控制作用，严格控制地方政府融资平台债务风险进一步扩散。

1. 准确定位地方融资平台

明确界定地方融资平台的地位，在此基础上，与地方债券的发展一起形成我国地方建设举债融资的合适框架，促进我国公共财政体系的建设和完善。可以考虑一个大的范围和一个较小的范围。在较大的范围内考虑，地方融资平台可以是对有稳定收入的公益性项目的融资和对具有自然垄断性质的非公益性项目的融资；较小的范围可以是对有稳定收入的公益性项目的融资。

2. 认真清理地方融资平台债务

应该看到，核实、清理地方融资平台债务是规范地方融资平台良性发展的前提。根据国发〔2010〕19 号文件要求，清理地方融资平台中需要财政资金偿还的公益性项目使其不再具有融资平台的功能，同时还需要清理非公益性投资项目，特别是竞争性非公益性项目的清理。政府介入竞争领域无论是从理论还是从实践上都没有合适的依据，从长期看也不可能是成功的实践。

针对当前地方融资平台债务现状，快速清理地方融资平台债务就必须在短期内依靠行政命令实现地方融资平台的独立性：切断地方融资平台有关收入不能承担债务的纯公益性项目的投融资运营；阻止地方融资平台关于竞争性领域项目的投融资运营；阻断地方政府对地方融资平台债务所负有的无限连带偿还责任，避免地方政府融资平台债务风险向金融机构和财政部门蔓延。

（1）控制地方债务规模，鼓励融资平台融资模式多样化。控制地方政府融资平台的债务规模是地方债务管理的核心问题。地方政府融资平台偿债风险往来自于对总体债务规模的失控。实证研究表明政府债务对经济发展的影响是非线性的，适度的政府负债可以促进经济增长，但过度的政府负债对经济增长有负面作用。

（2）切断地方融资平台有关纯公益性项目的投融资运营，就是对地方融资平台现有的为社会公共利益服务不以营利为目的，且不能或不宜通过市场化方式运作的政府投资项目（如市政道路、公共交通等基础设施项目以及公共卫生、基础科研、义务教育、保障性安居工程等基本建设项目）从融资平台中剥离出来。由于纯公益类项目通常具有投资规模巨大、投资建设风险高、项目经济效益有限而社会效益高的特点，私人投资无力或不愿参与。然而，纯公益性项目关系到基本民生，体现社会公共利益，并可提高整体社会福利水平，在市场机制不能有效配置资源投资于纯公益性项目的条件下，需要政府部门对市场进行干预。依据社会边际成本等于社会边际收益的原则，政府部门可直接拨付财政资金承担纯公益性项目的建设和维护职责，保证社会公共品的有效供给，促进社会福利的最大化。并且由于纯公益性项目关系民生，为保证社会基本福利的提供，政府部门对通过融资平台已建成的纯公益项目应从融资平台分离，改为财政资金直接支持和运作，从而改变为项目向融资平台补贴或担保引起融资平台"预算软约束"的低效率、高风险的运作方式。

（3）阻止地方融资平台关于竞争性领域项目的投融资运营。按照政府与市场的边界划分，融资平台项目必须限定于资本性的基础设施建设投资，因为只有对资本性基础设施建设项目投资，才符合代际公平的原则。

严禁地方融资平台参与竞争性领域的投融资活动，如果公共资本投向竞争领域，就会产生与民间资本相互替代的作用。这有可能激发地方政府利用权利寻租，挤出民间资本投资，导致公共投资效率低下。尤其要杜绝地方融资平台对竞争性商业项目的投融资活动，防止政府部门与民争利。

（4）阻断地方政府对地方融资平台债务所负有的无限连带偿还责任。地方政府对融资平台的直接债务只负有有限责任，这种有限责任的最大限度是地方政府筹建融资平台的出资资本。要禁止地方政府干预融资平台的各种借贷活动，更不能对融资平台债务进行各种形式的担保。对于融资平台通过证券市场形成的债务，地方政府也只能担负有限责任。融资平台的债券融资不同于地方政府的债券融资，必须明确融资平台的债券融资仅以融资项目未来收益作还贷来源，一旦项目失败，地方政府也只承担有限责任且以出资额作为最高限度。

3. 开通合理的地方融资平台融资渠道也是减少融资成本、保证投融资平台健康持续发展的重要举措

为促进地方政府融资模式的多样化，短期内要改革《预算法》，不断开辟和尝试新的地方融资平台的融资渠道。鼓励地方融资平台运用金融创新工具，盘活地方政府现有的存量资产，分散和转移融资平台的债务风险。国发〔2010〕19号文件下达后，不少地方政府已开始对各部门的投资、融资、项目管理、监督等职能进行整合、协调和重新分工，重塑地方政府投融资体制。目前，地方政府投融资平台除了越来越多地采用公私合营（PPP）模式，还引进了譬如建设转让（BT）、建设—经营—转让（BOT）、投资—经营—转让（IOT）、建设—租赁—移交（BLT）等多种模式。多种模式并用将引导大量社会资本参与公共基础设施的投资运营，发挥国有资本的投资带动作用并提高资金运营收益，有利于在我国建立地方政府、私人资本与金融机构有机结合的多元化投融资体系。

鼓励地方政府以融资平台做载体与私人部门合作，共同承担基础设施建设风险，并保证私人部门获得与其承担风险相对应的融资收益。融资平台帮助地方政府转移部分项目建设风

险，但地方政府最终要承担满足公共设施的需求，保证公共服务的连续性、可行性和便利性的责任。私人部门在承担风险的同时享受相应的经济利益，可通过一定时期内对公共基础设施的经营权来保证私人资本经济利益的取得。但是地方政府最终要回收对公共基础设施项目的所有权，继续维护和经营公共基础设施，以保证社会公共福利的持续、有效供给。地方政府引进私人资本进入公共基础设施建设，在明确融资份额的前提下，界定地方政府与私人资本的基本权利义务，即风险承担以及相应的利益分配，政府不能以各种承诺或口头担保作为出资的凭据，必须足额对融资平台注入资本金。同时，政府部门也要详细考察私人资本出资状况，避免项目因资本金不到位而遭遇风险。地方政府与私人部门合作期间，加大融资平台经营资产所占比例，有助于提高融资平台自身的"造血"功能，政府部门不得滥用职权，擅自挪用融资平台资产。

4. 地方融资平台的经营管理要做到公开透明

地方融资平台不同于一般的经济实体，公开透明不仅是防控风险的需要，而且是改进和提高政府治理的必然要求。

由于地方政府的资金大部分来自地方经济实体的税收，所融资金用于公共设施建设，项目预算的公开有利于实现社会各界对地方政府预算的监督，不必要的公共设施建设必然受到公众的抨击。同时，社会各界对项目预算的反馈也有利于项目预算部门正确评估项目完成后，公共设施的使用和需求情况。

公开透明还可促进地方政府改进和提高政府治理。地方政府通过融资平台对外进行融资，在选择与私人资本的合作过程中，通过竞争机制选择私人资本介入，整个过程需要受到社会监督，从而可以在一定程度上避免地方政府的腐败行为。

5. 引入进入—退出机制

由于部分基础设施建设具有自然垄断的特性，地方政府往往建设经验不足，通过竞标或招标的方式选取地方政府公共项目合作方，可促进私人资本参与与地方政府合作的竞争。招标过程中，各种项目预算报告也为地方政府提供一定的借鉴。公开地方政府投资方负责人以及最终获得投标的私人参与方的做法，一方面可以降低私人资本通过贿赂地方官员获得项目的可能性，另一方面这种记录可以反映地方官员参与地方治理过程中的功过。合作项目取得成功，地方官员的项目管理能力得到体现，有利于该地方官员的未来晋升。一旦项目失败，这种记录也可以作为该地方官员未来工作业绩考核的部分参考。

做好地方融资平台项目的终结工作。地方政府通过融资平台筹集私人资本投资于公共基础设施建设，地方融资平台的基本职责在于成功地筹集资金并对出资者按时履行还本付息的义务。一旦融资方顺利完成还本付息义务，地方融资平台则终结对该项目的融资程序。至于项目建设完成后的运营和基本维护工作，地方融资平台则不予参与。考虑到地方融资平台的集资是对公共基础设施项目的投资及公共品长期投资的属性，地方融资平台应协助私人资本的投资取得合理收益，从而鼓励私人资本投资于公共设施项目，促进社会资本的有效利用。

　　一般来说，同一个地方融资平台可以为多个公共基础设施项目提供筹资服务。对于成功融资的公共设施项目，地方融资平台需要项目单位按照融资要求及时履行还款义务，按照成本与收益对等、风险与收益相一致的原则，保证出资方获得投资收益。对于融资失败的建设项目，融资平台则需要根据出资时的约定在多个投资主体之间分摊损失。

　　（二）地方政府融资平台债务风险的远期治理

　　长远看，地方融资平台的可持续发展必须立足于预算约束较强的财政体制上。这种较强的预算约束一方面反映在中央政府对地方政府的正确激励机制，促进地方经济发展和地方政府积极履行政府职责，实现地方政府职能从建设财政向公共财政的转移；预算约束的另一方面表现为地方政府与融资平台之间的约束，促进政府对公共设施的投资建设效率。采取"规则控制与行政控制相结合"的债务管理模式。其中，规则控制可采取不同的形式，例如限定地方融资平台举债模式，确定地方融资平台债务的最高额度，限定地方政府赤字规模等。行政控制不仅包括对地方融资平台举债的事前调控，如对地方融资平台举债的行政审批和限制，还包括对地方政府借债的中期检查以及事后监控等。

　　随着我国地方债务管理制度的不断发展和完善，在充分发挥市场约束作用的前提下，行政控制应逐渐让位于规则控制，充分发挥透明度更高、更容易理解、更方便监督的规章制度的作用。同时随着我国金融市场改革的推进和债务市场的发展，市场控制的作用也将得到更充分的发挥。以法律和法规的方式规范借贷双方的责任和权利，限定地方政府预算总赤字上限、偿债能力指标等。在强调法治和市场监管的同时，逐渐让随意性较强、灵活性较差的行政控制退居二线。

　　因此，长期内对地方融资平台债务管理应侧重债务供给方面的管理，采取"规则控制与行政控制相结合"的债务管理模式。地方融资平台债务通过行政手段得到控制，必将形成一系列针对地方债务需求的制度规则，同时地方债务的供给也通过一定时期的实践逐步形成对应的规章。伴随着我国预算管理内容的不断充实、预算约束的不断强化以及市场发育程度的不断提高，地方债务的需求和供给市场日益形成依据规则获得和提供资金的定式，行政控制会在短期内用于弥补规则约束的不足，并诱发新的规则来不断完善已有的规则控制。

　　1. 地方融资平台债务的需求管理

　　（1）地方融资平台的建立需要以必要的公共基础设施建设融资需求为基础。地方政府在进行项目融资建设之前，要确保与公共项目的最终使用者和其他利益相关者进行充分磋商，基础设施项目建设的必要性是地方政府设置融资平台进行项目融资建设的前提。

　　为避免因地方官员过分追求政绩，盲目筹建融资平台进行基础设施建设，就要逐步改进地方官员的政绩考核办法，建立经济发展、关注民生和绿色环保等多指标体系的考核方法，控制因地方官员追求政绩而导致的地方融资膨胀。

　　对于地方融资平台的基础建设项目，地方政府要依据代际公平原则确定地方基础设施建设内容，纯公益性项目和竞争领域建设项目都不应通过地方融资平台进行项目融资建设。在确定是否与私人部门合作提供基础设施建设时，必须基于成本—收益核算，这种成本—收益分析不仅要考虑项目整个生命周期内所有的预期经济成本与效益，还要涵盖社会成本和社会效率的内容。

（2）融资平台的资产负债应纳入地方预算体系。将地方融资平台的资产与负债管理以及地方政府的土地交易收支纳入预算管理有利于不断完善地方财政预算体系，加快中央政府与地方政府财税体制改革，建立地方人大对政府负债融资的制衡机制，增强地方政府负债的透明度。

将地方土地交易收入列入预算，有利于消除地方政府滥用土地出让金的随意性，强化地方预算管理的内容。对于地方融资平台的资产和债务情况，需要建立专门账户，并由发改委、银监会、财政部、人民银行等机构的财政金融专家组建地方债务风险管理委员会，就地方政府设立融资平台和银行开展相关融资业务、地方融资平台负债规模、信息披露、资金管理等方面的具体办法进行审核，强化地方政府对融资平台的监管。

将地方融资平台债务纳入预算管理可促进地方债务的显性化。加强对地方债务的系统风险控制。由于地方融资平台为地方政府控股，融资平台一旦经受债务清算，必然会给地方政府带来或大或小的损失。公私合营中，必须明确：地方融资平台作为自主经营、自负盈亏的独立法人实体，对融资平台全部负债承担有限责任。地方政府与私人资本对融资平台的债务均负有限责任且最大责任以其各自的出资额为限。公私合营项目建设成功后赋予私人部门一定时期的特许经营权，建立资金使用和偿还统筹的资金账户并对之监控，保证融资平台债务的定期、足额偿还，建立地方融资平台的信用体系。

将融资平台债务纳入地方政府预算体系，可提高地方债务率和偿债率等预警指标的计算精度。地方政府可结合预算内借贷和地方融资平台债务确定合适的债务规模，并根据债务规模提取一定比例（如5%）的偿债基金，每年保持增长防止政府融资平台债务风险演变成地方政府的财政风险。就地方融资平台本身的债务而言，应促进地方融资平台负债联保机制的建立，通过担保、再担保等手段，分散地方融资的风险。或通过向正规国际保险机构购买保险，避免融资平台债务破产。建立地方负债的统计、监测制度，地方债务风险的评估制度，研究建立地方债务风险的预警机制。

2. 地方融资平台债务的供给管理

地方融资平台的可持续发展不仅需要严格的财政预算约束作支撑，更离不开充分发育的市场环境。自由开放的金融市场不仅可以满足地方融资平台的融资需求，更重要的是完善的市场机制可以抑制地方融资平台的扭曲发展，金融市场通过有效的信号传递，依据市场规则进行风险定价。资产优质的地方融资平台必然在资本市场中优先得到资金供给，其融资成本也相对较低；与之对应，一些近乎资不抵债的地方融资平台，必然会为其融资付出高额代价。对地方融资平台债务的供给管理一方面要通过对金融体系的严格监管，防止地方融资平台将其风险向金融领域扩散；另一方面，要充分发挥金融市场的调节作用，规范地方融资平台的金融需求，推动地方融资平台的有序发展。对地方融资平台债务的供给管理主要包括如下内容：

（1）控制资本市场的流动性过剩。当前我国货币市场流动性过剩产生了大量闲置资金，过剩流动性的形成在很大程度上是前几年宽松货币政策的结果。这些资金在不断寻找包括地方政府融资平台在内的投资机会。适度收紧货币能在一定程度上减轻流动性过剩问题。此外，在金融市场上建立良好的信息流动和监管机制也能够在一定程度上促使市场过度供给的资金在金融投资上更加谨慎地考虑风险，从而削弱流动性过剩给地方债务资金供给带来的推动作用。

（2）加强金融机构监管，提高风险意识。目前地方融资平台形成的巨额银行借贷，间接反映出我国金融机构存在监管不严的问题，金融机构迫切需要提高风险意识。加强对金融机构的监管，提高金融机构风险意识需要做到：①对于金融企业，特别是国有商业银行，要定期、及时向公众发布其财务信息。银监会、证监会和保监会等行业主管机构应在这方面的政策制定和执行上起主导作用。②加强金融企业自主经营的独立性。加强金融机构的独立性可在一定程度上降低地方融资平台通过政府介入银行借贷决策的可能性。限制地方政府过度干预银行机构的正常运营，就必须强化金融机构关于贷款决策的财经纪律和风险监管，鼓励银行之间的适度良性竞争。③推广融资平台银团贷款。当前，迫切需要建立政府债务信息披露制度，及时公开地方政府各类负债信息，加强银政之间以及银行之间信息共享沟通，防止信息不对称而造成银行多头授信风险。对于大型项目融资，推广融资平台银团贷款，控制授信总额，降低银行经营管理成本，减少银行间不正当竞争，避免贷款集中度过高和系统性风险的发生。各银行的省、市分行的风险管理部门应每季度审核更新辖区内省、市、县政府的财政负债边界模型，确保存量授信限于模型测算范围内，并及时将测算结果报备总行风险管理部门。

（3）推广金融服务，推进信用评级体系建设。我国金融市场中，当前金融服务机构数量比较少，金融服务内容范围也比较窄，大部分投资者对金融产品的实际收益和潜在风险缺乏深刻认识。以辨识地方融资平台发行的城投债券和地方债券为例：金融市场中，大多投资者都将两者混为一谈，认为城投债券与地方债券的风险水平相当，投资城投债券的安全性较高。现实中，地方融资平台的城投债券仅以融资项目的预期收益作为债券偿还的资金来源，其风险要远高于具有银边债券之称的地方债券。在我国，大力发展市场化的金融服务中介机构，可提高证券化产品的市场认可度。

我国目前从事证券化的机构主要集中在银行、信托、证券等领域，缺少独立而权威的资信评估机构，现有的信用评级机构普遍规模不大，彼此间的评级标准不一，对投资者没有足够的影响力。尽管地方政府投融资平台有政府的信用担保，但其法律效力和担保能力与专业的金融担保机构还存在很大的差距。因此，可借鉴国外成熟的经验，建立一批具有独立性、在国内有权威性、在国际上有一定影响力的资信评级机构，使投资者接受和认可信用增级的技术和信用评级的结果，提高证券化产品尤其是地方融资平台城投债券的吸引力。

3. 稳步构建和发展地方债券市场

由于受到《预算法》第二十八条的限制，我国地方政府还没有发行正式的地方债券，即地方债券处于一种"主体缺位"的状况。地方政府融资平台发行地方债券，在资本市场上融资从本质上说是一个将储蓄间接转化为公共投资的过程，这与地方政府搭建融资平台的初衷相吻合。构建和培育地方债券市场需要依托我国现有的证券市场。然而，地方债券还因其发债主体的政府背景表现出特殊性质，这些特性要求发展地方债券市场的初期必须以控制风险为主，只有在债券市场上逐步培育政府信用，才能在中、长期实现通过地方债券市场有效配置社会资源，提高地方融资平台的融资使用效率。

构建地方债券市场要注意以下几方面内容：

第一，做好构建地方债券市场的项目可行性论证工作。这方面的工作包括对发行地方债券的宏观经济环境进行充分分析，详细考察国民经济各部门的储蓄与投资情况、存款性金融机构的存贷差情况以及国际收支情况等，确保发行地方债券能够得到有效的资金供给。确保发行地方债券的机构和管理条件比较成熟。随着经济的快速发展，我国资本市场也不断完善，各类监管机构的设立与完善促进了各种监管法律法规的建立以及各种监管条例的发布实施。这都在不同程度上促进了我国地方政府使用债券融资。同时要借鉴中央政府在发行国债方面的丰富经验，总结地方城投债发行成功的案例也可为地方政府通过债券融资提供有益参考。

第二，结合地方债券的特征，构建地方债券市场要素。地方债券区别于一般债券的特征表现在发行主体的政府背景、投资安全性、长期性、收益稳定，流动债券的特征表现在发行主体的政府背景、投资安全性、长期性、收益稳定，流动性强和受到政府支持等。构建地方债券市场要特别关注地方债券发债主体资格的界定以及将发债主体与融资主体相分离，即由省级政府发行地方债券并承担相应的偿债责任，然后在本省内向市、县级政府择优分配融资份额。

第三，公正地对地方债券进行信用评级。按照国外规范化的债券市场运作方式发行地方债券，必须由独立性较强和具有公信力的资信评估机构进行地方债券的信用评级，将发债主体的信用和债务偿还能力对外公开，供投资者决策时参考。包括设立独立权威的评级机构、规范地方债券评级内容、完善我国信用评级制度等。

第四，预先确定地方债券的发行、交易和退出程序。发行地方债券一般都需要经过立法机构或有关政府机构的审批。为了加强中央政府对地方债务规模和风险的控制，地方政府举债必须获得中央政府的审核和批准。严格限定地方债券品种、限定债券资金使用用途、控制发行规模、合理确定债券利息和期限，采用灵活多样的债券发行方式。我国地方债券市场交易模式的选择应结合整体债券市场的结构特征和我国目前证券市场的发展现状。我国债券交易方式应采取"场外和场内市场相结合"。我国地方债券退出模式的选择应根据地方债券品种，结合发债主体履行偿债能力的大小来决定。

参考文献

[1] 武彦民：《财政风险评估与化解》，北京，中国财政经济出版社，2004。

[2] 中国地方政府融资平台研究课题组：《中国财税发展研究报告——中国地方政府融资平台研究》，北京，中国财政经济出版社，2011。

[3] 樊丽明、黄春蕾、李齐云：《中国地方政府债务管理研究》，北京，经济科学出版社，2006。

[4] 马海涛：《地方政府投融资平台发展研究》，北京，中国财政经济出版社，2012。

[5] 刘立峰等：《地方政府融资研究2010》，北京，中国计划出版社，2011。

[6] 中国地方债务及地方债务管理研究课题组：《公共财政研究报告：中国地方债务及地方债务管理研究》，北京，中国财政经济出版社，2011。

[7] 潘文轩：《地方政府投融资平台运行风险及其化解——以偿债风险为中心》，载《地方财政研究》，2010（4）。

[8] 巴曙松：《地方政府投融资平台与地方政府债务》，载《经济研究参考》，2010（8）。

[9] 封北麟：《地方政府投融资平台的财政风险研究》，载《金融与经济》，2010（2）。

[10] 刘煜辉、张榉成：《中国地方政府融资平台分析》，载《银行家》，2010（6）。

[11] 常友玲、仲旭、郑改玲：《我国地方政府投融资平台存在的问题及对策》，载《经济纵横》，2010（5）。

[12] 于海峰、崔迪：《防范与化解地方政府债务风险问题研究》，载《财政研究》，2010（6）。

[13] 武彦民、张丽恒：《地方投融资平台债务的风险状态与控制》，载《天津商业大学学报》，2011（2）。

区域金融稳定评估

◎ 叶永刚　刘荣辉　张　培①

〔内容提要〕金融稳定对于区域金融的发展至关重要，本文在金融稳定与金融稳定评估相关研究文献综述的基础上，根据宏观资产负债表的概念与框架提出了中国区域金融稳定评估方法，并设计了稳定评估指标，并且以台湾地区为例进行了分析研究。

〔关键词〕区域金融稳定　资产负债表　稳定评估指标

一、相关文献综述

本章是关于宏观金融风险、资产负债表方法和或有权益资产负债表法的文献综述，也是全文的基础。主要包括金融稳定、金融危机和金融安全研究，关于资产负债表方法及或有权益资产负债表方法在金融风险和金融稳定研究中的应用，关于台湾金融风险和风险防范的研究等几个方面。

（一）金融稳定、金融危机和金融安全研究

由于金融危机的发生对于各国经济发展造成相当大的伤害，且各国要自金融危机中恢复也需耗费多年及许多社会成本，再加上稳定的金融体系有助于国家总体经济发展，政府的货币政策也才能得以有效执行，因此监控金融体系是否运作健全、有效率，以及关注影响金融稳定的潜在风险因子变得越来越重要。

1. 金融稳定的定义

Das，Udaibir S.、Marc Quintyn 和 Kina Chenard（2004）认为，金融稳定远比金融不稳定难以定义，但大致可以整体金融体系承受事件的恢复度作为金融稳定的一个表征，同时Das 更认为 Soundness 一词不仅可以反应弹性有恢复力的本质，更具有可以衡量的特性，其提出了 Financial System Soundness 取代过去常见的 Financial Stability。E Philip Davis（1999）

---

① 叶永刚，武汉大学经济与管理学院副院长，教授，博士生导师。刘荣辉，武汉大学经济与管理学院；张培，武汉大学经济与管理学院。

则将金融不稳定（即系统性风险）定义为：一连串升高金融危机风险的事件，此处"金融危机"是指金融体系发生严重且传染性的崩溃，无法提供付款服务或对投资从事资金配置。需注意的一点是，机构或市场的不稳定是金融危机发生的必要而非充分条件。此外，中央银行法定经营目标之一就是维护金融稳定。央行认为金融稳定与货币稳定是相辅相成的两股力量，稳定的物价有助于金融稳定，而只有在金融稳定下，货币政策工具操作才能发挥预期效果。

对于金融稳定问题的研究，国际间最初多集中在探讨危机形成的原因及可能的影响，而后美国发展出 CAMELS 金融机构评等系统，近几年则逐渐转向金融预警系统的建立，与金融体系风险评估等预防危机发生的议题上。国际货币基金组织于 2003 年提出金融稳定指标（Financial Soundness Indicator），目前仍在大力推广各国应发展出一套符合国情特性需要的金融稳定指标，并且希望各国能定期发布金融稳定的相关报告。

表 1 汇总探讨金融稳定指标的相关实证文献。

表 1　　　　　　　　　　　**探讨金融稳定指标的相关实证文献整理**

探讨议题	作者	文献摘要
核心组		
资本充足性		
资本充足率可否作为预测银行财务危机的重要指标，以及风险加权资本充足率是否较简易的资本比率更具有预警银行风险的能力	Huang（2005）	使用选择评价模型计算出隐含资产风险来衡量银行总风险，实证结果显示，就台湾地区而言：（1）风险基础的资本充足率与财务报表所计算的资本比率皆可提供预测银行风险的信息，但（2）风险基础的资本充足率信息相较于根据财务报表所计算之资本比率更具有预警银行风险的能力
	Arturo Estrella、Sangkyun Park 和 Stavros Peristiani（2000）	该研究为了评估资本比率的预测效能，运用既有资本充足率法则所定义之标准衡量方式，研究三种形态的资本比率：风险加权（Risk－weighted）、杠杆（Leverage）与毛收入（Gross Revenue）比率，针对每一个比率，探讨其是否确与随后发生的银行危机显著相关。研究发现三个比率皆能对随后发生的银行危机提供丰富信息，而风险加权资本充足率在长时间下最能有效预测银行危机。但在较短的观测期间下，杠杆与毛收入比率即可提供足够信息
	侯启娉与黄德芬（2006）	该研究建立实证模型以检验中国大陆商业银行依据《巴塞尔协议》揭露的资本适足率信息是否比传统齐一资本比率更能反映出与资产风险的关联性。研究结果发现 BIS 风险导向的资本适足率为衡量银行清偿能力的较好指标

续表

探讨议题	作者	文献摘要
核心组		
盈余及获利性		
协助分析银行绩效比率	Vittas（1991）	营运资产比（Operating Asset Ratios）、营业获利比（Operating Income Ratios）和营运资本比（Operating Equity Ratio）。虽然 ROA、ROE 和利息净收入（Interest Margin）是主要分析银行绩效的指标，但仍必须将与银行营运相关的一些指标列入考虑，以避免误差
金融机构失败预测模型	李纪珠（1993）	研究结果显示信用合作社以本期收益/社员权益衡量的资本收益率，对信用合作社的存活时间有显著关系，但信用合作社存活期间增加，其发生失败的危险率也逐渐增加
探讨使用总和银行比率（Aggregate Bank Ratios）是否对于银行危机的发生有所帮助	Cihák 和 Schaeck（2007）	金融机构股东权益报酬率和公司的杠杆程度是很重要的系统性银行危机的指标。此外 Duration Analysis 更进一步地支持股东权益报酬率有助于发现银行危机的发生时点
流动性		
探讨总和银行比率是否对于银行危机的发生有所帮助	Cihák 和 Schaeck（2007）	结果发现金融机构逾放比率和系统性银行危机有很大的相关性
银行流动性之决定因子	Dziobek、Hobbs 和 Marston（2000）	银行存款户（与贷款户）的波动性取决于存款户类型、存款保险与到期日，而仰赖较狭窄或高波动性资金来源基础的银行较易陷入流动性不足的处境。此外，该研究也建立一个评估市场流动性安排的适足性的架构
美洲各国流动性指标和银行危机发生的关系	González – Hermosillo（1999）	美国各州、墨西哥和哥伦比亚地区数据显示，高逾放比率及其他与流动性相关的指标均和银行危机发生几率攸关
市场风险敏感度		
股票市场暴跌和银行危机之间是否存在系统性的关系	Vila（2000）	得到的结论如下：第一，股票市场的暴跌和个别国家内部银行危机之间不存在系统性的关系，也就是无法得到股票市场暴跌会导致银行危机的结论。第二，就算两者之间关系存在，股价暴跌的幅度和时间长短也是无关的。第三，随着时间的推移，股票市场暴跌的幅度和银行危机的严重程度均越来越小

续表

探讨议题	作者	文献摘要
进阶组		
存款机构		
存款机构从事衍生性商品交易对系统性金融风险的影响	Schinasi、Craig、Drees 和 Kramer（2000）	金融机构因从事 OTC 衍生性商品交易而暴露于大量的信用风险之中，增加其不稳定性
	Breuer（2000）	金融机构间借由 OTC 衍生性商品交易所形成的隐含借贷关系，可能促使单独的违约事件威胁到市场主要参与者的流动性，因而导致市场波动度大增，造成不稳定的情形
监控存款机构外币存放款的重要性	Delgado、Kanda、Mitchell Casselle 和 Morales（2000）	衡量本国外币放款的风险时，应辨认放款予未避险的国内借款人的放款头寸。外币计价放款相对总放款比率与外币计价存款相对总存款比率相关
其他非银行金融机构		
建立与保险业者财务健全及稳健与否最为相关指标	Udaibir S. Das、Nigel Davies 和 Richard Podpiera（2003）	该研究的指标筛选准则为①分析的重要性②在有限指标数量中可取得重要信息③数据可取得性④在大多数的情况下皆适用，非特定用于某国家或某个行业。依据准则筛选出适用于保险业的核心组与进阶组金融稳健指标
企业部门		
企业举债程度与企业承受总体经济冲击的能力	Kim 和 Stone（1999）	该研究发现，企业部门举债程度越高，流动性越差，其面对冲击的能力则越低
	Céspedes、Chang 和 Velasco（2000）	该研究发现，金额庞大的外币计价债务会使企业在面临实质贬值时出现脆弱性，并影响企业的净值及使经济体发生金融脆弱
企业部门脆弱性与金融部门脆弱性的连接	Gray（1999）	该研究建构实证模型发现，因总体经济冲击所导致企业净值（equity）下降会引发 NPLs 上升，NPLs 上升的大小取决于公司负债的组成。这样的关系可将企业部门脆弱性与金融部门脆弱性直接连接起来
企业举债程度与金融危机发生几率	Stone 和 Weeks（2001）	实证研究结果发现，企业举债与过于激进的银行贷款都是危机可能发生的重要指标。而企业举债程度、非银行融资可取得程度与法令环境则是决定危机强度的主要因素
公司资本结构与金融市场波动程度	Begum 和 Schumacher（2001）	该研究发现，公司的杠杆程度再加上公司所处环境的波动程度可作为预测公司是否发生财务危机的重要指标

续表

探讨议题	作者	文献摘要
进阶组		
家计部门		
债务负担比率与消费及收入成长率	Murphy（1998）	实证结果显示，在美国，一个维持数季的高债务负担比率会发生于消费与收入成长率下降之前
家计部门和金融体系的关系	Bernanke 和 Gertler（1995）	家计部门的消费模式（Consumption Patterns）可作为企业危机和财务部门危机的领先指标
不动产市场		
不动产市场的市场价格与金融危机	Paul Hilbers、Qin Lei 与 Lisbeth Zacho（2001）	不动产市场发展不均衡是金融部门脆弱或发生金融危机的重要因素，因此不动产市场价格可作为评估金融体系稳定及健全与否的重要指标

2. 金融稳定区间

金融活动的动态性决定了金融稳定是一个连续区间的概念，因此确定金融稳定区间的边界对于维护金融稳定具有重要意义。Fell 和 Schinasi（2005）提出了维护金融稳定性的框架，即在稳定区间内对潜在的风险进行早期预警；在稳定与不稳定边界上启动纠正金融系统的机制，使其恢复到稳定状态；在不稳定区间内则应选择合适的机制和政策工具解决问题。荷兰银行的学者 Jan Willem van den End（2006）在其工作论文 Indicator and Boundaries of Financial Stability 中扩展了金融稳定区间的概念，将整个金融状态划分成三个区间即金融稳定区间、金融非稳定区间以及资源配置非有效区间。实施金融稳定区域管理的难点在于如何确定稳定性边界。因此对金融稳定性进行量化研究对政策的制定来说是十分必要的。

表 2　　　　　　　　　　　　　　　金融稳定区间文献整理

作　者	文　献　摘　要
Fell 和 Schinasi（2005）	维护金融稳定性的框架，即在稳定区间内对潜在的风险进行早期预警；在稳定与不稳定边界上启动纠正金融系统的机制，使其恢复到稳定状态；在不稳定区间内则应选择合适的机制和政策工具解决问题
Jan Willem van den End（2006）	将整个金融状态划分为三个区间即金融稳定区间、金融非稳定区间以及资源配置非有效区间

3. 金融稳定理论分析和相关模型

关于金融稳定性问题，国内学者主要从金融国际化的风险识别与管理方面进行了研究。

这些研究主要以定性分析为主，大体可以分为两类，第一类以李扬、黄金老（2000）、巴曙松（2001）和江时学（2004）等人的研究为代表，主要研究的是金融国际化（如资本项目放开、货币国际化等）下货币的稳定性、金融体系的稳定性以及由这些不稳定因素所引发的宏观金融风险的识别和管理。第二类以王元龙（2000）、易纲（2001）、魏华林（2002）、姜波克（2005）等人的研究成果为代表，主要就金融国际化环境下，我国银行业、证券业和保险业等关键行业的不稳定性及风险管理问题进行研究。这些研究从理论上分析和阐述了金融国际化可能带来的风险，并对如何应对这些风险提出了政策性建议。但国内关于国家金融风险的实证研究较少，并且主要以国别研究为主，代表性的有江时学（2004），他从金融全球化的视角全面系统地研究了发展中国家在参与金融全球化过程中如何维护经济安全的问题，最后总结了拉美国家在参与金融全球化和维护经济安全方面的经验教训。

台湾学者对于金融稳定的研究着重于金融不稳定性研究，利秀兰（2000）根据 Minsky 金融不稳定假说（Financial Instability Hypothesis）研究认为，经济体系的不稳定是一种内生，而且是常态的现象，需要通过制度结构的改变、法令与经济单位的外生性反应将经济维持在稳定状况。不稳定的情况始于对经济前景的过分乐观态度，随着危机记忆的过去，风险趋避的态度也逐渐消失，融通态度变得更为投机，因此提升经济发生不稳定的几率。龚自珍（2001）分析金融全球化架构下金融不稳定性，金融全球化指的是金融自由化和放宽管制政策所产生的资本主义的新形态。金融自由化和放宽管制的结果形成各国货币体系和金融市场之间日益紧密的联系。亚洲金融危机暴露出金融全球化体系的脆弱与不稳定性。

国外对金融稳定性的研究更加偏重于定量分析，早期预警系统（EWS）模型就是这类分析的主要代表。这类模型的核心思想主要是将可能引发金融危机的各种因素综合到一起来考察风险程度，并采用计量方法如 Probit 和 Logit 模型来检验该指标的预测能力（Berg, Pattillo；1999）。传统的 EWS 研究主要使用宏观因素作为解释变量，此类模型的预测能力并不理想。很多金融机构和学者在传统模型的基础上进行了改进，如高盛银行开发的 GS – Watch 模型（Ades, Masih, Tenengauzer；1998），瑞士信贷第一波士顿（CSFB）制定的新兴市场风险指标（EMRI）（Roy, 2001），德意志银行研究的"预警钟"模型（Garber, Lumsdaine, Longato；2001）以及穆迪 KMV 开发的宏观金融风险模型（Gray, Merton, Bodie；2003），另外美国联邦储备（Kamin, Schindler, Samuel；2001），欧洲中央银行（Bussiere, Fratzscher；2002），国际货币基金组织（IMF）等机构也进行了相关研究。特别值得指出的是，IMF 综合了各种 EWS 指标的制定方法，将基于货币危机研究的宏观因素模型与基于违约概率和资产负债表信息的市场模型综合起来，并结合法律和政策框架等定性指标（Christian Mulder, Roberto Perrelli, Manuel Rocha；2002）提出宏观审慎监管的概念。

4. 维护金融稳定的架构

依据国际货币基金组织（IMF）研究报告（2004/10），金融稳定指金融体系有能力：

（1）有效率地在不同经济活动及不同期间分配资源；（2）评估及管理金融风险；（3）承受不利冲击。在此定义下，完整的维护金融稳定架构应包括监控与分析影响金融稳定的风险因子，评估金融稳定现况及承受风险能力，以及实行因应措施。

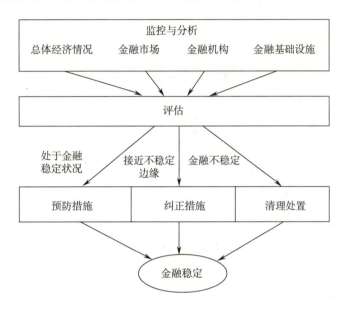

资料来源：Aerdt Houben, Jan Kakes, and Garry Schinasi, "Toward a Framework for Safeguarding Financial Stability", June 2004, WP/04/101, International Monetary Fund.

图1 维护金融体系稳定架构

5. 国际间强化金融稳定评估的发展趋势

近年来，各国央行均强调其维护金融稳定的法定职责，并发展金融稳定的总体审慎分析方法。国际货币基金组织（IMF）及世界银行（World Bank）于1999年提出金融部门评估计划（Financial Sector Assessment Program, FSAP），研究制定一套完整的金融稳定分析架构，以协助接受评估国家找出其金融体系的优点、风险与弱点，以及拟定适当的政策与措施；各国央行（包括欧洲中央银行）均参考上述架构，发展适合该国金融体系特性的总体审慎（Macro-Prudential）分析方法，以评估及监控其总体金融稳定情况。为强化金融稳定评估功能，目前至少有29个国家以上央行成立金融稳定评估部门，负责金融稳定评估的执行与协调作业及研拟评估报告，部分国家央行甚至成立金融稳定委员会，由副总裁以上高级主管主持，定期检视影响金融稳定有关议题及研拟因应对策，作为决策的参考或依据。此外，目前已有47个国家以上央行发布金融稳定报告，其内容主要包括：实质经济发展、金融体系稳定分析、金融市场现况及影响、金融监理最新发展、金融体系压力测试及有关研究报告。央行发布金融稳定报告具有正面意义，该报告不仅有助于央行与市场参与者进行沟通及协助决策，也可增进大众对金融体系的了解，并强化金融稳定议题的跨国监理合作。

表 3 世界各国（地区）发布金融稳定报告现状

国　　家	发布机构	频　率	开始发布年度	网　　址
阿根廷	阿根廷央行	半年	2004	www. bcra. gov. ar
澳大利亚	澳大利亚央行	半年	1999	www. rba. gov. au
奥地利	奥地利央行	半年	2001	www. oenb. at
比利时	比利时央行	每年	2002	www. nbb. be
巴西	巴西央行	半年	2002	www. bcb. gov. br
加拿大	加拿大央行	半年	2002	www. bankofcanada. ca/en/
智利	智利央行	半年	2004	www. bcentral. cl
中国	中国人民银行	每年	2005	www. pbc. gov. cn/english/
哥伦比亚	哥伦比亚央行	半年	2002	www. banrep. gov. co
克罗地亚	克罗地亚央行	半年	2005	www. hnb. hr
捷克共和国	捷克央行	每年	2004	www. cnb. cz
丹麦	丹麦央行	每年	2002	www. nationalbanken. dk
欧盟	欧洲央行	每年[①]	2004	www. ecb. int
爱沙尼亚	爱沙尼亚央行	半年	2003	www. eestipank. info
芬兰	芬兰央行	每年	2003	www. bof. fi
法国	法国央行	半年	2002	www. banque – france. fr
德国	德国央行	每年	2004	www. bundesbank. de
加纳	加纳央行	每年 5 次[②]	2005	www. bog. gov. gh
希腊	希腊央行	每年[③]	2004	www. bankofgreece. gr
匈牙利	匈牙利央行	半年	2000	English. mnb. hu
香港特别行政区	香港金融管理局	半年	2003	www. info. gov/hkma
冰岛	冰岛央行	半年	2000	www. sedlabanki. is
印度尼西亚	印度尼西亚央行	半年	2003	www. bi. go. id
爱尔兰	爱尔兰央行及金融监管局	每年	2000	www. centralbank. ie
以色列	以色列央行	每年	2003	www. bankisrael. gov. il
日本	日本央行	每年	2005	www. boj. or. jp
肯尼亚	肯尼亚央行	每年	2004	www. centralbank. go. ke
韩国	韩国央行	半年	2003	www. bok. or. kr
拉脱维亚	拉脱维亚央行	半年	2003	www. bank. lv
澳门特别行政区	澳门金融管理局	半年	2005	www. amcm. gov. mo
荷兰	荷兰央行	半年	2004	www. dnb. nl/dnb/homepage. jsp
新西兰	新西兰央行	半年	2004	www. rbnz. govt. nz
挪威	挪威央行	半年	1997	www. norges – bank. no
菲律宾	菲律宾央行	半年	1999	www. bsp. gov. ph

续表

国　家	发布机构	频　率	开始发布年度	网　址
波兰	波兰央行	半年	2001	www. nbp. pl
葡萄牙	葡萄牙央行	半年	2004	www. bportugal. pt/default_ e. htm
俄罗斯	俄罗斯央行	每年	2001	www. cbr. ru
新加坡	新加坡货币管理局	半年	2003	www. mas. gov. sg
斯洛伐克共和国	斯洛伐克央行	每年	2003	www. nbs. sk
斯洛文尼亚	斯洛文尼亚央行	每年	2004	www. bsi. si
南非	南非准备银行	半年	2004	www. reservebank. co. za
西班牙	西班牙央行	半年	2002	www. bde. es
斯里兰卡	斯里兰卡央行	每年	2004	www. lanka. net
瑞典	瑞典央行	半年	1997	www. riksbank. com
瑞士	瑞士央行	每年	2003	www. snb. ch
土耳其	土耳其央行	半年	2005	www. tcmb. gov. tr
英国	英格兰银行	半年	1996	www. bankofengland. co. uk

注：①此外，在挪威及英国，单一监理机关另发布类似 FSR 之报告；在俄罗斯，有两份央行报告可视为 FSRs。

②网站上可取得的报告是自 2005 年起的第 5 册，更早期报告无法取得。

③其年报中有一章节是说明银行部门及金融监理，因该章节范围相对完整性，本研究将其归类为 2004 年开始发布之 FSR。

资料来源："How Do Central Banks Write on Financial Stability?"，IMF Working Paper，June 2006.

6. 金融稳定与新巴塞尔资本协议

新资本协议普遍被认为有助于防止个别银行倒闭，但各界仍关心其对总体经济及微观经济的影响，因此巴塞尔委员会采取数项措施，以强化全球金融稳定。

现就新资本协议影响总体经济的机制说明如下：

（1）顺周期（Procyclicality）。顺周期系指资本可能扩大景气循环的剧烈变动。一般而言，信用循环与经济循环有关联性。信用循环的特性是当景气衰退时，须计提更多备抵呆账且限制信用供给，而经济成长时，则应减少计提备抵呆账及鼓励放款。新资本协议将银行客户信用评级的波动转化为资本需求的变化，使得在景气繁荣期间鼓励放款，而在衰退期间限制放款，导致经济活动更进一步衰退。

有关评级系统会扩大景气循环的争论，首先见于新资本协议的标准法。虽然信用评级机构指出其评级是"涵盖景气循环"（through the economic cycle），但仍有数项研究指出，景气衰退时，调降信用评级的频率确有提高。近来调查显示，大型国际性银行所采用的内部评级法互异。部分银行利用交易对手的股价以评定其一年期信用等级，此即 KMV 公司价值模型，这种以经济循环特定时点（at a point in the cycle）的评级方法，将使评级产生大幅变动。另外，部分银行则采用中期违约概率以决定评级，并与外部评级机构的信用评级比较，此种以"涵盖景气循环"的评级哲学，则能使信用评级较具稳定性。

法国大型银行偏向采用"涵盖景气循环"评级方法，并考量其他信息（特别是市场信息），以帮助银行修正评级。

经济与金融危机的发生原因较多，银行体系及其法规则扮演着主要角色。过去的资本充足率并未用于银行决策程序，因此无法协助减缓经济与金融危机对其的冲击。新资本协议的优点在于其作为银行策略性规划过程的关键要素，而非仅事后计算的比率，且资本计提与风险联结，使银行能灵敏且积极地运作，将有助于促进金融稳定。

（2）增加资本计提。第二个忧虑是关于新资本协议可能导致法定资本需求大幅增加。具有风险敏感度的新资本协议将使法定资本需求随着信用质量的变化而波动，当信用质量恶化时，应计提的资本将增加。

就法国银行体系而言，以内部评级法（就1992—2001年资料）模拟试算的法定资本需求，繁荣期至衰退期的变动约为25%。

根据第三次量化影响评估（QIS3）显示，G10国家大型国际性银行的法定资本总额仍与现在相同，新资本协议可能提高全球资本计提的疑虑尚未发生。此外，银行通常持有比法定最低标准更多的资本，以维持其期望的信用评级，该项缓冲资本是考虑了非预期损失的经济资本计算。银行应与监管机关就"第二支柱"进行对话，以决定所有风险应计提的经济资本。

（3）部门（区域）效果。欧洲几个国家所进行研究结果显示，中小型企业的法定资本计提不增反减。至于对新兴市场的冲击，部分经济学者表示对新资本协议未能考虑借款给新兴市场的分散利益表示失望。1997年亚洲金融危机及所伴随的连锁效果表明，应对授信的分散利益特别谨慎小心，所以巴塞尔委员会未对新兴国家借款提供优惠处理待遇。

就个人贷款而言，巴塞尔委员会依据银行所提供的大量信息分析显示，家户贷款的风险较企业风险低。至于消费性贷款，目前所搜集资料显示，消费性贷款的资本计提额已超过其真正风险额度。

修订的新资本协议是否会诱使法国或其他国家的家庭或个人过度融资？资本成本仅是信用成本决定因素之一，信用成本的大部分来自再融资成本，即增加融资及贷放的人力及杂项，备抵呆账提列成本，最小部分才是法定资本成本。因此，新资本协议的变革，应不至于大幅影响消费融资的利率。

（4）同构型模型技术所产生之风险。第四个关切话题为，银行用以管理信用风险的工具具有同质性。持该论点的学者表示，相似的信用评级系统不仅降低效率，同时激励羊群效应（Herd Behavior），使金融不稳定性提高。

新资本协议基本架构源于银行实务，巴塞尔委员会同意银行自由选择适合自己银行业务的评级技术，在各银行所采用的模型及评级方法仍有相当差异下，不需夸大渲染同类型的可能风险。

另外，新资本协议已进行数项修订，将有助于金融稳定：

（1）输入资料（内部评等、违约几率及相关资料）。经济学者对将内部评级的稳定性与总体金融稳定是否应连接，有不同看法。有人认为银行不会自动选择较稳定的评级架构，故监管部门应要求银行评级系统具稳定性。有人则认为监管部门应规范评级系统，将减小银行监控风险工具的效果。巴塞尔委员会并未持特定观点，其同意银行采取不同方法，例如银行评定信用等级的持有期间，通常设定为一年，但也可以长于一年，并可采用不同违约概率及损失率的评估方法。只要其以长期历史观察期间为基础且足够稳定。就金融稳定观点言，不须对银行内部评级方法做更多限制，否则将使银行用于计算法定资本的评级与用以内部管理的评级，产生歧义。

（2）计算法定资本的模型。巴塞尔委员会已修订新资本协议以降低信用评级恶化对资本需求的影响。例如平缓企业暴露风险的风险权数曲线方式，并将企业暴露风险以 5 000 万欧元为门槛区分为中小型企业及一般企业。整体而言，中小型企业放款对景气循环的敏感度不低于其他企业，这项实证观察已被纳入修订中小型企业违约概率公式中的相关系数计算。就总体效果来看，中小型企业应计提资本较大型企业约减少 10%。

（3）法定资本的压力测试。第二支柱要求进行压力情境测试，以衡量经济环境或事件所产生市场或流动性情境对银行资本需求敏感度的影响。

（4）通过景气循环调整总体资本需求。在第二支柱下，银行监管机关应评估景气衰退时，银行所持有缓冲资本减少是否可以应对整体风险。现行会计准则，仅就已实现损失部分提列准备，将导致集中于景气最低迷时提列准备，也因而扩大财务循环。为了避免违约放款损失的扩大经济循环，银行必须能预估预期但未实现的损失，并计提足够准备。

7. 台湾金融稳定报告

台湾"中央银行"为配合国际间重视金融稳定及发布金融稳定报告的趋势，并强化"促进金融稳定"的法定经营目标，参照国际货币基金组织及各国央行实际做法，自 2006 年起开始编制"金融健全指标"，逐步建立台湾金融稳定分析架构，并于 2008 年 6 月完成首份《台湾 2007 年金融稳定报告》，正式对外发布。未来，金融稳定报告将每半年发布一次。

报告以国际货币基金组织的《金融稳定分析架构》为基础，分析台湾地区及世界经济金融情况、金融部门（包括金融市场、金融机构及金融基础设施）及非金融部门（包括企业部门、家庭部门及不动产市场）的现状、潜在弱点及风险来源，供主管机关、市场参与者及社会各界参考。本报告并不对各项风险的未来走势进行预测，也不表示各项风险必然会发生。

《台湾 2007 年金融稳定报告》的主要结论为：台湾金融体系于 2007 年间受力霸集团重整事件及中华银行、力华票券发生挤兑影响，曾显得不太稳定，因相关主管机关处置得宜，未扩大引发系统性危机。2007 年下半年，国际金融市场受美国次级房贷风暴影响呈巨幅振荡，台湾金融市场受其影响，波动加剧，但运作仍算正常；金融机构虽有部分弱点，但不影响其中介功能；支付与清算系统顺利运作，整体金融体系比较稳定。

8. 金融危机和金融安全研究

（1）金融危机类型定义。根据 IMF "Financial Crises: Characteristics and Indicators of Vulnerability" 中的定义：

①系统性金融危机：系统性金融危机是指金融市场混乱而不能有效运作并且对于经济可能产生相当负面的影响。系统性金融危机可能会引发货币危机，但是货币危机不一定会导致严重的国内支付系统的混乱，所以不一定会引发系统性金融危机。

②货币危机：货币危机发生在当一国货币遭受投机客攻击导致汇率大幅、急剧贬值，或是有外力使央行运用大量外汇储备及调升利率，以捍卫其本国汇率时。值得一提的是，沈中华（2000）针对 47 个开发中国家从事实证研究，发现长期而言，货币危机与银行危机间的交互作用相当强大，有人称为孪生危机（Twin Crisis）。

③银行危机：当银行发生或将要发生挤兑现象或资产质量严重恶化时，导致银行暂停对其负债之支付时，或政府为了避免银行发生挤兑或倒闭而对银行提供大规模资金援助纾解困难时，即是所谓银行危机。

④外债危机：当一国面临无法偿付政府或民间外债，即为外债危机。

⑤金融危机起源：台湾学者吴懿娟（2003）引述自 Leite（2001）提到金融危机通常源自于总体经济政策失衡尤其是形成"大量非生产性用途的资金借贷"及造成泡沫经济、国内不良外债务管理、脆弱的金融部门、突变的国际金融情况、钉住或固定的汇率机制、政治不稳定，加以市场信心急速逆转不利于金融体系稳定等因素。

（2）银行危机成因探讨。台湾学者沈中华（1999）针对形成银行危机的两个资产负债表恶化，即银行资产负债表恶化与企业资产负债表恶化，提出八大原因解释危机的形成。该研究认为，前述两个资产负债表恶化的交错影响是银行危机的根源，其所提出的八大原因则分别为：总体经济内部及外部波动、放款膨胀与资产价格崩盘、银行负债增加且外币资产及负债不配对、对自由化未有充分准备、政府涉入过深及关系人放款、会计揭露及法律架构不完整、经营银行的动机被扭曲，以及汇率制度所造成的影响。

Demirgüç – Kunt 和 Detragiache（2005）用信号法及多变量概率模型试图找出银行危机的相关成因变量（dummy variable），其中主要文献研究方法以及研究结果摘录如下。

最常见辨别银行危机成因的方法：多变量 Logit 方法。

1998 年 Demirgüç – Kunt 和 Detragiache 发展出多变量 Logit 方法，其假设银行发生危机的概率可以用变量来解释。如果在此期间没有发生危机则被解释变量等于零，发生危机则是等于 1。某个特定国家在某段特定时间内发生危机的概率假定为 n 个解释变量矩阵的函数 $X(i, t)$。另 $P(i, t)$ 为银行危机的 dummy variable；β 则是数个未知的系数（coefficients）；$F(\beta' X(i,t))$ 则令为累积率分布函数。

模型的对数似然函数为：

$$\ln L = \sum_{t=1\cdots T} \sum_{i=1\cdots n} \{ P(i,t)\ln[F(\beta'X(i,t))] + (1-P(i,t))\ln[1-F(\beta'X(i,t))] \}$$

概率分布 F 假设为对数。估计的系数则为解释变量 $\ln(P(i,t)/(1-P(i,t)))$ 的变化值。因此概率的增加与否取决于原本的独立变量（independent variables）和他们的系数。

（3）银行危机成因整理：

①个别银行脆弱性度量与系统性危机

Bongini Claessens 和 Ferri（1999）用个别金融机构的 CAMEL 资料去调查亚洲的金融危机。他们发现了 CAMEL 对于危机的预测有很好的预测能力和大银行比较有可能有危机（distressed）但不会倒闭，关联机构比较有可能会有问题。他们认为在一个因外部冲击而发生的危机之前，个别银行间就已经存在比较脆弱的地方而让危机可以发生。

Hardy 和 Pazarbasiog Lu（1999）实证研究发现，顺周期和总体经济变量与金融危机有关。实质 GDP 成长率的降低、信用扩张、资本流入、实质利率上升和实质汇率大幅下降，都会引起银行危机。

②金融自由化与危机

很多文章（Caprio 和 Summers，1993；Stiglitz，1994；Allen，2005）认为，金融自由化（Financial Liberalization）有可能导致较大的金融脆弱性。因为金融自由化给予银行较大的机会去遭遇风险（take risk），除非这些国家有良好的监管机制去规范金融机构风险承担的行为，否则金融自由化可能会导致较大的金融脆弱性。同时后期许多实证文章也支持此种看法。

③国际冲击、汇率制度与危机

很多文章提到新兴市场的金融困境（Financial Difficulties）和其较严格的货币政策有关。

Eichengreen 和 Rose（1998）讨论了外部冲击（International Shocks）和银行危机的关系。发现发达国家的利率和 GDP 增长率会影响到发展中国家的银行脆弱性。但是后来 Arteta 和 Eichengreen（2002）发现若把样本时间拉长，则这种关系变弱，故他们推论 20 世纪 90 年代中期的危机成因和之前是不相同的，国内的因素仍是比外部因素来得重要。外部因素对于银行脆弱性的影响会和各国所采用的外汇制度有关。Mundell（1961）浮动的汇率制度因为可以调节一些外部冲击所以可以协助金融系统的稳定。Eichengreen 和 Rose（1998）、Wood（1999）发现，用固定汇率制度的国家比较有可能会发生银行挤兑和金融恐慌的情况。但是实证上 Arteta 和 Eichengreen（2002）、Peria（2003）发现采用固定或是浮动汇率制发生金融危机的机会是一样的。持反面看法的文章也存在，Domaç 和 Martinez 认为采用固定汇率制反而能减低发展中国家的银行危机发生概率，但是一旦发生他们的危机成本则会比较大。

④银行所有制结构与危机

La Porta、Lopez – de – Silanes 和 Shleifer（2002），Barth、Caprio 和 Levine（2001）发现州政府拥有越多银行，则会降低银行业的竞争，而生产力和乘率将会比较缓慢。Caprio 和 Martinez – Peria（2000）的研究则显示 20 世纪 80 年代初期越多州政府拥有的银行则和 1980 年至 1997 年的银行危机的发生概率有关。Barth、Caprio 和 Levine（2001）也有相同看法。

Demirgüç – Kunt、Levine 和 Min（1998）发现，外国银行的存在和较低的银行危机有关。Detragiache 和 Gupta（2004）对马来西亚的研究发现在危机发生区域外的外国银行在危机中能营运得较好，但是如果外国银行是比较注重在亚洲的部分的话，则和当地国家银行表现无异。

⑤制度的作用

Mehrez 和 Kaufmann（1999）认为，低透明度的国家比较有可能遭遇银行危机。此外，若有存款保险机制存在将有助减少银行的脆弱性，不过也可能会让银行更有动机去从事一些风险性的行为（Kane，1989）。

⑥政治体系与危机

Brown 和 Dinc（2004）调查发展中国家个别银行的资料发现，政治考虑会影响政府在介入银行倒闭的态度上有重的分量。举例来说，在选举前银行比较不会被政府接管或是办取消执照。但执政党在政治上比较弱势的时候这种情况更常见。

总结来说，过去文献上显示的银行脆弱性成因的变量不外乎经济、财务和政治三大范畴。同时，也有许多着重在政策的架构上，如金融自由化、汇率制度、是否让外国银行进入经营等是否会影响银行的稳定性。

9. 政府监管质量和金融稳定的关系

Udaibir S. Das、Marc Quintyn 和 Kina Chenard 的 *Does Regulatory Governance Matter for Financial System Stability? An Empirical Analysis* 这篇文章中认为金融监管部门的监管质量好坏会影响到整理金融市场的稳定（Financial System Soundness）。除此之外，回归分析显示政府监管以及其他变量（包含总体经济情况、银行结构、政治制度和部门制度）对于金融市场稳定有很大影响。结果同时指出，好的部门制度可以加强政府对于金融体系稳定的管理。

此篇采用多变量横截面分析。RGI 是被解释变量（Regulatory Governance Index），控制变量则主要分为三大类，包含（1）总体经济影响；（2）金融系统的架构；（3）金融监管环境。

（二）BSA 及 CCA 方法在金融风险和金融稳定研究中的应用

目前关于金融稳定和金融危机研究的一个重要趋势，是基于国家或部门资产负债表的研究。1997 年金融危机之后发展起来的第三代货币危机模型就是以资产负债表分析为重要特征，相比前两代货币危机模型而言，第三代模型将研究对象由单纯的货币危机扩展到包含债务危机、银行危机和股市危机等更为广阔的"金融危机"层面。

Krugman（1999）认为，可以运用资产负债表来研究宏观金融风险及风险转移问题，提出了以资产负债表为主要特征的第三代货币危机模型基本思想。Merton（2001）指出，微观金融风险的管理框架通过改造是可以解决宏观风险管理问题。Dornbusch（2001）认识到微观分析和结构性分析在宏观金融风险管理中的作用。他通过金融危机进行对比分析后认为资产负债表的脆弱性是危机发生的根源，应对企业部门、金融部门和公共部门使用资产负债表进行分析。IMF 的学者 Allen、Rosenberg、Keller、Setser、Nouriel、Roubini（2002）指出在资产负债表的结构和头寸规模中所反映出来的到期日不匹配和货币不匹配以及资本结构和清偿能力问题往往是金融风险的重要来源。Allenetal（2002）提出了基于资产负债表的分析框架，在部门资产负债表的基础上不仅可以对经济中主要部门进行风险分析，而且可以对风险在部门间的传递进行研究。Gray（2002）运用或有权益分析方法估计了国家金融体系的风险，这类分析充分体现了基于资产负债表的结构化分析的思想。Gray、Merton 和 Bodie（2003、2006）将期权定价思想反映到这一新框架中，将主要部门资产负债表转换成或有权益资产负债表。

台湾学者林逸浩（1993）分别从理论和实证的角度研究了台湾从 1985 年至 1992 年短期资本移动的原因，并从中了解货币当局在外汇市场控制的态度，及本国银行与外国银行对外汇市场操作的态度。其研究结果表明，影响台湾地区短期资本移动的原因，在 1985 年、1989 年为汇率预期因素，1989 年至 1992 年为利率因素，而股票市场报酬率在 1989 年至 1992 年具有影响外币存款的关系。王连常福（1998）以产业实质面的观点分析了亚洲金融风暴发生的根本原因，认为产业生产过剩是东南亚发生金融危机的主要原因，加上出口衰退，使经常账户赤字不断攀升，固定汇率制度只能由短期资金的流入与外债来维持，当市场对经济前景不看好时，会导致投资性资本外流，使得厂商和金融机构发生流动性危机，加速资本外流。在外汇储备不足的情形下，引发了东南亚金融危机。

表4　　　　关于 BSA 及 CCA 方法在金融风险和金融稳定研究中的应用文献整理

作　者	文献摘要
Krugman（1999）	可以运用资产负债表来研究宏观金融风险及风险转移问题，提出了以资产负债表为主要特征的第三代货币危机模型基本思想
Merton（2001）	微观金融风险的管理框架通过改造是可以解决宏观风险管理问题
Dornbusch（2001）	认识到微观分析和结构性分析在宏观金融风险管理中的作用。他通过金融危机进行对比分析后认为资产负债表的脆弱性是危机发生的根源，应对企业部门、金融部门和公共部门使用资产负债表进行分析
Allen、Rosenberg、Keller、Setser、Nouriel 和 Roubini（2002）	在资产负债表的结构和头寸规模中所反映出来的到期日不匹配和货币不匹配以及资本结构和清偿能力问题往往是金融风险的重要来源

续表

作　者	文　献　摘　要
Allenetal（2002）	基于资产负债表的分析框架，在部门资产负债表的基础上不仅可以对经济中主要部门进行风险分析，而且可以对风险在部门间的传递进行研究
Gray（2002）	运用或有权益分析方法估计了国家金融体系的风险，这类分析充分体现了基于资产负债表的结构化分析的思想
Gray、Merton 和 Bodie（2003、2006）	将期权定价思想反映到这一新框架中，将主要部门资产负债表转换成或有权益资产负债表
台湾地区学者林逸浩（1993）	分别从理论和实证的角度研究了台湾从 1985 年至 1992 年短期资本移动的原因，并从中了解货币当局对外汇市场控制的态度，及本国银行与外国银行对外汇市场操作的态度。其研究结果表明，影响台湾地区短期资本移动的原因，在 1985 年、1989 年为汇率预期因素，1989 年至 1992 年为利率因素，而股票市场报酬率在 1989 年至 1992 年具有影响外币存款的关系
台湾地区学者王连常福（1998）	以产业实质面的观点分析了亚洲金融风暴发生的根本原因，认为产业生产过剩是东南亚发生金融危机的主要原因，加上出口衰退，使经常账户赤字不断攀升，固定汇率制度只能由短期资金的流入与外债来维持，当市场对经济前景不看好时，会导致投资性资本外流，使得厂商和金融机构发生流动性危机，加速资本外流。在外汇储备不足的情形下，引发了东南亚金融危机

（三）关于 BSA 和 CCA 方法

1. 资产负债表分析方法（BSA）

1997 年金融危机以来发展起来的第三代货币危机模型是以资产负债表分析为重要特征（Dornbusch，2001）。相比前两代货币危机模型而言，第三代模型将研究对象由单纯的货币危机扩展到包含债务危机、银行危机和股市危机等更为广阔的"金融危机"层面。因此资产负债表分析方法对于研究台湾金融风险和金融稳定问题具有重要意义。

（1）资产负债表分析方法

大致可分为四类。第一类认为，一国的微观经济扭曲造成了资产负债表的脆弱性，相关文献包括 Krugman（1999）、IMF（1998）、Pesenti 和 Roubini（1999a，1999b）等；第二类强调货币错配，造成的资产负债表不平衡是危机爆发的原因，相关文献包括 Gilchrist、Gertler、Natalucci（2000）、Cavallo、Kisselev、Perri、Roubini（2002）等；第三类认为流动性错配使得新兴国家政府和金融机构资产负债表的脆弱性问题日益突出，代表性文献包括 Jeanne 和 Wyplosz（2001）等。前三类模型虽然都属于资产负债表的微观分析方法，但实际上都没有对资产负债表的结构进行分析。最后一类模型以公司金融理论为基础来解释新兴国家市场对于金融危机的脆弱性，其中 Gray（2002）运用或有权益分析方法估计了国家金融体系的风险，这类分析充分体现了基于资产负债表的结构化分析思想。

表 5   资产负债表分析方法文献整理

作　者	文　献　摘　要
Krugman（1999）、IMF（1998）、Pesenti 和 Roubini（1999a，1999b）	一国的微观经济扭曲造成了资产负债表的脆弱性
Gilchrist、Gertler 和 Natalucci（2000）、Cavallo、Kisselev、Perri 和 Roubini（2002）	货币错配，造成的资产负债表不平衡是危机爆发的原因
Jeanne 和 Wyplosz（2001）	流动性错配使得新兴国家政府和金融机构资产负债表的脆弱性问题日益突出
Gray（2002）	运用或有权益分析方法估计了国家金融体系的风险，这类分析充分体现了基于资产负债表的结构化分析思想

（2）数据要求及可得性

相对传统宏观分析方法而言，资产负债表分析方法对数据的要求更为具体。因此国际货币基金组织（IMF）对其成员国提出了向公众公布经济和金融数据的标准，制定了《货币与金融统计手册》，分金融部门、政府部门、非金融性公司部门以及私人部门四大门类识别、划分和记录了金融资产及负债的存量和流量信息，为评估金融稳定性提供了数据基础。IMF 的学者 Johan Mathisen 和 Anthony Pellechio 在其工作论文 *Using the Balance Sheet Approach in Surveillance：Framework，Data Sources and Data Availability* 中具体分析了资产负债表分析方法中的数据来源及数据的可获得性，为以后的研究提供了指引。

（3）资产负债表部门分析和国别分析

很多国家都利用资产负债表分析方法对本国各个部门的稳定性进行了研究。Blejer 和 Schumacher（1998）利用中央银行资产负债表信息结合 VaR 方法提出了评估中央银行脆弱性的模型。Gray 和 Stone（1999）以企业部门的资产负债表为基础，使用财务指标、利润模拟及经济价值估计（EVE）等操作方法分析了公司部门的脆弱性以及公司部门对宏观经济风险的影响。Allen（2004）分析了阿根廷、乌拉圭、土耳其、巴西、秘鲁和黎巴嫩等新兴国家的公共部门、金融部门和非金融私有部门的资产负债表，识别出其中与债务相关的脆弱性。Lima、Montes、Varela 和 Wiegand（2006）以哥伦比亚 1996 年至 2003 年的数据为基础分析了部门资产负债表的不匹配问题，并评价了整个宏观经济的脆弱性。

表 6   资产负债表部门分析和国别分析文献整理

作　者	文　献　摘　要
Blejer 和 Schumacher（1998）	利用中央银行资产负债表信息结合 VaR 方法提出了评估中央银行脆弱性的模型

续表

作　者	文　献　摘　要
Gray 和 Stone（1999）	以企业部门的资产负债表为基础，使用财务指标、利润模拟及经济价值估计（EVE）等操作方法分析了公司部门的脆弱性以及公司部门对宏观经济风险的影响
Allen（2004）	分析了阿根廷、乌拉圭、土耳其、巴西、秘鲁和黎巴嫩等新兴国家的公共部门、金融部门和非金融私有部门的资产负债表，识别出其中与债务相关的脆弱性
Lima、Montes、Varela 和 Wiegand（2006）	以哥伦比亚 1996 年至 2003 年的数据为基础分析了部门资产负债表的不匹配问题，并评价了整个宏观经济的脆弱性

2. 或有权益分析方法

（1）或有权益分析方法的理论基石

或有权益分析方法以期权定价思想作为其理论基石。早在 1973 年，Black、Scholes（1973）和 Merton（1974）就意识到使用期权定价原理可以对公司债务进行定价。其思想是将各种公司债务，如普通股、公司债券、认股权证等都视为某种基于公司价值的期权，从而公司的全部债务就可以视为是一组期权的组合。在此之后，Sobehart，Keenan（2001）、Crosbie，Bohn（2002）、Gray（2002）、Gray，Merton，Bodie（2003）、Merxe，Garry（2003）、Gray（2005）等以 Merton 的思想为模型基础开发出一系列违约概率模型，用来分析各类企业的违约风险。

表7　　　　　　　　　　或有权益分析方法的理论基石文献整理

作　者	文　献　摘　要
Black、Scholes（1973）和 Merton（1974）	使用期权定价原理可以对公司债务进行定价。其思想是将各种公司债务，如普通股、公司债券、认股权证等都视为某种基于公司价值的期权，从而公司的全部债务就可以视为是一组期权的组合
Sobehart 和 Keenan（2001），Crosbie 和 Bohn（2002），Gray（2002），Gray、Merton 和 Bodie（2003），Merxe 和 Garry（2003），Gray 等人（2005）	以 Merton 的思想为模型基础开发出一系列违约概率模型，用来分析各类企业的违约风险

（2）违约概率模型的发展及其比较

早期的违约概率模型很多都是在 Merton 方法的基础上，发展出度量单个企业或部门的违约风险的模型，例如 Crosbie 和 Bohn（2002）概括了 KMV 的违约风险模型，即先用 Merton 模型的方法估计单个企业的违约距离，然后通过统计历史的违约数据模拟出概率分布，将违约距离转化成相应的违约概率。Merxe 和 Garry（2003）使用 Merton 模型对单个英国上市公司的违约概率进行了实证研究。

Chan – Lau（2006）对违约概率模型进行综述。违约概率模型可以分为两大类，即基于基本面的模型和基于市场信息的模型。基于基本面的模型包括基于宏观经济的模型、基于信用评分的模型、基于信用评级的模型和混合模型四类；基于市场信息的模型是指利用公开交易的证券价格来估计违约概率的模型，如用信用违约互换、证券和信用衍生品的价格来估计违约概率。这些模型都存在着各自的优缺点。首先，宏观经济模型仅考虑了宏观经济的影响，而没有对微观结构进行分析；其次，信用评分模型（如当前在我国应用较广的 Z 评分模型）虽然操作简便，但是不够严谨和精确，而且由于该模型只运用财务指标，所以也存在着以传统会计资产负债表为基础的违约概率模型所具有的缺点；最后，我国尚未建立有效的信用评级体系，所以基于信用评级的模型在我国并不适用；混合模型是包括上述因素的综合模型，不可避免地具有以上模型的一些固有缺陷。由于基于基本面的分析存在以上缺陷，基于市场信息的模型在证券价格可获得的条件下具有明显的优势。

违约概率模型还可根据是否考虑多种因素进行划分。Sobehart、Keenan（2001）介绍了一系列将 Merton 方法与财务信息相结合的混合模型。Sobehart、Stein、Mikityanskaya 和 Li（2002）用 Moody 的方法构建了美国非金融上市公司的混合违约模型。Garry、Tudela（2003）通过实证证明了纯结构模型比简化的模型预测（Geroski，Gregg；1997）效果更好，而混合模型比纯结构模型效果更好。

上述模型都是对单个企业的违约概率进行估计的。实际上，国家中不同企业和不同部门之间以及企业、部门与宏观经济之间都是相互关联和相互影响的。不同企业和不同部门间的债权债务关系是相互联系的基础，因此，一方面我们可以通过分析各个部门的资产负债表来具体研究部门间的风险联系；另一方面通过构建国家的总体资产负债表，就能够在宏观层面上把握整个国家的风险。Gray 和 Stone（1999）分析了企业部门和宏观经济间是如何相互影响的，提出能用上述的资产负债表的信息来反映国家面临的风险。Allen（2002）提出了分析金融危机的资产负债表分析框架。但是，这种仅仅基于传统资产负债表的分析方法并不能提供预测未来风险的信息，不利于政府对国家风险进行防范。另外，某些部门和国家整体的资产价值并不容易直接观察得到，而将未来现金流进行折现的方法在技术上并不成熟，所以这种仅仅基于传统资产负债表的方法是有明显缺陷的。Gray（2002）指出不同部门或企业间的联系可以通过相关部门的隐含期权反映，首次提出用或有权益为核心概念来构建经济资产负债表。或有权益分析考虑了资产价值的波动性，从而能使政府对国家的风险状况进行实时的监控。Gray（2005）用或有权益方法构建了国家市场价值资产负债表，更全面地分析了或有权益资产负债表的优点和在国家宏观风险管理中的作用。

表 8 违约概率模型的发展及其比较文献整理

作 者	文 献 摘 要
Crosbie 和 Bohn（2002）	概括了 KMV 的违约风险模型，即先用 Merton 模型的方法估计单个企业的违约距离，然后通过统计历史的违约数据模拟出概率分布，将违约距离转化成相应的违约概率
Merxe 和 Garry（2003）	使用 Merton 模型对单个英国上市公司的违约概率进行了实证研究
Chan – Lau（2006）	对违约概率模型进行综述
Sobehart 和 Keenan（2001）	介绍了一系列将 Merton 方法与财务信息相结合的混合模型
Sobehart、Stein、Mikityanskaya 和 Li（2002）	用 Moody 的方法构建了美国非金融上市公司的混合违约模型
Garry 和 Tudela（2003）	通过实证证明了纯结构模型比简化的模型预测（Geroski 和 Gregg，1997）效果更好，而混合模型比纯结构模型效果更好
Gray 和 Stone（1999）	分析了企业部门和宏观经济间是如何相互影响的，提出能用上述的资产负债表的信息来反映国家面临的风险
Allen（2002）	提出了分析金融危机的资产负债表分析框架
Gray（2002）	不同部门或企业间的联系可以通过相关部门的隐含期权反映，首次提出用或有权益为核心概念来构建经济资产负债表。或有权益分析考虑了资产价值的波动性，从而能使政府对国家的风险状况进行实时的监控
Gray 等（2005）	用或有权益方法构建了国家市场价值资产负债表，更全面地分析了或有权益资产负债表的优点和在国家宏观风险管理中的作用

（3）或有权益资产负债表的科目

将或有权益方法运用到资产负债表中，可以在总体上反映国家的金融风险并对由这种风险所产生的潜在危机进行有效的预警，从而为政府对宏观经济进行监管提供理论支持。Gray、Merton、Bodie（2003）指出政府部门的或有权益资产负债表中的资产项应包括：外汇储备和或有外汇储备、税收和收入的现值和其他公共资产（公共股权、土地、矿产资源、社会日常资本、货币发行垄断的价值），负债项应包括政府支出现值（社会保险和其他津贴）、本币债务、外币债务、金融担保和基础货币。Currie、Velandia 认为或有权益资产负债表是一种经济的资产负债表，它可以看做将潜在的金融债务科目并入传统的会计资产负债表后的情况。他们认为，政府资产负债表的资产包括财政收入现值、外汇储备、可在市场上交易的证券、转贷、对国有企业的投资和基础建设投资，负债包括直接债务、财政支出现值、国家债务的净市场价值、或有负债（显性的或有负债、隐性的或有负债）和权益即政府财产的净价值。与此类似，相应的企业部门、家庭部门、金融部门的或有权益资产负债表也应只包括能反映风险的科目。

表 9	或有权益资产负债表的科目文献整理
作　　者	文　献　摘　要
Gray、Merton 和 Bodie（2003）	政府部门的或有权益资产负债表中的资产项应包括：外汇储备和或有外汇储备、税收和收入的现值和其他公共资产（公共股权、土地、矿产资源、社会日常资本、货币发行垄断的价值），负债项应包括政府支出现值（社会保险和其他津贴）、本币债务、外币债务、金融担保和基础货币
Currie 和 Velandia	或有权益资产负债表是一种经济的资产负债表，它可以看做将潜在的金融债务科目并入传统的会计资产负债表后的情况

（4）相关模型指标

基于或有权益资产负债表分析方法，可以得到一系列相关的指标。在 Crobsie、Bohn（2002）介绍的 KMV 模型中，用 Merton 的方法得到了单个企业的违约距离，再通过转换得到相应的预期违约频率。Chan - Lau、Jobert、Kong（2004）在 IMF 的工作报告中使用基于 Merton（1974）的结构模型，运用了 14 个新兴市场的 38 家银行的权益价格和资产负债表数据来估计违约距离，并通过实证显示违约距离能提前 9 个月预测银行的信用危机，从而得出违约距离能用于银行监管的结论。Gray（2005）认为或有权益资产负债表能提供一系列的信用风险指标，包括违约距离、违约概率、信用溢价和风险外债的市场价值。Yu，Fung（2005）指出 2004 年底英格兰银行、欧洲中央银行都公布了它们基于 Merton 结构模型得到的度量银行部门脆弱性的指标，并得出违约溢价并不是很好的信用风险指标的结论，原因在于税收及对资产流动性的需要会对资产的价格产生影响。DNB 工作报告（2006）用宏观金融风险模型来测量荷兰的金融稳定性，在实证中显示出，违约概率能很好地评价金融的稳定性，并且这些指标都具有前瞻性。

表 10	或有权益资产负债表相关模型指标文献整理
作　　者	文　献　摘　要
Crobsie 和 Bohn（2002）	用 Merton 的方法得到了单个企业的违约距离，再通过转换得到相应的预期违约频率
Chan - Lau、Jobert 和 Kong（2004）	基于 Merton（1974）的结构模型，运用了 14 个新兴市场的 38 家银行的权益价格和资产负债表数据来估计违约距离，并通过实证显示违约距离能提前 9 个月预测银行的信用危机，从而得出违约距离能用于银行监管的结论
Gray（2005）	或有权益资产负债表能提供一系列的信用风险指标，包括违约距离、违约概率、信用溢价和风险外债的市场价值

续表

作　　者	文　献　摘　要
Yu，Fung（2005）	2004 年底英格兰银行、欧洲中央银行都公布了它们基于 Merton 结构模型得到的度量银行部门脆弱性的指标，并得出违约溢价并不是很好的信用风险指标的结论，原因在于税收及对资产流动性的需要会对资产的价格产生影响
DNB 工作报告（2006）	用宏观金融风险模型来测量荷兰的金融稳定性，在实证中显示出，违约概率能很好地评价金融的稳定性，并且这些指标都具有前瞻性

（四）金融安全指标

对于政策制定者而言，金融稳定性的研究最终都归结到以下四个方面：以金融安全指标来评判金融系统的安全性、建立金融安全预警系统、制定相关的制度体系和组织结构安排以及维护国家和各个部门的金融稳定。

金融安全指标要反映金融系统的稳定性，必须包含金融系统中的金融机构、金融市场和金融基础设施等各个不同部分的信息（Fell，Schinasi；2005），并且这样的指标要求能够将金融系统看做一个整体，描述其所承受的金融危机压力（Illing，Liu；2003）。

金融安全指标的建立主要以金融稳定模型为基础。早期的金融稳定模型主要以宏观经济指标为解释变量，因此金融安全指标的组成也局限于宏观经济因素。例如，20 世纪 90 年代中央银行用来检验货币政策实施效用的货币条件指数（MCI）。这套指数主要以利率和汇率指标构成，而没有考虑资产价格因素。Goodhart、Hofmannn（2001）指出在 G7 国家里，资产价格对经济产出和通货膨胀有重要影响。Mayes、Viren（2001）研究表明影响最大的资产价格为股票市场价格和房地产市场价格等。因此在货币条件指数的基础上又发展出金融条件指数（FCI）等。

国外学者通过实证分析表明，传统的金融稳定模型存在着预测能力较差，理论基础不明确等缺陷，因此在此基础上构造的金融安全指标也不能准确反映风险信息。随着各国研究学者将微观信息纳入金融稳定模型，金融安全指标的组成变量也在不断扩展之中。正如前面所述，将资产负债表信息考虑其中是现代金融安全指数的重要特征。通过传统资产负债表分析方法可以得到各部门资产负债结构的信息；通过或有权益资产负债表分析可以得到企业资产市场价值及其波动率、金融系统偿付能力、各部门违约概率和违约损失率等信息，这些因素都影响着金融系统的稳定性。荷兰银行学者 Jan Willem ven den End 以 MfRisk 模型（Gray，Merton，Bodie；2003）为基础，构建了金融稳定条件指标（FSCI）。国际货币基金组织（IMF）在此方面也做了很多研究，他们不仅在原有宏观因素指标的基础上加入了基于违约概率的资产负债表信息，而且考虑了一些无法量化的法律政策指标（Mulder，Perrelli，Rocha；2002）。

表 11   **金融安全指标文献整理**

作　者	文　献　摘　要
Fell 和 Schinasi（2005）	金融安全指标要反映金融系统的稳定性，必须包含金融系统中的金融机构、金融市场和金融基础设施等各个不同部分的信息
Illing 和 Liu（2003）	金融安全指标要求能够将金融系统看做一个整体，描述其所承受的金融危机压力
Jan Willem ven den End	以 MfRisk 模型（Gray，Merton，Bodie；2003）为基础，构建了金融稳定条件指标（FSCI）

（五）压力测试

廖俊男（2005）介绍了金融体系压力测试的概念并将其与金融稳定指针、金融预警系统和风险值之关系均作一说明。而后说明压力测试的架购包含步骤、分析方法和限制。其重要结果摘录如下：

20 世纪 90 年代初期国际大型金融机构发展出压力测试（Stress Test）来作为其风险管理工具，用于评估极端冲击下对银行资产负债组合价值的影响。之后，巴塞尔监管委员会也特别强调金融机构及证券商应将执行压力测试列为重要工作项目。金融稳定的压力测试，主要在测试当外在的经济金融环境发生极端但可预期的变化时，金融机构资产组合可能产生的最大损失，借此评估金融体系潜在的风险与脆弱度。

1. 压力测试与金融健全指标的关系

分析金融体系稳定性，金融健全指标常与压力测试一起使用。近来的分析则专注在以压力测试协助解释 FSIs 未来的变化。至于不易以 FSIs 衡量的某些风险，包括银行间传染风险（Interbank Contagion Risk）等，压力测试也可提供补充分析及说明。压力测试有助于辨认个别金融机构的风险暴露和整个金融体系统性的风险暴露。压力测试的流程如下：

敏感性分析（Sensitivity Analysis），协助辨认暴露和金融机构对于一些相关经济变量如利率或汇率等的弹性。

情境分析（Scenario Analysis），协助评估金融机构在一些假设情境下的恢复力。

传染分析（Contagion Analysis），在压力的情况之下，个别金融机构的风险暴露是否会影响整体金融体系。图 2 为压力测试流程图。

2. 压力测试与预警系统的关系

压力测试与预警系统（Early Warning System，EWS）均可认定银行部门的脆弱性，两种方法具有互补性。其互补关系如下：

（1）预警系统可侦测目前某条件下，银行倒闭的风险；压力测试则专注于总体经济与金融环境的改变，评估银行部门或其他经济部门的脆弱性。

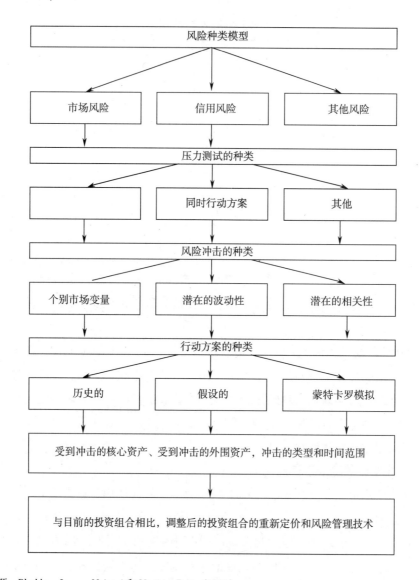

资料来源：Blashke, Jones, Majnoni 和 Martinez Peria (2001)。

图 2　压力测试流程图

（2）预警系统不像压力测试，可假定未来的发展以及根据假定作出条件预测。利用预警系统的 CAMEL 评价银行的健全性，再结合压力测试与其他定性分析，可对银行进行更有力的金融监理。

（3）利用预警系统估算出银行倒闭的概率风险，可作为压力测试银行间传染分析（Interbank Contagion Analysis）的投入（Input）。

3. Value – at – Risk（VaR）模型

Value – at – Risk（VaR）模型为一统计模型，可衡量在给定近期较大的市场改变历史下的最大风险暴露程度。此法借由预期一银行在其表内外资产价值发生不利变动时净值的改变，以评估银行体系遭遇未预期事件冲击时的脆弱性。虽然拥有许多优点，但 VaR 模型有其数据需求并要求一定程度的数据细节，使其在实务上仅适合评估个别机构。因此 VaR 法很少用于从事总体稳定分析（IMF, 2001a）。

二、宏观金融风险的资产负债表分析

本部分对宏观金融风险的资产负债表分析方法进行系统性研究，包括宏观资产负债表的界定和内容、资产负债表的风险分析和对阿根廷金融危机的分析等。其中对宏观资产负债表的构造是资产负债表方法研究的平台，在此基础上进行风险分析，包括期限错配、货币错配、资本结构问题和清偿力问题等。在对资产负债表风险研究基础上，对阿根廷金融危机进行分析。选取阿根廷金融危机进行重点分析的原因在于，一是该金融危机是最近发生的金融危机，二是金融危机过程中风险从公共部门向金融部门传递的路径比较清晰。

（一）资产负债表分析的理论基础

宏观金融风险的资产负债表分析的一个重要理论来源是宏观经济学关于金融加速器的分析。金融加速器表明企业资产负债表净值的变化会引起投资和产出的变化。资产负债表分析的基本思想是分析资产价值变化对企业净值的影响。在金融加速器的作用下，资产价值变化可能引发系统性金融风险和金融危机。

1. 金融加速器的基本概念

Bernanke、Gertler（1989）提出，由于信息不对称等因素，信贷市场不是在一个无摩擦环境中运作的，借贷双方总是存在一定的代理成本。因此，企业资产负债表状况的改变（即企业净值的变化），会使得企业在金融市场上融资成本发生变化，进而引起企业投资的变化，投资改变又会进一步引起下一期产量的变化，从而造成经济波动。在经济好转时，经济中的正向冲击会使企业净值增加，引起投资加速，由此带来产量的进一步增加；在经济衰退时，企业净值会下降，会引起投资、产出的进一步下降。企业净值在其中扮演了加速经济增长或衰退的角色。一般而言，净值较小的企业在资本市场上进行借贷活动时代理成本较高，对外部冲击变动的反应也更敏感。

Bemanke、Gertle、Gilchrist（1994）正式提出了金融加速器（Financial Accelerator）的概念。他们认为，金融加速器效应是非线性的，也就是说在企业内部资金较充裕时，外部融资成本不会有较大变化。但当企业资产负债状况较差时，外部融资成本会大幅上升，使得企业减少生产、投资，而这又会更加恶化企业的资产负债状况，从而使金融加速器效应在经济衰退中作用比经济好转时期更加显著。

2. 金融加速器的作用机制

金融加速器的作用机制有两个方面。其一是企业的现金流渠道。即未预料的对经济负的冲击会减少经济的总产出，降低企业的现金流，减少企业的净资产，从而增加企业外部融资数量，增加融资成本，从而减少企业投资、产出和现金流。其二是企业的资产渠道。未预料到的负面冲击会减少对资本品的需求，造成资产价格下降，使得企业向银行贷款时可提供的抵押品价值减少，从而使外部融资成本上升，减少当前投资和下一期的产出及其现金流。在长期中，企业净值的变化对投资的影响是持续的。在存在金融加速器情况下，即使外部冲击逐渐消失，投资仍然低于稳态水平，资本和产出也会长期偏离稳态水平。

3. 金融加速器和资产负债表效应

金融加速器理论的核心是当经济中出现负向冲击（如利率的上升）时，引起企业的净值减少、融资成本增加，进一步使企业减少贷款、投资和下一期的产出，放大负向冲击效应，从而引起经济的衰退。

资产负债表效应是金融加速器在金融危机和宏观金融风险中的应用。资产负债表效应是指在金融危机中内部和外部冲击对资产负债表中资产项价值造成影响，引起资产负债表净值下降，在金融加速器的作用下，造成投资和产出下降，最后导致经济波动。

（二）资产负债表分析的基本思想

1. 宏观资产负债表的界定

资产负债表是记录企业在某一时点资产和权益存量价值的报表。宏观资产负债表是反映特定时点经济体系中主要部门和经济整体的非金融资产、金融资产和负债等存量价值的报表。资产负债表平衡项是资产总额减去负债总额所得的净值。经济体净值反映了国民财富，等于一国非金融资产和对国外部门的金融债权净额之和。

2. 宏观资产负债表的部门划分

经济体系中的部门按经济性质进行划分，主要遵循 1993 年国民账户体系（SNA）的规则。根据经济目标和性质不同，1993 年国民账户体系（SNA）将经济体系中的主体分为金融部门、政府部门、非金融公司部门、住户和为住户服务的非营利性部门四个主要部门。在货币与金融统计手册（2000）中，将金融性部门细分为中央银行、其他金融辅助管理机构、存款性公司、保险公司和养老基金、其他金融机构等子部门。

在金融部门中中央银行和其他金融机构在经营目标和行为方式上存在不同。中央银行主要行使管理职能，包括货币政策制定和执行、对金融机构和市场进行监管等。而其他金融机构主要以盈利为主。由此在资产负债表方法中，将中央银行和其他金融机构进行划分，并将中央银行和财政部门进行合并，从而构成公共部门。

表 12　　　　　　　　　　　　　　　宏观资产负债表简表

总资产	总权益
资产	债务
	净资产

3. 资产负债表分析的基本内容

国家资产负债表分析包括资产负债表、资产负债表矩阵、或有权益资产负债表编制和分析四个环节。国家资产负债表是账面价值的资产负债表，反映公共部门、金融部门、企业部门和家户部门等的资产和权益状况。资产负债表矩阵反映部门间金融资产负债的对应关系。

或有权益资产负债表是经济价值的资产负债表。或有权益资产负债表编制的原理是期权定价理论。根据或有权益的有关理论，资产负债表右边的权益项可以看做是资产项的期权，由于权益的市场价值可以通过市场股票和债券的价值来获得，运用期权定价公式就可以得到资产项的市场价值和波动性，以此为基础编制或有权益资产负债表。或有权益资产负债表的编制使基于历史信息的账面价值资产负债表转变成包含风险信息的市场价值资产负债表。通过对隐含期权对有关权益进行估值，可以对部门间传导的风险进行度量。

（三）基于资产负债表的宏观金融风险分析

1. 基于国家资产负债表进行宏观金融风险研究方法的特征

首先，以宏观资产负债表反映的资产和权益状况作为宏观金融风险的研究对象。以部门金融资源存量指标作为对象，研究各类冲击对资产存量价值和波动性的影响，从而为宏观金融风险的度量和管理提供客观基础。

其次，结合金融市场的信息进行宏观金融风险管理，从而使金融风险管理具有前瞻性。编制资产负债表可以反映部门资产负债表的历史信息，在此基础上编制或有权益资产负债表，则将市场信息和历史资产负债表信息结合起来，可以获得对宏观金融风险具有前瞻性的预测。

最后，构造反映宏观金融损失的有关指标。借鉴微观层面金融机构风险管理的有关技术和工具，构造反映宏观信用风险的有关指标，如违约概率、违约损失等。

2. 基于资产负债表的宏观金融风险分析

使用资产负债表作为基础进行宏观金融风险分析包括以下六个阶段，如图3所示。

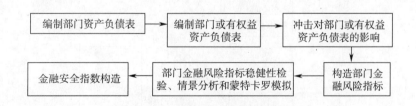

图3 基于资产负债表的宏观金融风险分析方法

使用资产负债表进行宏观金融风险度量的第一步是编制和分析部门资产负债表和资产负债表矩阵。在编制方面，使用单一货币对资产负债进行调整，然后归并得到资产负债表和资产负债表矩阵。在分析方面，通过资产负债表反映资产和负债的结构性信息可以进行期限错配、货币错配、清偿力问题和流动性问题研究。通过资产负债表矩阵可以对风险在四个部门间的传递进行研究。

编制部门或有权益资产负债表。对家户部门而言，以资产和负债的市场价格为基础直接编制或有权益资产负债表。对于企业部门、金融部门和公共部门，使用权益的有关市场信息，通过期权定价理论获取资产市场价值和波动性，并以此为基础编制或有权益资产负债表。

研究内部和外部冲击对或有权益资产负债表的影响。分析利率、汇率波动和资本流动以及其他冲击对或有权益资产负债表的影响，量化或有资产负债表有关项目的变动状况。

根据或有权益资产负债表构造金融风险指标，构造风险指标是宏观风险管理的重要环节。根据资产的价值和波动性可以构造宏观金融风险的指标，如违约距离、违约概率和信用风险溢价。违约距离、违约概率和信用风险溢价指标等可以显性地反映单个部门发生违约的可能性以及违约时发生的损失。

对宏观金融风险指标进行稳健性检验、情景分析。通过金融风险指标和实际观察到的有关信息进行相关分析和回归分析，考察宏观金融风险指标的有效性。

金融安全指数构造和金融安全区设置。根据金融风险指标构建金融安全指数，并设定金融安全指数的边界，在此基础上设立金融安全预警机制。

3. 基于资产负债表的部门间风险传递机制研究

部门间风险的传递是宏观金融风险的重要特征。使用资产负债表矩阵可以将部门间的债权债务关系进行描述，反映风险在部门间的传递状况，如图4所示。其中金融部门是社会信用关系枢纽，公共部门、企业部门和家户部门的风险都可以通过负债项和金融部门资产项的

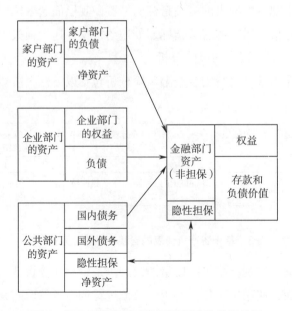

图4　资产负债表反映的部门间风险传递关系

对应关系传递到金融部门。由于公共部门对金融系统有隐性担保，金融部门风险最终会通过担保机制传递到公共部门。

资产负债表反映的部门间风险传递关系可以为认识金融机构不良资产的来源和政府化解金融部门的风险行为提供视角。由于我国融资结构比较单一，企业部门的资金来源主要依赖于银行信贷，当经营出现问题时企业违约，造成商业银行不良资产增加，将企业部门风险转移为金融部门风险。由于公共部门和金融部门之间存在隐性担保的关系，政府采取组建资产管理公司和再贷款以及注资等方式来化解和控制金融部门风险，实质上是将金融部门风险转化为公共部门风险。

4. 基于资产负债表的宏观金融风险管理

在对宏观金融风险进行识别和度量的基础上，可以提出宏观金融风险管理的有关安排，主要包括管理机制、工具、政策和制度等方面。

在宏观金融风险管理机制方面，建立金融风险管理的预警机制、快速反应机制、损失控制机制。根据金融风险指标给出的信号将宏观金融风险分为不同的区域，在较低风险的区域实行常态管理，在风险中间区域实行危机预防管理，在较高风险区域实行危机管理。金融危机管理机制包括政府决策的快速反应机制和金融危机中损失控制机制。在宏观金融风险管理工具方面，分析风险管理的需求，发展金融市场来提供管理金融风险的各种工具。同时重视发展衍生市场，提供风险分散、风险转移和风险保险的场所。

在宏观金融风险管理政策方面，分析冲击对公共部门、金融部门和企业部门的资产负债表的影响，并根据部门风险管理的需要制定和实施金融政策、财政政策、产业政策和对外经济政策等。在宏观金融风险管理制度方面，建立部门资产负债管理体系，包括资产管理体系、负债管理体系、资产负债结构管理体系。同时建立国家金融稳定基金体系、存款保险体系和金融担保体系。

5. 小结

与国内目前宏观金融风险的研究相比，以资产负债表为基础的金融风险研究方法为我国宏观金融风险研究和管理提供了新思路，主要表现在两个方面。一方面是将宏观金融风险管理的研究建立在一致性的基础上，宏观金融风险界定、部门金融风险的识别和度量、金融风险管理三个环节在金融风险的内涵和有关分析工具的使用上都具有一致性。从宏观金融风险是信用风险的本质出发，研究部门的违约风险和部门间的信用关系，最后提出管理宏观信用风险的机制、工具和政策，从而建立起包括宏观金融风险识别、度量和管理三个环节的风险管理体系。另一方面运用或有权益方法并构造刻画宏观金融损失的有关指标，从而将宏观金融风险管理建立在客观基础上。

（四）主要部门资产负债表

按照对经济体系中主要部门的划分，可以对公共部门、金融部门、企业部门和家户部门的资产负债表进行构造。

1. 公共部门资产负债表

（1）财政部门资产负债表。在财政部门的权益部分，外部债务和内部债务分别指外债和内债，或有负债是对国内企业进行的担保等。

表 13　　　　　　　　　　　财政部门资产负债表

资产	权益
政府可盈利的实物资产	外部债务
政府拥有的金融资产	内部债务
政府拥有的自然资源的价值	国内或有负债
对私营部门贷款的预期现值	净值

（2）中央银行资产负债表。在中央银行的资产负债表中，外汇储备、国债和对金融机构的贷款构成中央银行的资产。或有负债是对金融机构的隐性担保。

表 14　　　　　　　　　　　中央银行资产负债表

资产	权益
外汇储备	基础货币
国债	中央银行票据
对金融部门的贷款	或有负债
对私营部门贷款的预期现值	净值

（3）公共部门资产负债表。将中央银行和财政部门的资产负债表进行合并，可以构造公共部门的资产负债表，如表 15 所示。

表 15　　　　　　　　　　　公共部门资产负债表

资产	权益
政府可盈利的实物资产	外部债务
政府拥有的金融资产	内部债务
政府拥有的自然资源的价值	或有负债
对私营部门贷款的预期现值	基础货币
外汇储备	央行票据
对金融部门的贷款	净值

2. 金融部门资产负债表

将金融机构的资产负债表合并可以构造金融部门的资产负债表。

表 16 金融部门资产负债表

资产	权益
设备	存款
房地产	金融债券
贷款	其他内债
政府债券	外债
企业债券	净值
股票	
其他资产	

3. 企业部门资产负债表

将企业的资产负债表合并构造企业部门的资产负债表。可以按照研究的需要编制相关行业和地区的资产负债表。

表 17 企业部门资产负债表

资产	权益
设备	银行存款
厂房	债券
房地产	外币债务
存款和现金	其他债务
证券	净值
存货	

4. 家户部门资产负债表

家户部门的资产包括固定资产和流动资产两个方面。在权益方面主要为贷款和净资产。

表 18 家庭部门资产负债表

资产	权益
房地产	贷款
存款和现金	净资产
证券	
其他资产	

5. 经济体系资产负债表

将公共部门、金融部门、企业部门和家户部门的资产负债表进行合并可以得到经济体系总的资产负债表。由于部门之间的资产和权益相互抵消，只留下一国对国外部门的资产负债和实物资产等。经济体系资产负债表可以反映外部债务的有关信息，但并不能揭示隐藏在部门资产负债表中的风险，也不能揭示金融危机发生的原因。从东南亚金融危机的有关经验来看，企业部门的脆弱性存在并不会在国家资产负债表中得到反映，但最终导致了系统性的金融危机的发生。

表 19 经济体系资产负债表

资产	权益
设备	外债
房地产	净资产
外汇储备	
其他资产	

6. 部门资产负债表矩阵

部门资产负债表矩阵反映公共部门、金融部门、企业部门、家户部门和国外部门的资产和负债的对应关系，从表 20 可以看到，横栏是各个部门的负债，纵栏是对应部门的资产。

表 20 主要部门资产负债表矩阵

负债/资产	公共部门	金融部门	企业部门	家户部门	国外部门
公共部门					
金融部门					
企业部门					
家户部门					
国外部门					

部门资产负债表矩阵是宏观金融风险分析的重要工具，也是资产负债表方法的主要组成部分。从资产负债表矩阵反映的资产负债表对应的关系可以对风险在部门间的传递进行分析。

（五）资产负债表的风险分析

资产负债表提供了经济中主要部门的资产和负债状况，包括期限和币种状况，因此可以用来进行风险分析，并讨论风险在部门间的传递状况。

1. 资产负债表风险的类别

资产负债表风险主要包括期限错配风险、货币错配风险、资本结构问题和清偿能力问题等。

（1）期限错配风险。期限错配指部门资产和债务在期限上不匹配的现象。期限错配使部门面临展期风险和利率风险。展期风险指部门在短期债务到期后不能重新获取贷款的风险。利率风险指短期债务在展期过程中存在利率上调风险。公共部门、金融部门、企业部门的货币错配问题都可能引发系统性的金融危机。在墨西哥1994年金融危机和阿根廷1995年金融危机中，金融部门的错配问题都非常突出。

（2）货币错配风险。货币错配是指部门资产和负债在币种上不匹配导致的风险。新兴市场国家常常都存在货币错配问题，原因在于国内资金不足而举借外债，而其拥有的资产一般都以本币标价，外汇资金不充足，由此存在资产和负债在币种上的不匹配问题。在本币贬值的情况下，以本币偿还外债的压力增加，从而可能引发货币危机。在固定汇率制和钉住汇率制度下，新兴国家往往忽视货币错配，当名义汇率和实际汇率之间存在偏离时会带来风险。在泰国1997年金融危机中，由于金融部门和企业部门的货币错配问题比较严重，另一方面金融部门对房地产行业的贷款过于集中，在贸易条件恶化和资产价值下跌的情况下，导致金融危机。

（3）资本结构错配。资本结构错配风险是指部门资金来源中对负债的依存度较高从而引发风险，一般发生在对债务比较依赖的国家。对于债务的过度依赖使资产负债表的脆弱性增加，原因在于缺乏股权资本在经济金融波动过程中对资产负债表的保护。在泰国和韩国的金融危机中就存在过度依赖债务融资的问题。

（4）清偿力风险。清偿力风险是指债务大于资产从而出现资不抵债的风险。清偿力风险和期限错配、货币错配和资本结构问题紧密相关。在期限错配、货币错配和资本结构错配存在的背景下，贸易条件的恶化和汇率贬值都可能引发清偿力问题。

2. 风险来源和风险在部门间的传递

（1）公共部门资产负债表隐含的风险。较高的债务水平会使公共部门陷入困境。如果大量外债需要提前偿还，或者外汇储备不足的情况下，公共部门可能发生清偿力问题。公共部门发生清偿力问题会损害投资者对公共部门有关政策如货币政策、财政政策和汇率政策的信心，从而造成资金外流，由此形成系统性的货币危机。在俄罗斯1998年金融危机、巴西1999年金融危机、土耳其2000年金融危机和阿根廷2002年金融危机中，公共部门货币错配问题都是金融危机发生的重要原因。

（2）金融部门资产负债表隐含的风险。金融部门的资产负债表是评价宏观金融风险的重要方面，并且金融机构资产负债表是风险在企业部门和公共部门、家户部门之间传递的重要环节。金融机构的资产负债表存在短期负债和长期资产在期限上不匹配的内在脆弱性。在银行挤兑发生的情况下，公共部门对金融部门进行支持，由此可能引发公共部门危机。

（3）企业部门资产负债表隐含的风险。企业部门的资本金不充足或者遭遇流动性问题，就会导致企业部门金融风险加大，造成金融部门债务不能按期偿还，从而可能引发金融危机。

三、台湾地区各部门资产负债表分析

资产负债表分析方法不同于传统的流量分析方法，该方法注重的是对国家（地区）各个部门的存量经济数据和缺口的分析，发现经济中存在的脆弱性风险。具体而言，资产负债表风险主要包括：（1）期限错配，指各部门短期债务和长期资产不匹配的现象，期限错配使部门面临展期风险和利率风险。（2）货币错配，指部门资产和负债在币种上的不匹配，对于新兴国家，资产往往以本币表示而负债大多以外币（如美元、欧元等）表示。（3）资本结构错配，指负债与权益的不匹配。（4）清偿能力问题，指债务大于资产从而出现资不抵债的风险。期限错配、货币错配和资本结构错配造成对部门资产负债表的冲击，如贸易条件的恶化和资产贬值等，都可能引发清偿力风险。以上四种主要的风险造成了整个经济体系的脆弱性，脆弱性是金融风险发生的机制和基础。

（一）台湾地区企业部门资产负债表分析

台湾上市企业与全部企业（这里所说的企业不包括金融类企业）的资产负债表（见表21）汇集了1997年至2005年企业部门总资产与总负债。接下来将对该表以及其细化后的项目进行风险分析。

表 21　　　　　　　　　　台湾地区企业部门资产负债表①

部门 年份	上市企业					全体企业		
	总资产	短期负债	长期负债	总负债	资产净值	总资产	总负债	资产净值
1997	5 701	1 130	1 892	3 021	2 680	24 382	14 150	10 232
1998	6 640	1 368	2 211	3 579	3 061	26 068	15 345	10 723
1999	7 489	1 466	2 535	4 001	3 488	27 861	16 039	11 822
2000	8 735	1 743	2 842	4 585	4 150	30 461	17 452	13 010
2001	8 620	1 638	2 704	4 342	4 278	29 901	16 621	13 280
2002	11 824	2 370	4 471	6 841	4 983	31 341	17 157	14 184
2003	12 550	2 428	4 461	6 889	5 661	32 133	17 216	14 917
2004	15 596	3 108	5 763	8 871	6 725	34 936	18 840	16 096
2005	18 855	3 861	7 162	11 023	7 832	37 753	20 178	17 575

1. 资本结构错配分析

从资产负债比率的变化看，企业部门资产的负债融资的比例近10年来一直保持在50%

---

① 本文表格中凡涉及资产、负债、权益等的数据，如无特别说明，单位均为十亿新台币。

以上，在 20 世纪 90 年代存在较大的资本结构错配风险，但进入 2000 年以后企业部门直接融资与间接融资总量差额有减少趋势。应该清楚，企业杠杆率较高对企业自身来说并不一定是坏事：通货膨胀较严重的时期，企业多借债可以把损失和风险转嫁给债权人。在经济繁荣时，企业多借债可以获得额外的利润；而在经济不景气时，少借债可以较少利息负担和风险。但台湾近年来经济不景气，企业高负债易招致较高风险。令人惊讶的是，上市企业的负债率却有逐渐走高的趋势，把负债融资作为首选可能与股市走势有较大关系。

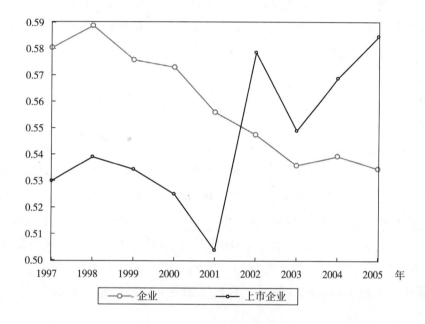

图 5　企业部门资产负债比率

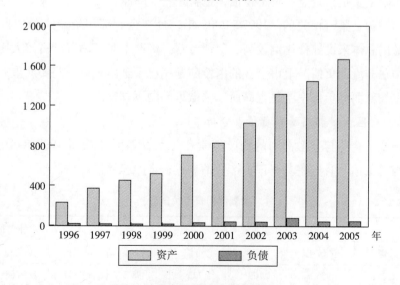

图 6　企业部门国外资产负债对比

2. 货币错配分析

货币错配风险是由于外币资产与负债不匹配而造成的。当负债主要是以外币表示而资产主要是以本币表示时，如果汇率发生较大变动，就会产生货币错配风险。李扬（2005）认为货币错配是指一个经济行为主体（政府、企业、银行或家庭）在融入全球经济体系时，由于其货物和资本的流动使用了不同的货币来计值，因而在货币汇率变化时，其资产/负债、收入/支出会受到影响的情况。台湾企业部门国外净投资远远超过了外部债务的数值，货币错配问题较为严重，当台币贬值时这对于企业是有利的，但当面临升值压力时，过多的国外净资产则会遭受损失。当前新台币汇率正处于升值阶段，未来预期仍有较大的不确定性，因此货币错配问题应当引起关注。

3. 期限错配问题

期限错配问题主要是由于资产主要是长期资产，而负债主要是短期负债造成的。2002年，企业部门流动资产占总资产的 42.2%，表明企业部门非流动资产占较大比重。流动负债为 136 918.67 亿元，长期负债为 57 608.72 亿元（流动负债与长期负债比率 2.378），流动负债远远高于长期负债，企业资产主要是长期资产，而负债主要是流动负债，到期的负债企业没有十分充足的流动资产予以偿付，企业期限存在错配问题。特别是非流动资产多为固定利率的，而流动负债多为浮动利率的，因此如果利率上升的话，企业部门的利息支付增多，企业将面临较高的利率风险。而在 2005 年时企业部门流动资产占总资产的 45.6%，流动负债为 177 535.65 亿元，长期负债为 70 752.05 亿元（流动负债与长期负债比率 2.509）。近几年企业部门虽然仍存在期限错配的问题但较 2002 年已经得到了改善。

4. 清偿力问题分析

清偿力风险主要是指企业的资不抵债，也就是企业的净资产为负。清偿力问题与期限错配和资本结构问题是紧密相关的。1997—2005 年，台湾企业部门资金来源中，主要是负债融资，企业部门总体来说杠杆比例较高，负债经营。资产中非流动资产占较大比重，而负债却大部分集中在非流动负债。上市企业的清偿问题相比于全体企业部门要严重一些，但目前台湾利率水平较低而且负债率不是很高所以清偿力问题不算突出。

（二）台湾地区金融部门资产负债表分析

台湾上市金融企业与金融部门的资产负债表（见表 22）汇集了 1997 年至 2005 年金融部门总资产与总负债。我们将基于该资产负债表进行金融脆弱性分析。

表 22　　　　　　　　　　　金融部门资产负债表

部门 年份	上市企业					全体企业		
	总资产	短期负债	长期负债	总负债	资产净值	总资产	总负债	资产净值
1997	6 221	955	4 769	5 723	498	19 867	17 758	2 109
1998	9 395	1 220	7 302	8 523	872	21 639	19 195	2 444

续表

部门 年份	上市企业					全体企业		
	总资产	短期负债	长期负债	总负债	资产净值	总资产	总负债	资产净值
1999	11 161	1 332	8 781	10 113	1 048	23 274	20 924	2 350
2000	12 739	1 319	10 257	11 576	1 163	24 760	22 310	2 450
2001	13 230	1 246	10 816	12 062	1 168	26 216	23 534	2 681
2002	11 395	980	9 463	10 443	952	28 137	25 415	2 722
2003	14 824	1 713	11 972	13 685	1 139	31 376	28 321	3 055
2004	16 707	2 575	12 915	15 490	1 217	34 327	31 482	2 845
2005	18 171	2 817	14 120	16 937	1 234	37 579	34 520	3 059

1. 资本结构错配分析

从资本结构来看，台湾金融部门 1997—2005 年的负债/资产比维持在 0.9 左右，近年来有上升的趋势。由于金融部门是负债经营企业，但是过度负债会使得银行风险加大，若金融部门资本不足以抵御其风险，甚至有破产的可能。短期负债与长期负债比在金融危机后的几年明显下降，直到 2002 年又上升到 0.2 左右的水平。可见伴随金融危机的蔓延人们对金融部门的信任度在降低，有大量流动性资金从金融部门流出。

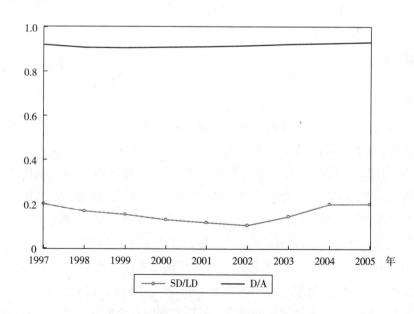

图7　金融部门的长短期负债与资产对比

2. 货币错配分析

台湾金融部门的国外资产远远大于国外负债。对金融部门来说，金融部门属于国外资产净债权人，如果新台币升值，会给金融部门带来损失，这就导致货币错配风险的产生。2000

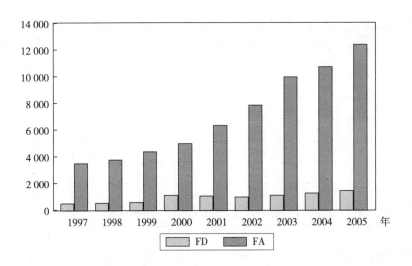

图8　金融部门的长短期负债与资产对比

年之后，台湾金融部门的外币负债基本稳定在 15 000 亿新台币左右而外币资产却有很大幅度的增长，在 2005 年达到 132 801 亿新台币。

3. 期限错配问题

目前台湾金融部门库存现金、证券类资产远远低于短期存款，也就是短期负债增加较快，而流动性资产的比率没有相应地得到提高。期限错配把台湾置于巨大的流动性风险面前，一旦资本外逃，东南亚金融危机就可能重演。

4. 清偿力问题分析

币种错配和资本结构错配等最终都会影响到金融部门的清偿力问题。从币种错配问题来看，台湾外币资产远远高于外币负债，如果新台币贬值，台湾金融部门的币种错配将直接导致其发生清偿力危机。由资本结构来分析，台湾金融部门存在清偿力不足的问题，需要对金融部门进行注资，提高其资本充足水平。

综上所述，我们可以得出以下结论。台湾企业与金融部门总体上属于高负债经营，在台湾近几年经济不景气的情况下，企业的违约风险加大，提高了企业部门的清偿力风险。台湾的企业部门的财务状况不容乐观。事实上，受到 1997 年亚洲金融风暴的影响，台湾许多大型企业在财务状况上出现了严重的问题。连带地也使得金融机构的逾期放款在 2002 年第一季度达到了历史新高的 8.78%。这也表明台湾银行体系的脆弱性很大程度上是由于其企业财务的恶化造成的。台湾金融部门的间接融资比重高，区域债券市场不发达，台湾企业把长期投资投到区外，却引入了大量的短期投资，货币和期限双错配问题严重，这构成易诱发金融危机的深层次原因，并降低了本区域资金的使用效率。

（三）台湾地区各部门或有权益资产负债表分析

Black、Scholes（1973），Merton（1974）意识到用 Black – Scholes（1973）的期权定价原理可以对公司债务进行定价，开创了微观金融工程学科的迅速崛起，而这一期权定价公式也成为整个宏观金融工程的理论基石。Gray、Merton 和 Bodie（2003、2006）将期权定价思想应用到基于资产负债表的宏观金融风险理论的新框架中，将部门资产负债表中的资产的账面价值利用权益的市场价值转换成市场价值，从而得到或有权益资产负债表，为宏观金融工程的发展奠定了理论基础。下面简要地介绍了资产价值 A，资产的波动率 σ_A 是如何获得的，并对台湾地区进行实证研究。

1. 或有权益资产负债表原理

股权可以看做基于公司价值的看涨期权，0 时刻的权益价格可被看做期权的价格 C，当股票的价格上升时，股权拥有者将获得由此带来的资本利得，相反当股权市值已经低于债务的市值时，公司就会违约，因此债务市值就是该期权的执行价格，这里我们称它为违约点 DB。

因此由 Black – Scholes – Merton 期权定价模型与另外一个跟资产价格 A 和资产波动率 σ_A 相关的数学公式（Merton，1974），就可以求得我们想要的结果。

$$\begin{cases} C = AN(d_1) - DBe^{-r(T-t)}N(d_2) \\ E\sigma_E = \sigma_A AN(d_1) \end{cases}$$

式中，

$$d_1 = \frac{\ln(A/DB) + (r + \sigma_A^2/2)(T-t)}{\sigma_A\sqrt{T-t}}, d_2 = d_1 - \sigma_A\sqrt{T-t}$$

$N(d)$ 为标准正态分布的累计概率分布（小于 d 的概率）；$DB =$（流动负债 + 长期负债）$/2$；r 为无风险利率；E 为股权价值，数值上与看涨期权的价值 C 是相等的；σ_E 为股权波动率；时间跨度 $T-t$。

2. 台湾地区企业部门与金融部门的或有权益资产负债表

首先，台湾无风险利率采用银行一年期存款利率来代替，近年来的走势如图 9 所示，可见名义利率呈明显的下降走势。

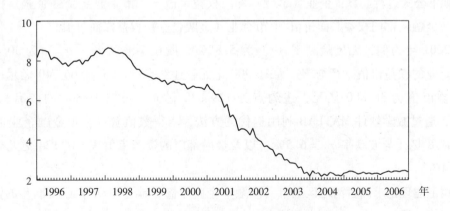

图 9　台湾一年期存款利率走势

其次，对于股权年波动率的计算，我们采用台湾地区上市企业与金融企业每个交易日的收盘市值来求得，全体企业部门与金融部门也采用此波动率。根据波动率的 $\sqrt{\tau}$ 法则，股权年波动率计算如下：

$$\sigma_E = \sqrt{\tau} \times \sqrt{\mathrm{var}(\ln(S_{t+1}/S_t))} = \sqrt{\tau} \times \sqrt{\frac{1}{n-1}\left(\ln(S_{t+1}/S_t) - \frac{1}{n}\sum_{t=1}^{n}\ln(S_{t+1}/S_t)\right)^2}$$

式中：S_t 为上市企业部门与金融部门每日收盘值；n 为样本容量；τ 为一年交易日的天数；$\sqrt{\mathrm{var}(\ln(S_{t+1}/S_t))}$ 为日波动率。由此求得的股权年波动率走势（1997—2006 年）如图 10 所示，其中上面折线为企业部门的股权年波动率，下面的折线为金融部门的股权年波动率。可见波动率在 2000 年至 2002 年较高，之后呈现明显的下降趋势，总体而言企业部门的波动率高于金融部门。

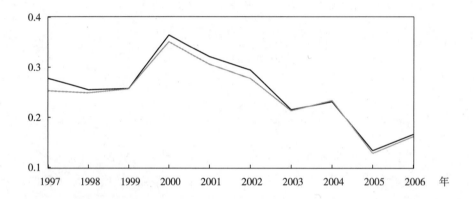

图10   企业部门与金融部门股权年波动率走势

最后，上市企业与金融部门的权益市值可从市场中获得，对于整个企业与金融部门，我们采用如下公式进行套算：企业（金融）部门权益市值 = 上市企业（金融企业）权益市值 ×企业（金融）部门权益账面价值/上市企业（金融企业）权益账面价值。

以 2001 年为例，无风险利率（r）为 5.82%，股权年波动率（σ_E）为 30.6%。上市金融企业的权益市值（C 与 E）为 16 900 亿元，违约点（DB）为 66 540 亿元；金融部门的权益市值为 38 800 亿元，违约点为 129 830 亿元。根据 Merton 的或有权益理论（CCA），通过数学软件 MATLAB 利用迭代的方法，求得数值解：上市金融企业资产市值 $A = 7\,964.8$ 亿元与波动率 $\sigma_A = 6.5\%$，以及金融部门的资产市值 $A = 16\,124$ 亿元与波动率 $\sigma_A = 7.4\%$。

利用上述理论求出台湾地区上市（金融）企业与整个部门 1997 年至 2006 年的资产市值与债务市值，得到或有权益资产负债表。

表 23   台湾地区上市（金融）企业与整个部门或有权益资产负债表

年份		1997	1998	1999	2000	2001	2002	2003	2004	2005	2006
上市金融部门	资产市值	5 897	6 557	7 408	7 504	7 964	7 167	9 778	11 699	12 229	13 373
	债务市值	3 078	4 483	5 328	6 029	6 274	5 485	7 483	8 832	9 651	10 254
	股权市值	2 819	2 074	2 080	1 475	1 690	1 682	2 295	2 867	2 578	3 119
上市企业部门	资产市值	8 890	8 449	12 204	9 646	11 332	11 659	14 635	16 870	20 260	2 4836
	债务市值	1 917	2 276	2 549	2 958	2 818	4 422	4 528	5 857	7 272	8 546
	股权市值	6 973	6 173	9 655	6 688	8 514	7 237	10 107	11 013	12 988	16 290
金融部门	资产市值	21 494	15 912	15 690	14 724	16 124	18 155	21 643	24 653	26 059	29 868
	债务市值	9 553	10 098	11 025	11 616	12 244	13 345	15 486	17 949	19 669	20 729
	股权市值	11 940	5 813	4 664	3 107	3 879	4 809	6 156	6 703	6 389	9 139
企业部门	资产市值	35 594	31 386	42 927	32 225	37 229	31 689	37 949	38 801	42 456	51 473
	债务市值	8 972	9 761	10 203	11 259	10 799	11 089	11 317	12 442	13 311	13 802
	股权市值	26 622	21 625	32 724	20 966	26 430	20 600	26 632	26 359	29 145	37 670

（四）或有权益资产负债表的压力测试与敏感性分析

当风险诱因发生极端不利变化时，金融机构或投资组合资产价值是如何变化的呢？此时 VaR 测算方法所依赖的假定和参数发生巨大变化，而导致方法估计的结果出现极大误差。当风险诱因发生一个微小变动时，又会有怎样的结果发生呢？压力测试与敏感性分析就是分析利率、汇率和国际资本流动中一个或多个变量这两种情况下的变动对或有权益资产负债表指标与风险表指标的影响。

现就金融部门压力测试有助于金融稳定、台湾地区金融部门压力测试可行性、台湾地区金融部门的利率压力测试以及台湾地区金融部门的利率敏感性分析等说明如下。

1. 金融部门压力测试有助于金融稳定

1997 年亚洲金融危机之后，各国央行及 IMF、世界银行及国际清算银行等国际机构即开始重视如何监测金融体系在遭受外在突然而来的冲击后的潜在风险及评估金融部门的承受力等议题上。根据国际证券监管机构组织（International Organization of Securities Commissions, IOSCO；1999）具体定义压力测试是将受测对象所面临的极端但可能发生的风险加以认定并量化。台湾"财务会计准则公报"第三十三号中定义压力测试为"透过情境设定或历史信息，根据可能的风险因子变动情形，重新评估金融商品或投资组合的价值，以作为判断企业蒙受不利影响时，能否承受风险因子变动的参考"。然而过去几年在金融国际化及自由化的浪潮下，多元化的新金融商品及服务不断创新，虽然使得资金在国际间流动增加，国际间汇率及利率波动提升，活跃各交易市场，但却忽略了风险管控与金融机构监理的重要性，金融机构高度的财务杠杆操作也造成此次全球金融海啸肆虐。台湾主要维持金融体系稳定的机构为"金管会"及"中央银行"，除了致力于金融监理的"金管会"之外，"中央银行"扮演"银行中的银行"这重要角色，为银行体系中最后的借贷者，对于评估金融机构的潜在风险及其遭受巨变的承受力必须有充分的了解，更显压力测试的实用性。

（1）金融部门压力测试的架构

金融部门压力测试架构首先在于认定当前金融体系所面临的总体经济的潜在风险及金融体系对风险的承受力。第二步则在定义压力测试的范围及建立情境。就压力测试的范围则包括量及质的测试[①]，量的测试即是必须对银行可能面对压力时的风险暴露作合理的模拟假设，美国财政部 2009 年 5 月 7 日针对全美十九大银行进行的压力测试就假设两种情境，第一种假设是美国经济未来两年内按照今年 2 月的状况持续运行，不再继续恶化；第二种假设情景是美国经济衰退程度加深，今年衰退程度超过 3%，明年失业率超过 10%，房屋平均价格在今明两年内下滑超过 20%。在质的方面，则强调压力测试的两个主要目标，第一，评估银行资本吸收潜在最大损失的能力。第二，银行可能采取用以降低风险并保存资本的策略。简而言之，即是金融部门本身的风险承受力及风险管理机制两方面。第三，选择执行的方法（如敏感性分析、情境分析）。第四，确认数据可取得性，并设定风险因子的冲击规模与影响期数。第五，进行数值分析与分析结果的说明。

（2）小结

①建立内外部监督与管理机制。压力测试是银行评估其风险管理策略的一部分，因此银行本身应自行运用敏感性分析及情境分析等工具，进行一系列的压力仿真测试，以评估不同程度的冲击下对银行的影响。测试结果则应由高级主管人员定期检讨，并且定期呈报银行董事会，以建立内部监督机制，提升银行本身风险管理能力。而银行也应备有测试期间曾发生过的最大损失的资料以供监理主管机关检查，由于金融体系压力测试模型，除须搜集金融体系所有银行的财务资料，也必须搜集各银行外汇净部位、债券持有平均存续期间、逾期放款及银行间借贷等细项资料，而这些细部资料搜集必须依赖主管机关及金融机构相互合作，若金融机构能自行定期进行压力测试，建立数据库及参数数据，将有助于解决后续数值分析的困难，且在测试分析结果显示对某些状况有异状时，主管机关得督促银行采取适当的措施管理这些风险，达到金融稳定性分析的目的。

②压力测试可辅助银行预警系统进行更有效的银行部门监管

压力测试主要模拟总体环境或金融体系产生巨大变化时，金融部门对于风险的承受力，而预警系统则是以总体面及财务面的变量，在模型假设条件下，银行发生倒闭的风险。因此我们可以利用预警系统依据资本充足率（Capital Adequancy）、资产质量（Asset Quality）、管理能力（Management）、盈利性（Earnings）以及流动性（Liquidity），即 CAMELS 制度核

---

① 资料来源：国际清算银行 section B. 5；1996。

心指针变量所挑选的财务指针来评估银行部门的健全性，再结合压力测试进行更有效的银行部门监管。

2. 台湾地区金融部门的利率压力测试

我们依然以 2001 年台湾金融部门为例，分析当利率发生急剧的升降时各指标的变化，计算结果见表24。当利率在短时间内发生急剧的变化时资产的市值会有几千亿元的波动，由于利率缺口的存在，资本结构也会发生较大的改变，风险指标显示，当利率急剧上升时，违约概率会加大，信用价差变小。因此，为避免经济的大幅波动，利率政策的制定应充分考虑到其对整个经济的影响，利率以小幅调整为宜。

表24　　　　　　　　　　　　　金融部门压力测试表

指标		情景1（现实利率5.82%）	情景2（利率上调至10%）	情景3（利率下调至1%）
或有权益资产负债表指标	资产市值	16 124	15 631	16 734
	负债市值	12 244	11 751	12 584
	权益负债市值比	0.317	0.330	0.302
风险表指标	资产价值波动率	0.0736	0.076	0.071
	违约距离	2.6460	2.2299	3.1593
	违约概率	$1.1e-4$	$0.99e-04$	$1.2e-004$
	信用价差	$2.2e-4$	$2.0e-04$	$2.3e-004$

3. 金融部门的利率敏感性分析

仍以 2001 年上市金融部门作为分析对象，当利率只调整 82 个基点时，资产市值仍然有几百亿元的变化幅度，但违约概率并没有发生较大的变化，可见整个金融部门对于利率的小幅调整所带来的冲击是可以较好地应对的。

表25　　　　　　　　　　　　　金融部门敏感性分析表

指标		情景1（现实利率5.82%）	情景2（利率下调至5%）
或有权益资产负债表指标	资产市值	16 124	16 228
	负债市值	12 244	12 348
	权益负债市值比	0.317	0.314
风险表指标	资产价值波动率	0.0736	0.0732
	违约距离	2.6460	2.7332
	违约概率	$1.093e-4$	$1.094e-004$
	信用价差	$2.16e-4$	$2.17e-04$

参考文献

[1] 陈一端：《IMF 金融健全指标的编制暨其于台湾之运用》，载《"中央银行"季刊》第二十七卷第四期。

[2] 陈雨露：《国家资本结构陷阱、金融创新与宏观套期》，载《河南师范大学学报（哲学社会科学版）》，2004（3）。

[3] 侯启娉、黄德芬（2006）：《从巴塞尔协定探讨银行资产风险与资本适足性的关联——中国大陆商业银行的实证研究》，载《当代会计》，第七卷第二期。

[4] 李纪珠（1993）：《金融机构失败预测模型——加速失败时间模型的应用》，载《经济论文丛刊》，第二十一卷第四期，355～379。

[5] 李明萱（2006）：《我国银行金融预警模型的实证研究》，国立台湾大学会计所硕士论文。

[6] 李扬：《货币制度改革必须高度关注货币错配风险》，载《财经理论与实践》，2005（7）。

[7] 廖俊男（2005）：《基压力测试的认识与应用》，载《"中央银行"季刊》，第二十七卷第三期。

[8] 林维义（2000）：《金融预警制度的建立对强化金融监理与存保机制功能的探讨》，载《中国商银月刊》，2000，五月号。

[9] 斐平、孙兆斌：《中国的国际收支失衡与货币错配》，载《国际金融研究》，2006（8）。

[10] 沈中华、池祥萱（2007）：《When firms announce financial distress unexpectedly, we believe the peer firms with good governance》，载《管理评论》（TSSCI），Forthcoming。

[11] 沈中华、林公韵（2006）：《违约机率预测与极端值——Robust Logistic Regression》，载《台湾财务金融季刊》（TSSCI），13（3）：1–32。

[12] 沈中华、陈锦村、吴孟纹（2005）：《更早期预警模型：台湾银行业道德指标的建立及影响》，载《管理学报》，22（1）：1–28。

[13] 沈中华（1999）：《金融危机形成原因探讨》，载《存款保险季刊》，12（4）：88–102。

[14] 沈中华（1997）：《金融危机的预警器——银行"市场重估法"》，载《国际经济情势周报》，6月。

[15] 沈中华（2000）：Banking and Currency Crisis：Are There Really Twin? Evidence from Panel Cointegration, paper presented in the Memorial Conference of Wang, Yiyu, National Cheng–chi University, March 2000.

[16] 宋凌峰：《基于资产负债表的宏观金融风险分析》，武汉大学博士论文，2007。

[17] 吴懿娟（2003）：《"我国"金融危机预警系统的研究》，载《"中央银行"季刊》，第二十五卷第三期。

[18] 叶永刚：《金融工程概论》，武汉，武汉大学出版社，2001。

[19] 叶永刚、宋凌峰：《宏观金融工程论纲》，载《经济评论》，2007（1）。

[20] Arturo Estrella, Sangkyun Park, and Stavros Peristiani, 2000, Capital Ratios as Predictors of Bank Failure, FRBNY Economic Policy Review.

[21] Babihuga, Rita Macroeconomic and Financial Soundness Indicators：An Empirical Investigation, IMF Working Paper, May 2007.

中国信托业发展及监管体系构建

◎ 邢天才　张　颖　吉　敏①

〔内容提要〕本文研究中国信托业发展模式的一般规律并对中国信托业监管路径选择进行探索。从信托业从业者、经营者、监管者来思考，中国的信托业如何发展真正意义的信托，选择何种发展模式及信托业监管模式，使中国信托业的发展成为符合中国国情的可持续发展的金融行业。本文对中国信托业的发展现状及风险进行了分析，并且对后危机时代信托业创新发展进行了研究，尝试性地就货币政策对信托业发展影响这一论题进行了实证分析，最后提出了中国信托业风险防范与监管体系构建的政策建议。

〔关键词〕信托业　发展模式　货币政策　监管体系

一、前言

起源于英国、发展到世界主要国家的现代信托业，实现了从法学领域向经济学领域转化的成功实践，并在经济学领域发生革命性进步的独特进展。在几百年的时间中，信托业务遍布全球，信托理念扎根人心，信托业的飞速发展成就了信托功能的无限强大，而它更大的魅力是它成为货币市场、资本市场和产业市场的有机连接，广泛应用于金融领域，已经成为经济中重要的金融力量。

信托关系是独立于产权关系、借贷关系的第三种法律关系，并由民事信托演进为商事信托，在发达国家中得到广泛的应用，形成了独特的信托发展理论和信托监管理论。作为"舶来品"，信托在中国发展时间较短，本土化的过程需要一定时限。一直以来，信托业监管始终依附于银行业监管体系之下，从监管主体、监管方式、监管手段等均类似于银行，但实践中有很多监管错位和盲点的存在。2008年，国际金融危机爆发，影子银行体系的轰然崩塌在全球范围内引发了监管者对信托公司这类主要的非银行金融机构业务进行重新审视。

中国信托业在短短三十多年的发展中几经沉浮，在经济中扮演的角色越发重要。实践

---

① 邢天才，教授，经济学博士，博士生导师；张颖，大连银监局，经济学博士；吉敏，讲师，经济学博士。

中，信托业的金融属性日渐突出，其发展速度和规模占比已经较前几年大幅增长，同时信托经营灵活、创新发展动力强劲的特征以及内在扩张冲动使得其在金融业中行为和作用备受关注，同时也有观点认为信托业的存在使宏观政策调控效果受到损失。因此，本文基于中国信托业发展现状的分析，进行了货币政策对信托业风险影响的实证研究，在借鉴国际经验的基础上，对信托行业应该选择何种发展路径和如何对信托行业进行有效监管问题进行探讨。

二、文献综述

目前国内外对信托业的研究主要集中在信托发展、信托业功能定位和信托监管法规制度方面。

（一）关于信托发展相关研究

关于信托发展的文献基本分为英美法系和大陆法系两种。英美法学者基于信托历史沿革的法理，主张信托是普通法的所有权与衡平法所有权相分离，其中最为权威的观点是英国权威信托法学家阿瑟·昂德西尔爵士（Sir Arthur Underhill）和雷因（Lewin）博士。大陆法系国家中日本是最早引入信托概念的，并且成功地运用在金融领域，进而在其他国家推广，但是非常遗憾的是大陆法系国家理论上始终没有解决信托的法律实质问题。

国内学者对信托发展的研究主要是阶段理论。学术界（如江平、王连洲等，1994、2010）及实务派（蔡鄂生、柯卡生，2010）均对中国信托业发展进行分段，1979年至2001年为信托恢复发展阶段；2001年至目前，为规范发展阶段。也有部分学者（金志、熊伟，1998；吴吉芳，2005；等等）对发展阶段采用了更为细致的划分方法。

（二）信托功能相关研究

国外实践认为信托是一种法律制度或工具，如 Elizabeth Cairns（1998）等人认为信托是衡平法最重要的一项发明，信托制度表现出较大的灵活性，常用于社会价值交易；Francois Barrier（2003）提出信托的功能是基于物权的管理和担保，其法律功能要胜过经济功能；Henry Hansmann（2000）指出信托在美国尽管被误解为金融工具，但实际上它是一种法律安排。同时也有部分学者认为信托也有类似金融工具的功能，也受到货币政策的影响，如日本信托业协会白山昭彦（2010）和 Francois Barrier（2002）等。

国内学者对信托功能的研究多集中在法理层面的研究，信托前人对此作了许多有益的探索，如周小明（2001）认为信托是一种中长期财产管理制度；王连洲（2001）认为信托在资产管理、资金融通、投资理财和社会公益等方面具有便利功能。信托业作为多元化的金融主体构成之一（徐滇庆，1998），其功能定位既与商业银行有相似性又存在明显的独特性，但是李勇和漆多俊（2005）也指出信托与银行具有明显差异，货币政策等对其的影响路径和效果可能会产生不同；夏斌（1999）指出信托业应该是信托功能与金融功能的统一；郭锡昆认为信托业的"银行化"导致信托业务边界不清，竞争力不强，法律上始终未能明确信托业务在金融领域的性质、功能、业务范围和发展方向。

（三）信托监管制度的文献

在监管必要性方面，加拿大学者McCurdy（1999）认为信托业的监管是监管最严格的经济领域，信托业监管制度性质是国家管制的法律。监管内容方面，吴弘（2003）认为信托业监管包括政府监管、自律和中介监管在内所有对信托机构和信托行为监管的制度；日本森田果认为应该对注册资金、营业地域和范围、信托业务活动特别是公司合并等进行监管；中国台湾吴圳益（2010）认为监管重点一是信托机构的内控管理，二是投资权益保护；周小明（1996）认为监管包括机构合法性、业务合规性和经营安全性问题。

各界也对目前信托业监管提出了许多善意批评，国内学者代表有江平（2011）、夏斌（2005）、李宪明（2011）、周小明（2011）、汤淑梅（2011）等。他们认为在信托立法的完善、信托机构管理以及信托监管等方面有待加强。

（四）实证研究现状

现有文献对货币政策与银行关联的研究对本文有一定参考作用。国外学者（Kishan和Opield，2000；Vanden Heuvel，2001）通过对银行贷款对联邦储备利率等量回归发现规模小且资本/资产比率低的银行对货币政策反应更敏感；Tanaka（2002）提出随着资本充足率的提高，中央银行的利率调整对贷款敏感度将降低；索彦峰、于波（2006）通过实证研究证明货币政策通过信贷渠道传导更有效；刘涛（2005）认为信贷波动成为经济波动的最重要因素；夏斌、廖强（2001）认为货币供应量已经不再胜任货币政策中介目标；邢天才、田蕊（2010）认为利率作为货币政策中介目标更为必要和可行。

应该指出的是，很多国内外学者在货币政策效果和信托领域分别做了积极深入的探索，但以往的分析多集中于信托在中国金融领域的功能定位问题以及货币政策对银行体系的影响方面，尚没有文献就货币政策与信托模式的关系进行研究。

三、中国信托业发展现状及风险分析

（一）中国信托业发展现状

自1978年改革开放三十年，是现代中国经济实现飞跃发展的重要阶段，也是信托理念植入本土，信托行业曲折发展的三十年，伴随改革开放深入，中国信托业在借鉴与吸收的前提下，演绎了一段不同寻常的发展历程。

1. 中国信托业发展阶段

（1）起步试验阶段（1979年至1999年）。这一时期中国信托业经历了较大的金融整顿。1979年10月中国国际信托投资公司成立，标志着我国现代信托业务的开始。但这一时期不断的进行停业整顿、关闭和撤销，1999 年只保留了 70 家较大规模的信托公司。这一时期主要业务是贷款和证券。在当时特定的历史时期，大多数信托公司基本没有开展真正意义上的信托本源业务。

（2）真空停滞阶段（1999 年到 2002 年 7 月），大约有 4 年时间。这个期间出台了信托法和信托管理办法。当时按照一个省市保留一到两家信托公司的基本原则，信托公司数量由 1999 年的 230 多家锐减到 59 家。这个期间全部业务都处于冻结和停滞状态。

（3）"一法两规"阶段（2002 年至 2007 年）。"一法两规"的标志是 2002 年 7 月 18 日信托公司资金信托管理暂行办法的正式实施。正是"一法两规"的出台，成为这个时期主要的法律依据和监管准则，也是我国信托业能够规范发展的基石，从此信托业重获新生。

（4）"新两规"框架阶段（2007 年开始），2007 年颁布重新修订的信托管理办法和集体信托管理办法，就是我们俗称的"新两法"。"新两法"确立以后，信托业发展方向得以明显，在短短的时间信托管理规模突破 3 万亿元。因此我们称为新办法框架下的高速扩张阶段。

2. 中国信托业发展状况

近年来，我国信托公司总体经营平稳，固有业务、信托业务持续增长。截至 2013 年第三季度，67 家信托公司固有资产总规模 2 621.80 亿元，所有者权益总额 2 355.56 亿元，同比增长 25.87% 和 12.63%；信托资产总规模 10.13 万亿元，同比增幅高达 60.3%。其中，融资类信托占比 48.15%，投资类信托占比 32.67%，事务管理类信托占比 19.18%。

信托公司行业排名发生较大变化，行业集中度略有降低。部分信托公司借力宏观经济刺激政策和股东资源优势，信托业务规模快速增长；同时，部分公司受银行对流动性调剂类业务需求下降，以及新股停发导致的银信理财停滞的影响，业务规模明显下降。从信托业务增长金额和增长速度来看，英大信托、平安信托、粤财信托、山东国信、渤海信托、华能贵诚、国投信托、百瑞信托等公司排名前列。

信托资金的投向领域构成受宏观经济和政策影响，发生显著变化。信证业务快速膨胀，截至 2013 年第三季度，信证合作业务规模达到 8 238.78 亿元，与 2009 年初的 1 593.85 亿元相比，增长了 5 倍多。证券、房地产保持平稳，仍是信托公司主要业务品种。截至 2013 年第三季度，证券房地产业务规模占比为 20.11%。金融机构对信托公司资金调剂类业务需求明显下降，业务规模占比只有 11.38%。

信托制度灵活优势使得银信业务成为持久热点。虽然部分信托公司、部分类型（流动性调剂和打新类）银信业务萎缩，但银信业务总规模仍然呈现稳步上升趋势。截至 2013 年第三季度，银信合作业务规模 21 675.06 亿元，占信托业务总规模的 21.39%。

私募信托方兴未艾。伴随证券市场的逐步回暖和信托、私募合作模式的日益成熟，私募信托合作业务持续上升，成为高端理财市场重要方式之一。

3. 中国信托公司盈利能力状况

从盈利情况看，多数信托公司还是以固有业务收入为主要收入和利润来源，但比重呈下降趋势，相比之下信托业务收入继续保持稳定增长态势。就信托业务收入占经营收入的比例而言，自2010年底首次超过50%以来（58.76%），已经连续三年保持在70%以上，2013年第三季度占比为73.92%。这说明信托公司正在渐次回归本源业务。

在固有资产方面，新办法实施后，信托公司积极调整业务结构和资产结构，清理实业资产。实业资产占比两年均低于10%，同时对金融机构股权、金融产品投资的比重大幅上升，两者合计接近固有资产的50%。信托公司的货币性资产均保持在20%上下略有增减。

信托财产方面有几个特点值得关注：一是信贷类信托仍然是信托资金主要运用方式。二是占第二位的金融产品投资、股权投资等运用方式多是利用宏观政策、监管政策的制度间隙开展业务，信托公司本身没有比较优势，业务缺乏稳定性、可持续性。三是真正体现信托原理和信托特点的资产管理业务如私人股权投资信托、产业投资信托、资产证券化在信托财产中占比极小。

从信托收入结构来看，贷款手续费收入仍是主要来源之一，两年占比均在30%以上，但围绕证券市场的投资收入已超过贷款手续费收入成为信托公司的第一大收入来源。目前信托公司虽尚未建立以信托业务为主的盈利模式。但多家信托公司核心业务已开始逐步转向信托业务，围绕资本市场的信托业务正在逐步成为信托公司的核心业务。

4. 信托业务存在的几个问题

一是融资类业务仍居信托公司业务主导地位，传统业务模式惯性较大，业务转型仍需时日。目前信托公司仍然没有摆脱对传统业务模式的依赖。截至2013年第三季度，信托融资类业务规模48 782亿元，占信托总规模的48.15%。

二是信证业务迅速发展，风险隐患需持续关注。信托全牌照的制度优势使其对宏观政策和市场变化的反应比其他金融机构更加灵敏。随着宏观经济环境的变化，虽然大多数信政项目运行正常、风险可控，但其中风险隐患也不容忽视。

三是信托业务发展还没有形成有效的引导、约束机制。部分公司盲目追求规模，走粗放型增长的模式；甚至个别公司业务开展已经脱离自身管理能力，导致尽职管理风险和合规性风险。

（二）信托行业风险及原因分析

1. 信托行业声誉风险

声誉风险在信托公司各类业务中均表现突出。在各类资产类型中，信托公司需投入更多精力以防范交易的声誉风险。主要表现在：

（1）证券类业务声誉风险集中在投资顾问上，风险使信托公司很难对投资顾问的个体行为进行约束，其不良行为很可能牵连信托计划及信托公司。

（2）银行类资产声誉风险主要在通道业务上，这类业务中信托公司实质的资产管理责任比较小，因此导致业务规模与信托收入不配比；信托实际责任和信托的舆论责任不对等，这就造成了信用风险不大，但声誉风险巨大的情况。银信合作的平均信托报酬率远远低于其他同类金融合作费率，一旦资产出险，虽然信托公司可能按规免责，但舆论导向却直指信托，造成信托名誉损失。

（3）投资类资产声誉风险体现在股权控制上。许多信托公司出于风控考虑，对投资企业采取资金、印章、人员等方式进行股权控制，但个别信托公司利用控制权力，违规进行操作，社会影响恶劣。

信托行业风险逐渐突出的主要原因在于：一是主观因素声誉风险意识不强，忽视隐性风险管理。部分信托公司尚未认识声誉重要性，战略上重视规模扩张，轻视风险防控，对公司声誉、市场反响等无形因素考虑不多。二是尽职调查管理还不到位。尽职管理跟不上业务发展，调查不细致，管理不成体系。三是规模导向的绩效考核助推声誉风险膨胀。许多公司绩效考核也是围绕业务量开展的，在这种绩效导向下，展业时会重视业务规模、合规条款等硬条件，而忽视费率报酬、声誉风险等软约束。除此之外，信托业风险突出还和信托制度本土化发展还需时日、信托公司的社会认知还有待提升以及金融市场存在"坏孩子"假设等客观因素有关。

2. 信托行业异地营销风险

信托公司没有分支机构，需要异地营销，在异地开展集合信托业务时部分信托公司还存在不审慎营销、粗放管理、规避监管等行为，潜在风险值得关注。集合信托业务异地营销风险表现在：

一是公司资质良莠不齐，扰乱地方金融市场。个别信托公司以"高回报"为诱饵拉拢客户，承诺收益率远高于本地区的平均水平。异地信托公司的随意介入，会加剧同行业间的竞争，甚至会造成"劣币驱逐良币"的现象，对当地金融市场形成冲击。

二是激励约束机制不健全，异地营销激进扩张，表现在资本约束不力和业绩导向偏颇上。

三是管理链条松散，风险管控难以兼顾。总部中后台职能发挥不足，对投资者合适性和项目风险评估过分依赖异地营销前台。一位信托经理常负责多个异地项目管理，时空上难以兼顾导致贷后管理不足。

四是产品无序竞争，发行"绕开"监管。由于无相关法规规定，异地分行可以"绕开"地方监管，自行推介产品，部分未报备产品存在合规问题且风险突出。

五是异地项目可能成为产业结构调整风险的"避风港"。许多限制类行业无法获得本地信贷支持，可能转而寻求异地信托支持。

六是合同签订地在本部，异地客户维权困难。一旦信托项目出现问题，众多客户需要集体前往异地主张权利，既增加了维权成本，也容易积聚社会不安定因素。

七是监管口径不统一，持续监管面临困难。各地银监局监管政策存在差异，宽严不一，会导致部分信托公司监管套利。同时协同监管机制也有待完善。

3. 银信合作风险

（1）"子母协议①"掩饰资产转至表外，监管缺乏认定依据。凭借形式上独立的两协议，银行可将资产在表内外自由转移。监管方面认为资产应在表内核算，但现行政策不明，银行操作手法隐蔽等给监管带来认定困难。

（2）转让市场不透明，贷款债权存在法律和合规风险。在债务人不知情的前提下进行的债权转让，资产买入方在清收债权时可能遭遇借款人不还款的法律风险。同时由于各市场参与者所遵循的信贷政策尺度不一，机构可以实现利用资产转让业务规避信贷政策限制的目的。

（3）买入方难以对打包资产进行有效考证，转让资产存在质量虚假风险。资产转让业务通过资产池打包出售，客观上无法拆包逐一进行资产质量核实，加之部分资产转让附带回购协议，买入银行更加放松对资产包质量的考察。

（4）以受托管理转移银行"问题"资产，银行存在道德风险。银行出于降低自身风险考虑，更愿意将分类级别不高或质量有恶化可能的信贷资产转移出去，于是理财客户面临的信贷风险提高。

（5）银信合作不在信贷规模控制之列，信贷统计存在"遗漏"。操作中，转出方设定霸王条款，借此逃避前期信贷管理责任。

产生上述风险的原因在于：首先，流程设计上未覆盖主要风险，信托资金来源公众化风险未解决，信托资金用途与银行业风险类同，二者风险承受度、市场敏感性等较为相似，项目运作经营情况可能形成风险共振和损失传染，信托业风险控制手段单一，基本依赖银行，在风险管理中缺乏主动性，手段单一。其次，从资产运作看，信托公司角色定位不明确，无法独立进行信托资产管理，银信双方合作职责边界模糊。最后，从报酬结构看，信托盈利的规模报酬率低，盈利模式不稳定，收入结构不均衡。

4. 房地产信托快速增长风险

房地产信托风险持续攀升，相关风险向下游公司转移，创新交易模式缺乏制度和法律规范。一方面，随着国家宏观调控的深入，全国多个城市出现房屋建多售少的现象；另一方面，信托融资在房地产融资增量中占较大份额，信托公司在追求高回报的同时，承担的风险也相应提高，一旦融资链条的某个环节出现问题，就会引发兑付风险，影响信托公司声誉和金融秩序稳定。

5. 新兴受益权信托业务风险

受益权业务的风险表现：首先，使民间融资风险正在向银行体系蔓延。受益权业务打通了民间融资与银行体系的资金渠道，而民间融资普遍风控措施不足，转让后风险进一步向金融体系渗透，一旦企业间资金链断裂，隐患将显现。其次，交易隐藏诸多业务风险。如受益

---

① 所谓"子母协议"是指双方在签订资产买断母合同的同时，签订远期卖断子协议。

权成为融资的变通手段、交易设计脱离信托公司监控以及掩藏平台业务风险等。再次，利率市场倒挂，企业资金进入虚拟循环。从资金市场供求看，利差倒挂使得企业主动保存现金，这就造成了银行信贷资金没有投入实业领域而是进入虚拟经济体系循环。最后，权益业务法律实质界定不清，复杂的新兴交易存在监管认定的难点。

四、货币政策对信托业影响的实证研究

信托行业作为独立的金融机构，既有与银行相类似的特征，受到货币政策的影响，同时因其独特的业务领域而产生异于银行机构的影响，越来越多的研究开始关注货币政策是否影响及如何影响信托行业的问题，它关系到货币政策传导机制是否应该考虑信托行业，也关系到监管政策的制定是否能影响及如何干预信托市场发展的问题。本部分在借鉴现有成果的基础上，围绕利率、信贷规模、信托业务产出关系这一主题，建立实证模型加以论证。

（一）研究方法

根据相关理论分析，考虑信托业务模式与货币政策之间的关系，考察信托各类业务量增长与市场利率、信贷规模控制之间的关系。对于多个变量之间关系，常用的计量方法有VAR、Granger 因果检验等，一个带有 i 阶滞后的差分变量 VAR 模型构建为

$$y_t = c + a_1 y_{t-1} + a_2 y_{t-2} + a_3 y_{t-3} + \cdots + a_i y_{t-i} + \varepsilon_t$$

式中，c 为常数项，ε_t 为误差项，y_t 包含需要进行检验的不同的变量。

（二）样本选择

2008 年华尔街金融危机后，美国监管当局认为"影子银行"等的违规扩张是造成危机的主要原因，从而加强对其监管。这期间在中国也正是具有"影子银行"特点的信托公司等机构规模快速扩张的阶段，其业务发展是否受到现有货币政策影响的话题再次广受关注。现有货币政策对信托公司如何影响，主要观点有两种，即货币政策与信托业务无关论和货币政策工具对信托业务波动存在相关性。

鉴于目前尚未有可见文献对此问题进行实证研究，本文在现有数据支持下，拟对货币政策是否影响和如何影响信托业务这一问题进行实证研究。在货币政策工具的选取上，考虑利率的内生性选取 Shibor 和信贷规模控制作为解释变量，将各信托类型的业务量作为因变量，具体见表1。

表1   变量描述

变量名	变量定义
信贷规模控制	中国人民银行公布的月末贷款余额
市场利率	Shibor 的 7 日平均利率

续表

变量名	变量定义
净资本①水平	在净资产的基础上对各固有资产项目、表外项目和其他有关业务进行风险调整后得出的综合性风险控制指标，取对数
信托业务量	包括信托业务存量和信托业务增量，取对数
信托业务类型	按照来源不同，将信托业务分为集合类、单一类和财产权类；按照功能构成，将业务分为融资类、投资类和事务类，分别建立模型
到期信托业务量	根据到期日不同将信托业务分为一个月内到期、三个月内到期和六个月内到期，分别建立模型
本期展期信托和到期未清算信托量	以本期展期信托测算已到期但同意展期信托；以到期未清算信托测算本期已发生信用风险信托数量

（三）数据来源

我国的信托业务统计始于 2004 年，但对其各类业务模式的分类统计始于 2008 年，所以选择 2008 年 1 月到 2010 年 11 月共 33 期数据进行月度分析，另外，由于 2009 年数据统计口径存在差异，因此重点分析 2008 年 12 月至 2010 年 11 月数据分析。

上述变量，除了市场利率外，其余均采用对数形式。市场利率、信贷规模控制量数据来自 Wind 资讯数据，信托业务产出各数据来自中国银监会非现场监管信息系统。

（四）模型检验

1. 变量平稳性检验

对各序列进行 ADF 单位根检验来验证其平稳性。包含常数项，不包括时间趋势项，滞后项选择 5 阶，发现信贷规模和存续信托总量序列是 I（0）序列，其他序列都是 I（1）序列。在 1% 显著水平下拒绝了存在单位根的原假设，解决了各序列可能存在的不平稳问题。

2. Granger 因果检验

对信贷规模期末金额（各项贷款合计）、Shibor（7 天）、信托规模总量的序列建立 VAR 模型，对 VAR 模型进行滞后结构检验选择滞后两阶，用 Granger 因果检验来对信贷规模控制、利率等货币政策工具与信托业务的影响做检验，同时考虑资本水平的约束，表 2 显示的是信贷规模控制、利率及净资本水平对多个信托业务模式变量的格兰杰因果关系。

---

① 净资本：本办法所称净资本是指根据信托公司的业务范围和公司资产结构的特点，在净资产的基础上对各固有资产项目、表外项目和其他有关业务进行风险调整后得出的综合性风险控制指标。——《信托公司净资本管理办法》（银监会令〔2010〕第 5 号）

表2   **Granger 因果检验结果表**

原假设	χ^2 统计值	自由度	P 值
Shibor 不能 Granger 引起存续信托总量	0.091	2	0.956
信贷规模不能 Granger 引起存续信托总量	28.941	2	0
信贷规模不能 Granger 引起新增信托	4.295	2	0.1167
信贷规模不能 Granger 引起单一类信托规模	12.920	2	0.0016
信贷规模不能 Granger 引起集合类信托规模	12.613	2	0.0018
信贷规模不能 Granger 引起财产权信托规模	12.228	2	0.0022
信贷规模不能 Granger 引起融资类信托	13.052	2	0.0015
信贷规模不能 Granger 引起投资类信托	34.406	2	0
信贷规模不能 Granger 引起事务管理类信托	8.360	2	0.0153
信贷规模不能 Granger 引起一个月到期信托	12.140	2	0.0023
信贷规模不能 Granger 引起三个月到期信托	9.646	2	0.008
信贷规模不能 Granger 引起六个月到期信托	16.769	2	0.0002
信贷规模不能 Granger 引起本期展期信托	0.151	2	0.9275
信贷规模不能 Granger 引起到期未清算信托	0.021	2	0.99
资本变化不能 Granger 引起信存续托总量	51.315	2	0
资本变化不能 Granger 引起单一类信托	16.322	2	0.003
资本变化不能 Granger 引起集合类信托	44.794	2	0
资本变化不能 Granger 引起财产权信托	1.741	2	0.4187
资本变化不能 Granger 引起融资类信托	13.512	2	0.0012
资本变化不能 Granger 引起投资类信托	24.456	2	0
资本变化不能 Granger 引起事务管理类信托	32.075	2	0
资本变化不能 Granger 引起本期展期	3.434	2	0.1796

表2 结果表明,对于信托业务而言,利率等货币政策工具与各类信托业务不存在因果关系。信贷规模对信托业务有较强的引导关系,从市场容量看,信贷规模对信托市场存量强烈相关,也可能对市场增量产生影响,但效果不明显。从资金来源看,对单一类信托相关性最显著,其次是集合类信托,而对财产权类信托的显著性最小,这说明当监管当局调控信贷规模后,首先会影响银行类机构的放贷水平,又因为单一类信托的来源主要是银行理财等资金,因此单一类信托对规模控制政策最为敏感;集合类信托来源构成比较复杂,政策敏感度不如单一类信托;财产权信托不属于资金信托,敏感性比前两者更弱。从信托功能看,信贷管控对各类信托产出均有显著相关。考虑净资本约束后,净资本除对财产权信托无影响外,与以上其他信托模式存在显著的相关性,这说明资本的水平决定信托公司的展业规模。从流动性压力看,信托规模的变化将会较大程度地影响中短期信托到期水平的变化,尤其是经过

3~6个月的市场消化期，这种影响更加明显。信贷规模、净资本均与信托风险性指标没有关联。这与事实相符。

（五）脉冲响应与方差分析

在向量自回归模型的基础上，利用脉冲响应函数和方差分析各类信托业务模式指标受到利率、信贷规模冲击所带来的影响，本文从信托业务量、信托来源、信托功能、产品流动性和业务风险性角度，分别使用信贷规模和利率来进行脉冲响应解。由于利率的 Granger 因果检验结果与以上各指标无相关性，因此重点对信贷规模进行分析。

1. 信贷规模控制与信托业务量的脉冲响应与方差分析（存续信托总量、新增信托业务量）

结合图1、图2可以看出，信贷规模的管控对信托业务量产生影响。信贷管控对于存续信托总量有持续的正向影响（见图1），这表明信托公司作为金融机构之一，对货币政策的反应与银行存在相似性，当信贷宽松时，信托行业会增加管理的信托资产量，并且中长期看这种影响将会持续。信贷规模的冲击对新增信托存在持续的负向影响（见图2），这种影响在2期内达到峰值，之后略有减小，并在较长期间内存在；而信贷规模的冲击对另两项指标影响几乎是零。这表明，当信贷规模限制时，资金需求短期内会分流至信托领域，导致新增信托量的增加，但新增业务量的增加对货币政策反应较快，反应长期存在但并不显著，说明信托业务对银行信贷存在替代作用但很少量。

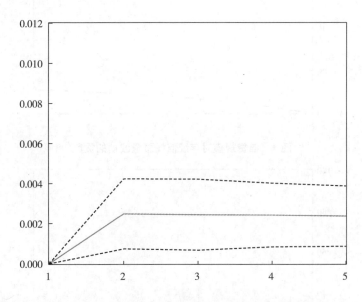

图1　存续信托总量对信贷规模的响应

图3、图4给出的是存续信托总量、新增信托量在受到信贷规模冲击后5期内的方差分解结果。图中的结果表明信贷规模对信托规模的贡献持续稳定增长，贡献度比较稳定；信贷规模对新增信托波动的贡献在2期内显现，贡献度达到9%，其后始终保持平稳，5期后贡献度可稳定在12%左右水平。

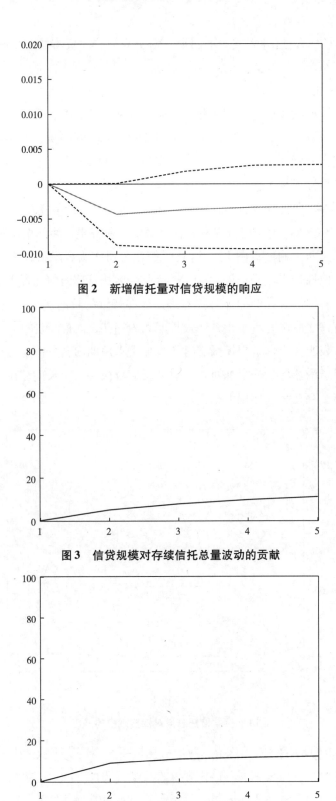

图2 新增信托量对信贷规模的响应

图3 信贷规模对存续信托总量波动的贡献

图4 信贷规模对新增信托量波动的贡献

2. 信贷规模与信托类型的脉冲响应与方差分析（按来源划分）

结合图5至图7可以看出，信贷规模的管控确实能对信托规模和信托来源产生影响。从信托来源看，对于集合类信托，规模管控对其有正向影响（见图5），由于其主要来源的自然人构成，因此反应期比单一类更长，但长期看正向影响非常明显，当信贷增加时，会通过信贷或其他途径，影响到实体经济，从而增加对信托的需求，这种需求长期看非常明显。短期内规模控制对单一类信托会有负向影响（见图6），表明银行资金在受到信贷规模控制时，会向信托行业产生"挤出效应"，这种来自银行的单一委托类信托迅速增加，短期内（2期）达到峰值，随后减弱至零（3期），然后产生正向影响，表明经过更长一段市场消化期

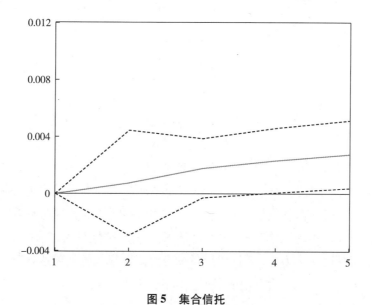

图 5　集合信托

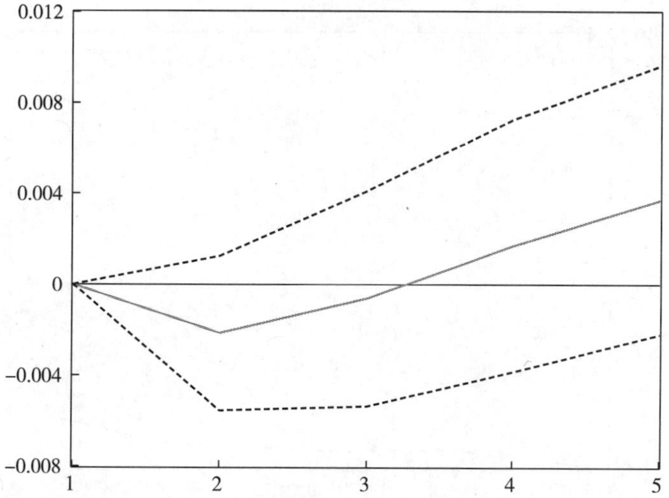

图 6　单一信托

后，在信贷总量扩张的刺激下，银行与信托交易更加活跃，来自银行的单一委托更多，于是单一类信托长期看对信贷管控政策存在正向响应。对于财产权信托，同样受到信贷规模正向影响（见图7），但由于其业务特殊性，货币政策影响幅度较小。

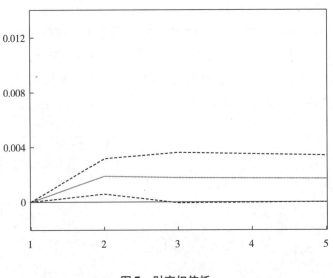

图7　财产权信托

图8至图10给出了信托规模和来源受信贷规模冲击后5期内的方差分解结果。图中的结果表明信贷规模对各类信托来源均有贡献，但对单一类信托中期方差贡献接近20%，表明受到信贷规模影响最多的是单一类信托，其与银行的相关性最大；信托规模对集合类信托波动在2期以前贡献度基本为零，3期以后贡献度逐渐明显，长期可达到10%以上；信贷规模对财产权波动的贡献始终不大，说明财产权信托在信托公司业务中发展比较稳定，是受外界因素影响较少的业务。

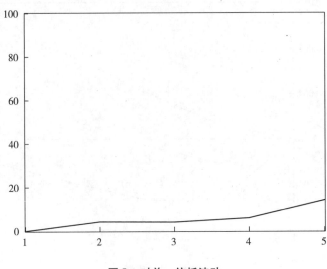

图8　对单一信托波动

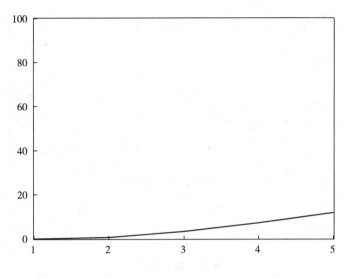

图 9　对集合信托波动

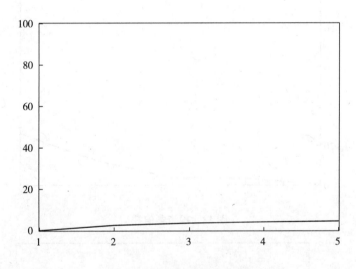

图 10　对财产权信托波动

3. 信贷规模与信托类型的脉冲响应与方差分析（按功能划分）

图 11 至图 13 显示的是从信托功能角度看，各类信托业务在受到信贷规模冲击 5 期内的响应。对照后发现，融资类信托对信贷规模的响应明显（见图 11），这是由于融资类信托功能与银行信贷有较强的相似性，因此当受到来自银行体系信贷冲击后，信托贷款对于银行贷款的"替代效应"立刻显现，因此对信贷规模短期存在负向响应，并在 2 期时达到峰值，而后快速减弱至零（2 期半），经过市场消化期后，"替代效应"消失，同时受到来自市场资金等流动性冲击等影响，因此长期看与信贷规模存在正向响应。

投资类信托对信贷规模的反应（见图 12）不如另两类敏锐，尤其是 2 期内反应缓慢，但长期看正向效果明显，尤其是中期（3 期）以后幅度巨大，可达到 30%；考虑资本约束

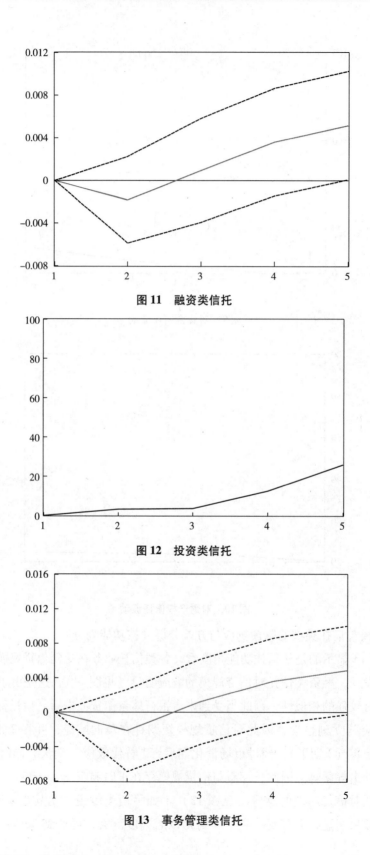

图 11　融资类信托

图 12　投资类信托

图 13　事务管理类信托

后，投资类信托对资本变化的反应也比其他两类略微明显，这说明投资类信托业务由于业务客户和资金投向都与银行信贷具有较明显的差异性，对资本的依赖更强一些，对货币政策存在时滞，但随着中期后实体面资金的冲击，长期看对货币政策正向反应强烈。

事务管理类信托对信贷规模的响应（见图13）表现出与融资类信托极大的相似性，甚至连影响程度和持续时间都非常相像，我们进一步对这类业务构成进行分析发现很大一部分实质也是银信合作业务等类银行业务，因此它与融资类信托反应雷同，但这与事务管理类信托设立初衷并不相符，这说明我国信托业仍然是投融资功能，尚未达到英美国家信托在民事行为中的广泛应用。

图14至图16给出了不同功能的信托类型受到信贷规模冲击后5期内的方差分解结果。三幅图相似度较高，表明信贷规模在3期后对各类功能不同的信托类型贡献度快速增大，幅度可达20%以上，因此信贷规模的管控会较大程度地影响信托在功能上的资源配置方式。

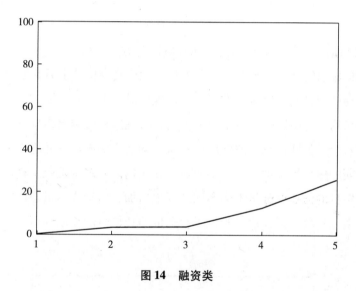

图14　融资类

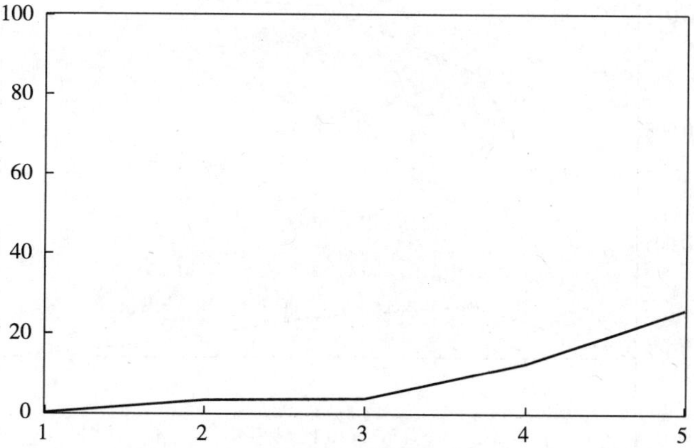

图15　投资类

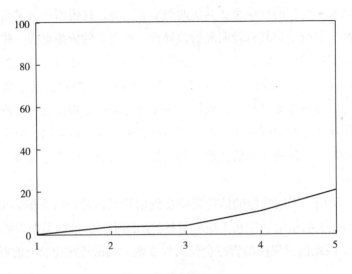

图16 事务管理类

4. 信贷规模与信托产品流动性压力的脉冲响应与方差分析

图17 至图19 显示的是不同到期日的业务量受到信贷规模冲击后5 期内的响应，体现信贷规模对信托流动性的影响。经对比发现，信贷规模对一个月内到期、三个月内到期和六个月内到期的信托量均有正向影响，只是程度不同，并且这种影响始终持续。信贷规模的冲击对一个月到期和六个月到期信托量波动反应相似，均在2 期内显现并趋于平稳。信贷规模的冲击对三个月到期的信托量波动短期内不明显，在3 期以后趋于发散。这表明，当信贷规模增加时，不同到期日的信托业务量也会不同程度地增加，由于资金量增加等因素影响表现出供需两旺的市场繁荣景象，因此信贷管控不会造成信托兑付的流动性压力，信托行业与银行有着本质的区别。

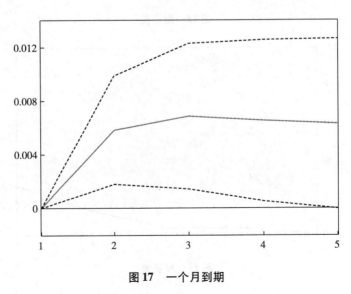

图17 一个月到期

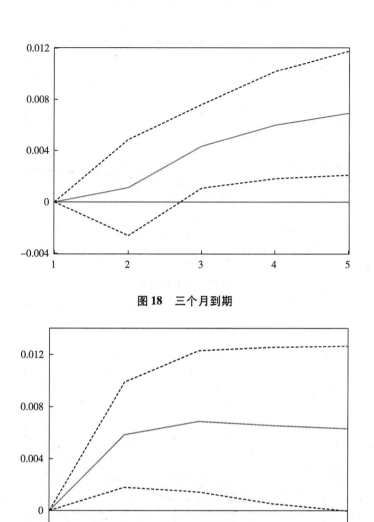

图18 三个月到期

图19 六个月到期

图20至图22给出了不同到期日的业务量在受到规模控制冲击后5期内的方差分解。图中的结果表明规模控制对一个月到期业务量的影响在初期快速增加（见图21），在第2期方差贡献就达到20%，其后缓慢上升并趋于稳定；信贷规模对三个月到期的业务量在前期影响较小（见图21），3期内贡献度只有5%，而其后贡献度急剧上升，在5期后可达到40%以上，并有继续发散的趋势；信贷规模对六个月到期的业务量（见图22）在前期几乎为零，2期以后贡献度开始增加，5期以后贡献度可达到50%左右趋于发散。这说明在短期内，越近到期的信托量受政策影响越大，而越远到期的信托量受政策影响越小，这是由于货币政策出台后，近期需要兑付的信托可能立刻会有资金筹措的需求波动，远期需要兑付的信托可以慢慢调整计划，因此影响不是太大；而长期看，市场供求会调整信托业务的期限布局，因此货币政策对远期兑付的信托产生较强的影响。

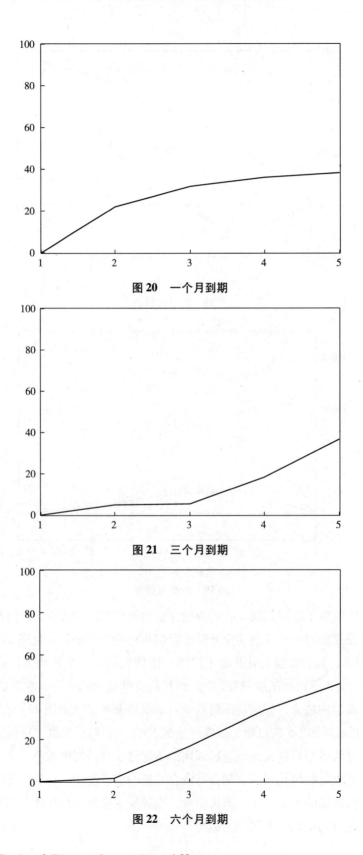

图 20 一个月到期

图 21 三个月到期

图 22 六个月到期

5. 信贷规模与信托到期风险的脉冲响应与方差分析（本期展期和到期未清算信托量）

图 23、图 24 显示的是信托风险性指标对本期展期量和到期未清算量分别受到信贷规模冲击后 5 期内的响应。信贷规模的冲击对展期信托量和到期未清算信托量影响几乎是零。这说明信贷规模对信托业务到期风险和信用风险的基本没有影响。

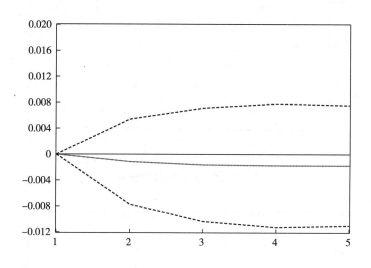

图 23　展期信托量

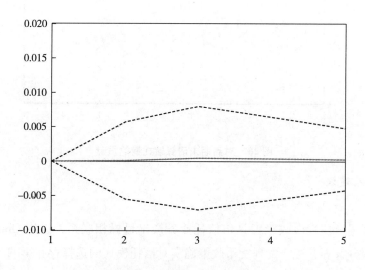

图 24　到期未清算信托量

图 25、图 26 给出了本期展期和到期未清算信托量受到信贷规模冲击后 5 期内的方差分解结果。图中的结果表明信贷规模对两者方差基本无贡献。说明信托风险性指标是内生的，与信贷政策基本无关，结论与响应分析相一致。

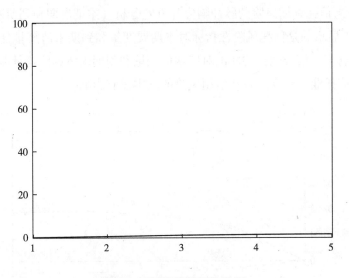

图25 对展期信托量的贡献

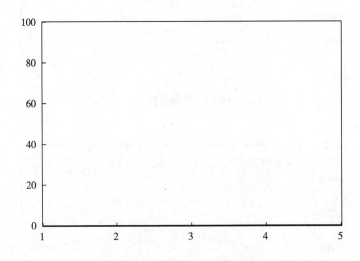

图26 对到期未清算信托量的贡献

（六）结论及建议

1. 结论

本文通过将选择性货币政策工具与信托业务产出目标相联系，运用 Granger 因果分析、脉冲响应及方差分解等方法，发现货币政策确实对信托模式的选择存在影响，具体如下：

（1）信贷规模对各类型存量信托业务模式的影响比利率更有效。通过以上分析发现，利率作为货币政策工具对信托业务没有直接的影响，信贷规模影响却非常明显和有效。信贷规模是较好的货币政策工具，同时也在信托业务领域证明了货币政策通过信贷渠道的传导更为有效。

（2）年度信贷政策对信托业务具有正向的引导作用。通过实证分析，尽管信贷规模对银信合作类业务（这类业务主要包含在单一类信托、融资类信托和事务管理类信托当中）会有短暂的"挤出效应"，但全年看大部分业务会与信贷规模同向波动；财产权信托是受信贷政策影响最小的信托业务模式。因此信托公司是金融体系内重要的参与体，是使市场活跃的因素，它们同银行一样会受到信贷政策的正向引导作用，信托公司不是银行体系的替代品，也不是银行规避信贷政策的通道。

（3）信托产品风险和流动性是由信托项目本身决定的。信托的实质就是通过"委托人（受益人）—受托人—信托项目"的法律关系确立了资金"一对一"使用和单独核算的交易模式，因此产品的风险和流动性是由单个项目风险和期限决定的，是信托项目内生的，与其他因素无关。本文实证显示信贷规模、资本约束等均对信托产品的信用风险毫无影响，也验证了信托产品的交易模式；实证也表明，当中央银行和监管当局采取紧缩的货币政策时并不会增加信托行业的兑付压力，也不会因流动性压力形成实质的兑付风险。

2. 建议

鉴于以上结论，我们提出如下建议：

一是应将信托业务纳入宏观调控的整体框架中。信托业务在金融业中总量和占比逐年增加，信贷规模对各类信托业务都存在较强的相关性，因此在进行金融宏观调控时，应将信托行业作为重要因素考虑，建议将信托贷款纳入银行信贷规模全口径统计范畴；鉴于信贷规模对信托业务的年度内"挤出效应"不明显，不宜对信托行业核定规模总量，利于信贷需求正常引导；鉴于新增信托量与信贷规模的持续负向响应，建议将新增信托量作为货币政策效果的重要监测指标。

二是中国信托公司应择优选择适合自身发展的核心业务模式。财产权信托由于受外界因素影响较少，发展比较稳定，更多选用信托关系的法律功能，更接近欧美等信托起源国家物权管理信托，是民事信托范畴，因此选择财产权信托业务应借鉴英国、瑞士等大陆法系国家的经验，将信托作为物权管理法律工具，发挥现代信托作用；资金信托较多地受到货币政策的影响，更多地选用信托关系的经济功能，发挥投融资作用，是商事信托范畴，因此选择资金信托作为核心业务的信托公司应更多借鉴美国商事信托、日本金钱信托及中国台湾金融投资机构等国家、地区经验，将信托作为金融业务分支，实现资金融通和资产管理的目的。

三是进一步发挥资本对信托业务的导向和约束作用。尽管信托遵循的是"信固分离、买者自负"理念，但是信托业务的快速扩张对其资本存在潜在的要求，实证也显示出资本水平对各类信托业务模式存在较大的相关性，不同信托业务风险程度不同，对资本的依赖也不同，因此信托公司应不断充实资本水平，通过多种方式壮大资本实力，提高抗风险能力；建议监管当局将净资本作为调控信托业务的内在手段，通过对风险资本的不同要求来引导信托公司的展业方向。

四是要健全信托市场体系建设，解决信托业制度供给缺陷和做大做强的需求之间的矛盾。建议建立全国性的发行与交易平台解决信托产品流动性和税收等法律问题，监管部门应尽快出台在特定市场进行信托凭证发行与交易的相关管理办法和业务规则，允许信托公司发行收益凭证等标准化信托产品、建立信托产品评级制度和信托产品二级市场。鼓励银行理财资金、社保资金、公益基金、保险资金通过特定市场投资信托凭证，鼓励符合条件的银行、全国社保资金、保险公司等充当特定市场信托凭证交易的做市商。建立全国性的信托登记中心，对其组织模式、职能设置等方面进行全面规范。

五、中国信托业监管体系完善与风险防范

信托业监管作为金融监管的重要组成部分，应当科学地配置监管资源，合理确立监管体制，尤其是信托作为"舶来品"本土发展时间较短，讨论其监管体制必然要从信托业监管的形成路径、现存模式和国际经验的借鉴上来展开；同时面对中国信托业监管目前存在的困境选择提出构建中国信托业监管体系。

（一）中国信托业监管面临的困境

1. 信托发展目标与信托监管目标不一致的矛盾

信托本源强调受益人利益最大化，《信托法》、《信托公司管理办法》等法规规定信托公司是为了受托人的利益，对信托财产进行保值增值管理的。但是信托公司是以信托公司盈利能力作为标准的，忽略了受益人利益最大化的信托宗旨。目前监管部门将其定位于私募产品，不允许信托公司对信托产品公开宣传，不能通过公众媒体进行营销，导致公众对信托公司不熟悉，对信托产品的运作方式不理解，监管实践中常有投资者因不了解造成对信托公司的误解和对信托产品的投诉。这种监管方式与信托业的发展目标并不相符。

2. 信托发展状态与监管体制不理顺的矛盾

信托作为法律工具，对实施信托行为的主体没有歧视，因此中国许多机构从事信托业务，是事实的混业经营。但是中国的金融监管制度是采用机构监管而非功能监管。这种分业监管的体制造成了不同监管部门的监管措施对不同机构业务的监管不平衡。

3. 信托创新要求与法律法规滞后的矛盾

从立法层面看，目前中国尚未出台信托的行业立法，现行的《信托法》只是信托私法领域的唯一法规，信托公法领域立法成为空白。从法律适用层面看，随着广国投、新疆金信等信托案件的发生，信托类金融案件常常有金额巨大、涉及人数众多等特点，特别需要出台相关司法解释及重点案例对实践进行指导，但是截至目前尚未出台任何关于信托法的司法解释，法律缺失明显；从法规层面看，目前信托公司各类创新业务增长飞速，QDII、TOT、特定资产权益类创新产品层出不穷，但是配套法律始终滞后，远不能满足信托业发展的要求。

4. 现行信托业监管架构不合理

信托业监管侧重点也与银行监管相异；但是目前信托业监管仍然嵌入在银行业监管体系

中，现行银行监管方式多不适用，并且由于信托业务量与银行系业务量相比相差甚远，因此这种不适用和不合理并未受到应有的重视。

（二）中国信托业监管思路与侧重点

1. 信托业监管思路

信托业监管的目的是规范和促进信托行业的发展，引领商事信托发展成金融业中的重要支柱，通过鼓励业务创新和丰富信托产品，提升社会公众财富管理质量，带动信托公众的信托文化和信托意识。在这一目的的指导下，构建监管思路应把握两个原则：一是市场秩序监管，旨在防范系统性风险，保护投资者权益。二是包容式监管，旨在引领信托业融入金融体系，发挥重要作用。

2. 信托业监管侧重点

信托业的发展包括市场准入、经营管理和市场退出，信托业监管上存在不同于银行的侧重点。紧盯高管是把握住信托发展航向的关键，紧盯核心业务是有效使用监管资源的捷径，紧盯委托人教育是整体提升信托业水平的保证。

信托业从业态的形成、金融功能实现、信托当事人的法律关系、信托业务的运作模式等均与银行业监管有着本质的区别，因此监管侧重点和方式也不同（见表3）。

表3 信托公司与银行监管对比表

分类	具体比较内容	信托公司	银行
业务实质	法律关系	委托人—信托公司—受益人，委托关系	债权人—债务人，债权债务关系
	资金使用	募集资金与用款项目一对一使用，用款方式以贷款、投资、事务管理等	资金池汇集使用，用款方式主要是贷款
	风险责任	信托公司尽职管理责任；委托人（受益人）项目风险承担者	存款人资金偿付硬约束；银行连带责任
金融机构的经营路径	资产管理独立性	以信托公司名义＋委托人意愿	以银行名义
	经营原则	受益人利益最大化(信托财产的保值增值)	银行利润最大化
	服务方式和对象	私募方式（无分支机构）；高端客户（自然人100万元起）	网点营销；普通公众
风险外部性和监管重点	受货币政策影响	较弱	较强
	系统性风险	较小	较大
	监管重点	受托人义务履行；财产独立；理财能力；信息披露	资本充足率；流动性；集中度
	资本约束	隐性约束：《信托公司净资本管理办法》	显性约束：《商业银行资本充足率管理办法》

资料来源：中国银监会相关监管法规整理。

（三）中国信托业监管模式

综观各国信托业监管体制的形成，既是在不同发展历史、国家体制和经济发展目标等多种因素下共同作用形成，也与国民的信托意识整体水平密切相关，总体上看目前监管制度有两种形成路径。

一是从主体自律到行业约束——自下而上的信托监管体制。这主要是那些信托发源时间较长的国家，这些国家的监管模式特征是遵循市场调节、国家仅在涉及公众利益方面进行管理。这种体制主要以英美法系国家为代表。

二是信托立法与信托业务的并行——自上而下的信托监管体制。这主要是针对那些信托理念引入国家。

因此，按照信托监管权力的分配结构和层次，在缺少深厚信托文化和信托判例积淀的信托引入国的情况下，中国应选择自上而下的信托监管体制，采取单一集中型模式。

（四）信托业法律体系构建的三个层次

第一层次是调整信托关系的基本法——《信托法》。

《信托法》构建了我国信托法律制度的基础，确认了信托关系，为我国营业信托、公益信托和民事信托的发展奠定了基础，推动了我国财产管理市场的规范化健康发展。

第二层次是规范商事信托的特别法规。

目前主导商事信托实践的法规主要局限于中国银监会框架下的"三大"信托监管法规。

《信托公司管理办法》明确了信托公司的主要业务方式。2007年3月中国银监会颁布实施《信托公司管理办法》，去掉了信托投资公司中的"投资"两字，参考了国际上信托机构的一般做法，除了考虑拟新增不履行投资管理人职责的信托公司类型外，更多的是考虑引导信托公司突出信托主业，而不是要限制信托公司的投资功能。

《信托公司集合资金信托计划管理办法》细化了信托公司最重要的业务规范。作为信托公司的最主要业务，集合资金信托计划是受到各方最为关注的业务，这类业务涉及公众投资者，社会性强，风险较银行储蓄更高。这部分业务应是信托监管给予较多指导的业务。

《信托公司净资本管理办法》明确了风险管理的指标要求。2010年8月中国银监会颁布了《信托公司净资本管理办法》。办法建立了以净资本为核心的风险控制指标，主要涉及两个方面：一是关于对信托公司最低净资本水平及相关风险控制指标的规定，使得公司净资本水平与其业务准入、监管措施相挂钩；二是关于计算风险资本的规定，使得公司各项业务均有相应的净资本来支撑，实现了对各项业务规模的间接控制，从而建立了各项业务规模与净资本水平的动态挂钩机制。

第三层次是与信托实施相配套的法律制度。

自《信托法》、《信托公司管理办法》、《信托公司集合资金信托计划管理办法》颁布实施后，监管机构陆续出台了多项信托配套制度文件进行补充和完善。主要包括：2004年6月出台的《信托投资公司集合资金信托业务信息披露暂行规定》和《中国银监会关于进一步加强信托投资公司监管的通知》，确立了属地监管、分类监管以及审慎监管的三大监管原则，并提出对包括关联交易在内的各项业务及经营风险的提示和预警；2005 年 1 月银监会发布的《信托投资公司信息披露管理暂行办法》、财政部发布的《信托业务会计核算办法》；2005 年 4 月人民银行、银监会联合下发《信贷资产证券化试点管理办法》，明确信贷资产证券化采用信托模式；2006 年 6 月银监会发布通知，要求信托计划资金必须由商业银行第三方托管；2008 年银监会又发布了《信托公司监管评级与分类监管指引》（2010 年修订）等。这些配套制度为信托公司健康、有序的发展提供了必要的指引和规范。信托业的法律体系详见图 27。

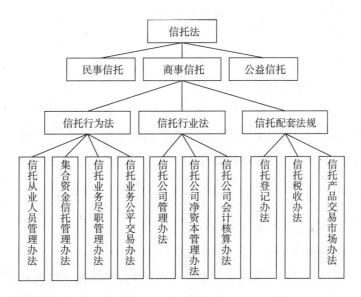

图 27　信托法律架构图

（五）中国信托业风险防范措施

1. 防范信托公司声誉风险

采取的措施包括：（1）强化声誉风险意识，提升信托公司声誉管理能力；（2）信托公司尽职调查，完善内控管理体系，避免合同瑕疵，减少传统风险诱发的声誉风险可能；（3）加强净资本管理，要注重业务扩张与净资本存量的匹配性，量化其抗风险能力，以提升社会信任度和美誉度。

同时，进一步发挥协会作用，维护信托行业声誉。信托业协会的功能就是自律、维权、监督、协调，这就要求协会要带领和指导信托行业重视自身声誉；发挥协调和监督职能，防止恶性竞争；当信托业面临不公指责时，要维护自身权益，保卫信托声誉不受损害。

2. 规范集合信托营销

建议出台规范性文件，要求信托公司持牌营销并对推介责任进行细化，进一步提高信托公司管控能力。一是提高行业风险识别能力，应制定更为符合信托特点的授信策略，标准不应低于银行水平,防止银行风险蔓延。二是加强与异地相关部门联系,及时获得优劣企业名单,防止"三类"企业因异地信息不对称造成贷款套利行为。三是优化激励约束机制,尤其是加强对异地营销人员的绩效管理,均衡风险和报酬的配比,防止业务盲目扩张风险。

3. 规范银信合作

建立全国性信贷资产转让市场,构建公开透明的交易机制,严格规定信贷资产转让标准,规范转让资产业务。将信托贷款纳入信贷规模统计范围,真实反映全国信贷总量。银信合作贷款本质也是信贷投放,因此在计算信贷规模时,除包含信托公司固有业务外还应考虑信托业务中的贷款类业务,以保证统计数据更加真实地反映金融总量,为宏观调控提供可靠数据支持。

4. 规范房地产信托业务

在战略上,信托公司应积极呼应宏观政策,控制业务节奏,防范房地产行业风险;在项目选择上,应提高风险识别、计量、评估的能力,培养专家型风险评估人员,严格房地产企业资质审核,防范交易对手风险,防止低门槛运作规避监管;在后期管理上,要通过人员派驻、资金、授权监控等手段,强化项目控制力,制定全流程控制措施,确保项目平稳运行;在业务退出上,要把握阶段性融资原则,强调信托资金的"后进先出",提前预警,确保资金正常兑付。在相关法律规范上,修订相关法律和法规指引,对经济法相关条款进行补充和更新,弥补目前部分创新业务存在的法律空白。

5. 规范受益权信托业务

进一步理顺受益权等理财产品的监管思路。理财产品价格比存贷利率更敏锐地反映市场风向,因此监管措施上宜疏不宜堵,要把理财产品市场当做监管层了解资金需求的窗口,加强正向引导;政策制定上应外紧内松,对外宣传上要严格市场准入条件,防止低质业务向理财市场转移,对内监管上应为资金需求允许留一个出口,不应全部禁止,防止宏观紧缩背景下金融风险"硬着陆"。鉴于受益权业务发展较快,司法部门应对受益权性质和法律定位进行明确,为从业者和参与者提供基本法律支持;物权、权利登记部门应出台相关办法,对受益权投资和转让提供抵质押登记服务和其他权利保障服务;银监会应出台金融机构受益权业务操作指引,对业务方向进行引导,主要风险点进行提示。

6. 对于信托业其他风险的应对措施

(1)针对信政合作中存在的问题,及时采取措施,加强监管指导,防范信政业务风险。明确要求信托公司进一步规范信政业务操作与管理,履行好受托人尽职管理责任。叫停信政合作中的股权附加回购业务,杜绝各方通过信托渠道进行监管套利,防范政府无本贷款和过度负债引发的信用风险。同时严格执行有关规定,禁止信托公司将银行理财资金用于平台公司资本金投资。抓住重点,对信政业务规模排名前10位的信托公司进行逐一监管指导,明确要求各公司正确认识信政业务风险,控制该类业务增速,逐步压缩信政业务规模。确定监管监测重点，定期跟踪项目进展，随时关注地方经济、财政变动情况，确保对风险苗头的及早控制。

（2）鼓励信托公司创新发展，并为公司创新做好监管服务。一是密切关注行业创新发展的最新动态，及时分析研究，对不符合风险可控、成本可算的新业务及时制止，对有利于控制风险、促进行业发展的业务探索积极支持。二是继续做好监管部门间的横向沟通协调，为行业发展创造公平、公正的市场环境，并为公司创新业务提供有力支持。三是提高监管效力，及时审核研究信托公司上报的新业务品种申请，在保证投资者合法权益、保证金融市场稳定、自身风险可控的前提下，为业务创新做好监管服务工作。

参考文献

[1] Sir Arthur Underhill, Underhill's law relating to trusts and trustees, 1979, Butterworth's.

[2] 江平、周小明：《论中国的信托立法》，载《中国法学》，1994（6）。

[3] 柯卡生：《中国信托行业的监管与发展》，载《中国金融》，2011（8）。

[4] 金志：《信托概论》，上海，华东大学出版社，1999。

[5] 熊伟：《我国金融制度变迁中的信托公司》，载《经济研究》，1998（8）。

[6] 吴吉芳：《中国信托业功能演进分析》，复旦大学博士学位论文，2005。

[7] Elizabeth Cairns. Charities：Law and Practice. Sweet&Maxwell, London 1998.

[8] Henry Hansmann. The Essential Role of Organizational Law Yale Law Journal 2000. 110.

[9] 白山昭彦：《日本信托发展史》，2010年中国信托峰会。

[10] 周小明：《信托法律制度：问题与完善》，《信托法》颁布十周年研讨会议。

[11] 徐滇庆：《为民营银行鸣锣开道》，长城金融研究所北京大学中国经济研究中心，www.usc.cuhk.edu.hk.

[12] 夏斌、廖强：《货币供应量不宜作为当前我国货币政策的中介目标》，载《经济研究》，2011（8）。

[13] Theresa Karen Lynne McCurdy. Primary Indicators of Financial Distress in Canadian Trust Companies'. *Thesis of Master of Business Administration*, University of Calgary, 1999. 4.

[14] 吴弘：《不动产信托与证券化法律研究》，华东政法学院商法博士论文，2008。

[15] 吴圳益：《台湾信托业务发展现状及信托机制的应用实践》，2010年中国信托峰会。

[16] 李宪明：《信托制度司法实践的主要问题对策建议》，《信托法》颁布十周年研讨会议。

[17] 汤淑梅：《信托受益权研究》，北京，法律出版社，2009。

[18] 邢天才、田蕊：《开放经济条件下我国资产价格与货币政策目标关系的实证分析》，载《国际金融研究》，2010（12）。

人民币国际化的缘起、进展和战略选择

◎ 宗　良　李建军①

〔内容提要〕全球金融危机爆发后，以美元本位为主的国际货币体系暴露出了极大的缺陷。世界各国和国际组织纷纷提出改革国际货币体系、促进国际货币多元化的呼吁。随着中国整体经济实力的提升，人民币在国际市场的认可程度和接受程度逐渐增强。在刚刚结束的十八届三中全会上，深化金融体制改革成为未来我国经济改革的重要一环，其对促进人民币"走出去"，实现国际化的目标具有积极的推动作用。本文首先回顾了人民币国际化的历史、勾勒了其发展的逻辑框架，接着详细归纳和总结了人民币国际化发展的几大特点。最后，结合我国实际情况及相关政策，提出了当前推进人民币国际化的具体路径，并提出战略性建议。

〔关键词〕人民币国际化　缘起　现状　战略选择

一、人民币国际化的缘起与发展框架

（一）人民币跨境使用的历史回顾

1. "地摊银行"非正式试水国际化

从民间贸易结算来看，"地摊银行"推动了人民币从非正式渠道"走出去"。20世纪80年代以来，伴随改革开放成果的展现，我国经济实力进一步增加，与周边国家和地区经济往来加强，非正式渠道的人民币跨境使用规模增加，特别是在西南边境地区快速发展。在老挝、缅甸和越南边境，人民币成为了事实上的锚货币。边贸"地摊银行"是这种关系的特别体现，该模式由民间自发形成，在不同边贸地区又有不同的组织特色和业务方式，但都未纳入正式的金融体系，是公开的灰色渠道，且呈快速发展趋势。

---

① 宗良，中国银行国际金融研究所副所长，研究员，中国滨海金融协同创新中心特聘研究员；李建军，经济学博士，中国银行国际金融研究所分析师。本文系中国滨海金融协同创新中心资助项目"人民币国际化进程中的滨海金融中心建设"的阶段性成果。

2. CEPA 安排打造人民币离岸市场雏形

从跨境使用安排来看，港澳自由行和 CEPA 安排推动了人民币境外使用，为离岸市场的建立探路。人民币从非正式渠道流出大陆，港澳地区是主要的集散地和通道。为了应对亚洲金融危机后的不景气，特别是由于 SARS 疫情带来的港澳地区经济低迷，2003 年 6 月和 10 月，中央政府分别与香港、澳门签署了《关于建立更紧密经贸关系的安排》（CEPA），同年推出了内地部分地区居民赴港澳个人旅游签注，即常说的"港澳自由行"，推动人民币经常项目使用在港澳由非正式走向正式化。2003 年 11 月后，港澳的商业银行可以经营特定范围人民币业务，并由中国银行（香港）作为唯一的清算行，与人民银行进行人民币清算。随着使用规模的扩大，人民币开始从经常项目发展到资本项目。2007 年 6 月后，内地金融机构开始在香港发行人民币债券，内地经营的港资金融机构也开始在香港发行人民币债券。

3. 本币结算与互换推动官方认可

从官方本币互换和储备安排来看，为了推动双边贸易，降低使用第三国货币带来的结算风险，21 世纪初，人民银行与俄罗斯、越南、尼泊尔等六国签署了边境贸易本币结算协议，进而推广到正式贸易和投资项目。该类协议承诺双方贸易和投资实体可以本国货币计价结算和支付，而后通过本国商业银行向中央银行拆借资金，两国中央银行则通过货币互换来解决对方货币资金来源。2008 年底以来，人民银行又进一步加强与周边国家的本币互换交流，周边国家在其外汇储备和参考汇率篮子等方面也主动提升人民币的影响力。

（二）人民币国际化发展的逻辑框架

2009 年 7 月，《跨境贸易人民币结算试点管理办法实施细则》公布后，人民币国际化发展的逻辑框架逐渐清晰。简而言之，人民币国际化的逻辑框架即为境内、境外两个市场、两大循环和六个部分（见图 1）。第一个循环是跨境循环，可以分为经常项目、资本项目、银行间合作和政府间合作；第二个循环是境外循环，主要有香港离岸中心建设和海外人民币市场。作为货币政策的制定中心，北京是整个过程的设计师和掌控者；而作为以在岸金融中心

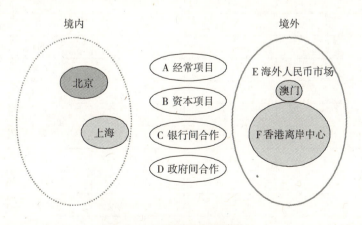

图 1　人民币国际化逻辑框架

为目标的上海，也会面临巨大的机遇和挑战。海外市场则以香港为起点，逐渐向其他的离岸市场发展。

二、现阶段人民币国际化的主要特征

2009 年 7 月，人民银行出台了《跨境贸易人民币结算试点管理办法实施细则》，开始推进人民币的跨境使用。由于中国经济持续健康发展，人民币币值稳定，其在国际市场的认可度和接受度不断增强，成绩显著。当前，跨境人民币业务呈现如下特点：

一是跨境贸易人民币结算规模增长迅速。2013 年前三个季度跨境贸易人民币结算业务累计发生 3.16 万亿元，已经超过 2012 年全年的规模。直接投资人民币结算业务累计发生 3 325 亿元，也接近了 2012 年全年的水平。

二是离岸人民币市场不断壮大。初步统计，海外人民币存量已经突破万亿元大关。其中香港人民币存款余额超过 7 000 亿元，占当地金融机构存款余额比重超过 8%。中国台湾、新加坡、伦敦等人民币离岸中心的业务也取得快速发展。截至 2013 年 9 月末中国台湾的人民币存款近 1 000 亿元，相比 2012 年增加了一倍多。

表 1　　　　　　　　2011—2013 年主要离岸人民币市场的业务规模

单位：亿元（除注明外）	2011 年	2012 年	2013 年	2013 年备注
中国香港				
跨境人民币结算量	19 145	26 325	22 849	前 8 个月
人民币外汇交易量	—	—	491	日均亿美元
人民币存款余额	5 885	6 030	7 095	8 月末
人民币贷款余额	308	790	887	3 月末
点心债未偿余额	1 467	2 372	2 584	3 月末
中国台湾				
人民币存款余额	—	—	984	9 月末
人民币放款总额	—	—	1 044	前 9 个月
人民币汇款余额	—	—	90	9 月末
中国澳门				
人民币存款余额	418	416	584	8 月末
跨境人民币结算量	628	973	910	前 8 个月
卢森堡				
人民币存款余额	—	209	399	6 月末
人民币债券发行额	—	320	423	上半年

续表

单位：亿元（除注明外）	2011 年	2012 年	2013 年	2013 年备注
人民币贷款余额	—	293	619	6 月末
人民币贸易融资	—	342	518	上半年
人民币投资基金	—	—	2 141	上半年
伦敦				
人民币存款余额	69	51	—	
人民币贸易融资余额	168	336	—	
人民币外汇交易量	106	168	—	日均亿美元

资料来源：中国银行国际金融研究所。

三是人民币国际地位显著上升。SWIFT 统计数据表明，2012 年 1 月，人民币支付所占市场份额仅为 0.25%，在主要货币的排名中位列第 20 位；随后，人民币支付数额不断提高，2013 年 7 月，市场份额达 0.87%，排名升至第 11 位，达到有史以来最高水平；在 2013 年 9 月最新公布的统计报告中，人民币结算的市场份额为 0.86%，列第 12 位，充分体现了人民币在国际市场的认可度和接受度正在不断提升。

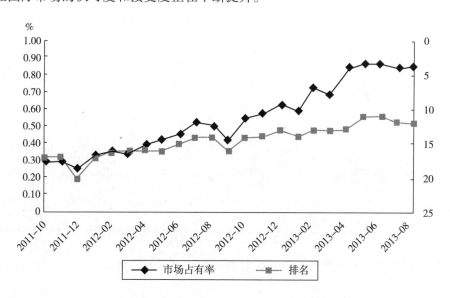

资料来源：SWIFT "RMB Tracker" 统计报告，经作者整理后得到。

图 2　SWIFT 指标体系人民币支付结算份额和排名

四是我国和有关国家、地区的合作不断加快。中欧刚刚签署了双边本币互换协议。至此，我国已与 23 个国家和地区签署了货币互换协议，总规模超过 2.5 万亿元。这些协议的签订，不仅能为全球市场提供人民币流动性，而且有利于对外贸易和投资的便利化，促进人民币在境外市场的使用。

三、人民币国际化程度的测算

国际货币的职能主要有计价结算、投资交易和储备货币三大块。一般来说，国际贸易对货币国际化的进程有着巨大的影响，国际货币的职能始于国际贸易中的跨境货币结算。随着跨境结算规模的不断扩大，世界对该货币认可度越来越高，该货币在金融市场上的交易也越来越活跃，该货币的职能逐渐拓展到金融市场，并最终成为国际储备货币。鉴于此，我们将从贸易结算、金融市场交易和外汇储备三方面来测度目前人民币的国际化程度。

（一）跨境贸易结算中的人民币国际化程度测度①

数据显示，从2010年10月到2013年1月，离岸人民币支付量增长了29.75倍。在世界主要支付货币中，人民币的排名也从2010年10月的第35位一举跃升至目前的第13位，可谓增长迅速。另外，这一阶段人民币的国际接受程度也显著上升，2011年6月到2012年6月处理人民币支付业务的国家和地区数增长从65个增加到91个，机构数从617家增加至983家。前五大人民币支付银行的人民币客户关系数从91个增至153个（见图3）。

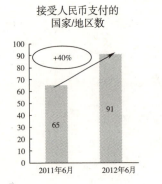
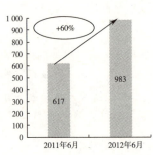
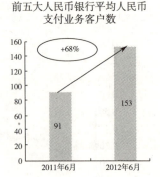

图3　人民币国际接受程度

资料来源：SWIFT。

尽管人民币跨境贸易结算从开始推出到现在取得了不错的成绩，但是从绝对量上看，人民币跨境贸易结算程度仍然不够。

表2数据显示了世界主要货币2011年、2012年跨境贸易结算使用情况，从表中数据可以看到，欧元、美元、英镑、日元、澳元、加拿大元、瑞士法郎是跨境贸易结算中使用最多的国际货币。其中欧元、美元是跨境贸易的最主要货币，二者占跨境贸易结算的70%左右。

---

①　由于没有公开该数据，所以世界主要货币的跨境结算并没有一个连续完整的记录，这妨碍了运用该数据对货币国际化程度的精确测算。本文中的数据是从SWIFT的研究报告中整理而来，主要集中在2011年和2012年。由于人民币跨境贸易是从2010年开始迅速增长的，所以这些数据还是能够很好地反映人民币在跨境贸易中的使用情况及变化趋势。

人民币的跨境贸易结算使用比例较低，仅为 0.6% 左右，与世界主要货币有着巨大的差距。与"金砖五国"其他国家相比，人民币仅次于俄罗斯卢布，好于南非兰特和没有上榜的印度卢比以及巴西雷亚尔。

表2   货币在跨境贸易结算中使用占比   单位：%

时间 货币	2011.10	2012.01	2012.08	2012.09	2012.10	2012.11	2012.12	2013.01	2013.02
欧元	32.56	44.04	41.12	42.08	42.49	40.89	39.76	40.17	39.32
美元	29.32	29.73	32.64	31.12	31.18	31.08	33.34	33.48	33.89
英镑	7.04	9.00	8.93	8.98	8.84	8.59	8.68	8.55	8.39
日元	2.12	2.48	2.40	2.46	2.34	2.44	2.45	2.56	2.62
澳元	1.76	2.08	2.07	2.18	2.12	2.35	2.11	1.85	1.97
加拿大元	1.64	1.81	1.85	1.88	1.91	1.88	1.97	1.80	2.08
瑞士法郎	1.04	1.36	1.75	1.83	1.86	1.77	1.91	1.83	2.05
俄罗斯卢布	0.32	0.52	0.63	0.61	0.63	0.64	0.67	0.56	0.68
人民币	0.24	0.25	0.53	0.51	0.42	0.56	0.57	0.63	0.59
南非兰特	0.40	0.48	0.44	0.43	0.42	0.42	0.40	0.42	0.42

资料来源：SWIFT。

当然，表2没有考虑各国的国际贸易情况，仅是单纯的跨境贸易结算占比。由于跨境贸易结算驱动力来自于国际贸易，因而在国际贸易额基础上考虑跨境贸易结算更能揭示一国货币的国际接受度，进而反映该货币的国际化程度。表2在各国国际贸易占比基础上构建了一个新的指标：一国货币在跨境贸易结算中额度占比/该国贸易额在世界总贸易额中的占比。这个新指标能够对货币国际化程度进行更精确度量。

表3   货币在跨境贸易结算中使用占比/各国贸易在世界贸易总额中占比[①]   单位：%

时间 货币	2011.10	2012.01	2012.08	2012.09	2012.10	2012.11	2012.12	2013.01	2013.02
美元	383.34	388.70	426.74	406.87	407.65	406.35	435.89	437.72	443.08
英镑	202.51	258.89	256.88	258.31	254.29	247.10	249.68	245.95	241.34
欧元	137.90	186.52	174.16	178.22	179.96	173.18	168.40	170.13	166.53
澳元	126.50	149.50	148.78	156.69	152.38	168.91	151.66	132.97	141.60
瑞士法郎	79.84	104.40	134.34	140.48	142.79	135.88	146.62	140.48	157.37
加拿大元	67.58	74.59	76.24	77.47	78.71	77.47	81.18	74.18	85.72
南非兰特	71.43	85.71	78.57	76.79	75.00	75.00	71.43	75.00	75.00
日元	47.94	56.08	54.28	55.63	52.92	55.18	55.41	57.89	59.25
俄罗斯卢布	14.55	23.65	28.65	27.74	28.65	29.11	30.47	25.47	30.93
人民币	2.66	2.77	5.87	5.65	4.65	6.21	6.32	6.98	6.54

注：①各国贸易在世界贸易总额占比是2011年的数据。

资料来源：SWIFT、WTO。

从表 3 数据可以看出，考虑到各国贸易情况之后，货币的国际化程度发生了不小的变化。美元该指数超过了 400% 排名第一，反映了美元当之无愧的世界核心货币地位，英镑也超过了 200% 排名第二，说明英镑在贸易结算中仍实力超群，欧元则跌到了第三位。与世界五大货币及"金砖五国"货币相比，人民币跨境贸易结算比例仍是最低的，不管是南非兰特还是俄罗斯卢布都远远超过了人民币，这说明人民币在跨境贸易结算中使用较少。

（二）金融市场交易中人民币的国际化程度测度

表 4 数据显示①，1998 年，美元在外汇市场交易比重为 86.8%，并在 2001 年达到峰值 89.9%，尽管此后逐步降低，但依旧占 85% 左右的份额，稳居世界第一，说明了美元不可撼动的国际地位。欧元诞生之后，继承了德国马克和法国法郎份额，占比在 37% ~ 39%。日元跟英镑目前占比分别为 19% 和 12.9%。人民币在外汇交易中经历了从无到有的过程，目前在外汇市场交易中占 0.9%，但与世界主要货币差距明显。

表 4　　　　　　　　　　　主要货币在外汇市场交易占比情况

货币＼年份	1998	2001	2004	2007	2010
美元	86.8	89.9	88.0	85.6	84.9
欧元	…	37.9	37.4	37.0	39.1
德国马克	30.5	…	…	…	…
法国法郎	5.0	…	…	…	…
日元	21.7	23.5	20.8	17.2	19.0
英镑	11.0	13.0	16.5	14.9	12.9
澳元	3.0	4.3	6.0	6.6	7.6
瑞士法郎	7.1	6.0	6.0	6.8	6.4
加拿大元	3.5	4.5	4.2	4.3	5.3
港元	1.0	2.2	1.8	2.7	2.4
瑞典克朗	0.3	2.5	2.2	2.7	2.2
韩圆	0.2	0.8	1.1	1.2	1.5
新加坡元	1.1	1.1	0.9	1.2	1.4
印度卢比	0.1	0.2	0.3	0.7	0.9
俄罗斯卢布	0.3	0.4	0.6	0.7	0.9
人民币	0.0	0.0	0.1	0.5	0.9
南非兰特	0.4	0.9	0.7	0.9	0.7
巴西雷亚尔	0.2	0.5	0.3	0.4	0.7

① 根据国际清算银行的统计，全球外汇交易最能体现货币在金融市场的交易程度，因此本文在此部分利用全球外汇市场交易模拟货币在金融市场中的使用情况。

续表

年份 货币	1998	2001	2004	2007	2010
丹麦克朗	0.3	1.2	0.9	0.8	0.6
新台币	0.1	0.3	0.4	0.4	0.5
泰铢	0.1	0.2	0.2	0.2	0.2
印度尼西亚卢比	0.1	0.0	0.1	0.1	0.2
其他货币	8.9	6.5	6.6	7.6	4.8
所有货币	200.0	200.0	200.0	200.0	200.0

资料来源：BIS。

表4中的数据基本上反映了一国货币的国际地位，但是由于没有考虑一国经济的规模，因而并不能很准确反映货币的国际化程度。通过把货币母体经济在世界经济占比情况和不同货币在国际外汇市场的占比结合起来，我们计算得出了一组新的数据，这一数据能更好地反映一国货币的国际化程度。[①] 表5是2007年主要货币的相关数据。我们可以看到，瑞士法郎外汇交易占比/GDP占比最高达到了436.30%，充分展示了除去经济规模的影响后，瑞士法郎具有很高国际化程度。美元、英镑、日元、欧元四种国际货币这一比例分别为169.50%、147.6%、109.4%、83.3%，与这四种货币的国际地位也是一致的。

"金砖五国"中，除南非这一比例较高达到了87.7%外，其他四国都比较低。说明金砖国家的货币相对于其巨大的经济规模国际化程度都较低。尤其值得注意的是，人民币外汇交易占比/GDP占比只有3.7%，不仅与五大货币差距巨大，在"金砖五国"中排名也是最低的，说明人民币在金融市场被使用的比例仍然较低。

表5　　　　　　　　2007 年主要货币外汇交易占比/母体 GDP 占比　　　　　　单位：%

货币	2007 年外汇交易占比	2007 年 GDP 占比	外汇交易占比/ GDP 占比
瑞士法郎	3.40	0.80	436.30
港元	1.40	0.40	363.10
澳元	3.30	1.70	192.80
美元	42.80	25.20	169.50
英镑	7.50	5.00	147.60
日元	8.60	7.90	109.40
南非兰特	0.50	0.50	87.70
加拿大元	2.20	2.60	84.10
欧元	18.50	22.20	83.30
韩圆	0.60	1.90	31.90

---

① 参考了 SWIFT 2012 年出版的《RMB internationalisation：Implications for the global financial industry》的测算方法。

续表

货币	2007 年外汇交易占比	2007 年 GDP 占比	外汇交易占比/ GDP 占比
新台币	0.20	0.70	28.30
印度卢比	0.40	2.10	16.90
俄罗斯卢布	0.40	2.30	15.00
巴西雷亚尔	0.20	2.50	8.10
人民币	0.24	6.30	3.70

资料来源：BIS、IMF。

　　表6则用2010年的数据重新计算了该指标。通过与2007年数据相比较看，各货币的排名与2007年基本保持了一致，瑞士法郎与港元仍然占据前两位，不过瑞士法郎的比例大幅下降，美元、英镑、日元、欧元四大货币的比例都有不同程度的上涨，说明其国际化程度仍在不断提高。"金砖五国"中，除南非兰特国际化程度下降明显外，其他四种货币国际化程度都有所提高，其中人民币的占比为4.8%，提高了1.1个百分点，不过人民币国际化程度仍是最低的。这说明从整体来看，人民币国际化程度不但与发达国家货币无法相提并论，即使与其他金砖国家相比也存在巨大差距。

表6　　　　　　　　　　　2010 年主要国家和地区外汇交易占比/母体 GDP 占比　　　　　　单位：%

货币	2010 年外汇交易占比	2010 年 GDP 占比	外汇交易占比/ GDP 占比
瑞士法郎	3.20	0.80	384.20
港元	1.20	0.40	335.40
澳元	3.80	2.00	193.40
新加坡元	0.70	0.40	183.60
美元	42.50	23.30	182.10
英镑	6.50	3.60	180.50
日元	9.50	8.70	109.40
加拿大元	2.70	2.50	105.90
欧元	19.60	19.40	100.90
南非兰特	0.40	0.60	61.60
韩圆	0.80	1.60	46.80
新台币	0.30	0.70	36.50
俄罗斯卢布	0.50	2.30	19.30
印度卢比	0.50	2.40	18.40
巴西雷亚尔	0.40	3.30	10.50
人民币	0.45	9.30	4.80

资料来源：BIS、IMF。

（三）储备货币中人民币国际化测度

一般认为，一国货币只有成为其他国家的外汇储备，才实现了完全的国际化，因而一国货币占世界储备的比例是货币国际化程度的核心测度。

表7　　　　　　　　　　世界主要储备货币占比　　　　　　　　单位：%

货币＼年份	2000	2002	2004	2006	2007	2008	2009	2010	2011
美元	71.1	67.1	65.9	65.5	64.1	64.1	62.0	61.8	62.1
欧元	18.3	23.8	24.8	25.1	26.3	26.4	27.7	26.0	24.9
英镑	2.8	2.8	3.4	4.4	4.7	4.0	4.2	3.9	3.8
日元	6.1	4.4	3.8	3.1	2.9	3.1	2.9	3.7	3.6
瑞士法郎	0.3	0.4	0.2	0.2	0.2	4.4	0.2	3.5	0.3
其他	1.5	1.6	1.9	1.8	7.0	2.2	3.1	4.4	5.3

资料来源：BIS。

从表7中可以看到，美元、欧元是世界最主要的储备货币，占了世界储备货币将近90%的份额，英镑、日元、瑞士法郎紧随其后分别排名第三、第四、第五位，它们共同构成世界五大储备货币，除2007年外五大货币占世界储备货币的比例都接近甚至超过95%。

有报道称尼日利亚中央银行已把人民币作为储备货币，占其330亿美元外汇储备规模的5%至10%。日本财务大臣安住淳也在2012年3月13日透露，中国政府已于3月8日同意日本政府购买最高650亿元人民币（相当于103亿美元）的中国国债，日本将分批实施购买计划。另外，韩国中央银行已经于2012年4月开始用此前获得200亿元（合32亿美元）的交易配额在中国银行间市场购买中国债券，在2012年7月开始用所获得的3亿美元QFII配额购买中国股票。据最新消息显示，澳大利亚中央银行副行长菲利普·罗伊（Philip Lowe）2013年4月23日表示，澳大利亚中央银行将把最多5%的外汇储备投资于中国国债，而且已经获得中国央行的批准。据《华尔街日报》报道，目前澳大利亚的外汇储备大概是382亿澳元，5%的外汇储备约为19.1亿澳元，约合人民币124亿元（约20亿美元）。即使这些报道全部属实，总金额也不过190亿美元，与超过5.6万亿美元的世界总储备相比仍是微不足道。

综上所述，虽然自2008年人民币国际化进程启动以来，人民币国际化取得了不少成果，但是从外汇交易、跨境贸易结算、外汇储备这三个指标来看人民币国际化程度仍然较低，不仅与世界主要货币差距明显，也落后于其他金砖国家货币，未来仍需要我们从多方面入手继续推进人民币的国际化进程。

四、人民币国际化展望评估

从目前来看，中国已开始尝试分步骤同时推进资本项目开放和人民币国际化，目前已开放人民币外商直接投资，并允许外资以人民币形势投资大陆资本市场，同时鼓励内外资企业以人民币形式相互投资，允许外国企业在中国境内以人民币形式上市和发债，人民币和日元、澳元可直接兑换。人民币走向全面可兑换的路线图日益清晰，其时间表可预测，从而为人民币的进一步国际化铺平道路。

为清晰呈现人民币国际化的未来路径，在假设人民币完全可兑换的条件下，根据中国经济和世界经济当前发展条件下的未来发展趋势，模拟人民币国际化的使用前景。从量化角度出发，采用 Chinn 和 Frankel（2005）的基础模型，利用主要国际货币的历史数据建立面板数据的混合数据模型，用相关变量解释国际储备的变化规律：

$$Y_j = \sum \beta_i \times X_{ij} + \varepsilon$$

式中 Y 为被解释的货币国际化程度，如储备比例，X 为解释变量，如经济总量、货币稳定等因素，i 标明不同的解释变量，j 标明不同的货币种类，但它们在回归方程中只有一个共同的解释系数 β_i，ε 为误差项。

在解释变量的选择上，我们采用比较谨慎的态度，通过多重比较筛选相对最优模型。在考虑经济实力（包括 GDP/GNP 占比、进出口占比、FDI 存量和流量占比），通胀稳定性（年度差异和月度差异），汇率稳定性（变异系数、实际有效汇率变化率），惯性（滞后一期的储备比例）和交易（支付清算比）等解释变量基础上，通过各类变量间的不同组合，建立多个回归模型，从中选择在解释力和模型参数方面均相对最优的模型，最终选择了如下预测模型：

国际储备占比 = $-0.2743 + 0.967 \times$ 惯性 $+ 0.068 \times$ GDP 比例 $- 69.80 \times$ 汇率变动率

　　　　　　　　（0.0126）　　　（0.0319）　　　　　　（18.9955）

$[F = 14\,181.2,\ \text{Adj}\ R^2 = 0.9986]$

依据上述模型，我们对人民币国际储备进行中期预测，并尝试外推。首先选定自变量的初始值，其中 GDP 占比采用 IMF 的预测，汇率变动采用 5 年移动平均外推，人民币国际储备初始值在已知人民币国际清算量的基础上，采用美元储备和交易清算的关系比例推算，在此基础上获得人民币在满足国际货币一般条件下的国际储备预测和外推值。从预测结果来看，人民币若启动全方位国际化，5 年内国际储备占比达到 3% 左右，2030 年可达到 10% 以上的占比，成为第三大国际货币。

这里我们也强调，该预测是在假定资本项目完全可兑换和人民币全面开放等条件下，根据当前主要国际货币经验所做的一种推算，旨在提示政策层如果全面推进国际化，未来愿景是什么方向。

表8　　　　　　　　　　人民币和主要国际货币储备比例预测　　　　　　　　单位：%

年份	美元	欧元	日元	人民币
2013	59.74	26.65	4.87	1.45
2014	59.25	26.65	5.21	1.91
2015	58.79	26.62	5.55	2.43
2016	58.27	26.62	5.91	2.93
2017	57.78	26.57	6.30	3.15
2020	56.38	26.29	7.27	5.15
2025	54.06	25.76	8.29	8.32
2030	51.85	24.97	8.99	11.87

在此基础上，我们可以推算人民币的国际清算使用情况。以美元为例，近10年来，美元的国际清算占比和国际储备占比保持了非常稳定的比例关系，2001年至2010年这一比例基本在1.45~1.59范围波动，平均比例为1.52。假设人民币清算和储备占比具有相同比例，则可以推算出2016年人民币的国际清算量将达到2.5万亿美元的水平。

国际债券影响因素较多，预测较复杂，我们采用趋势外推法做保守估计，在BIS公布的现有数据基础上推测人民币债券的前景。从图4可以看出，自2005年以来，人民币国际债券的发行有比较稳定的线性增长趋势，据此可预测，5年内人民币国际债券年度发行额保守估计将达到5 000亿元的规模。

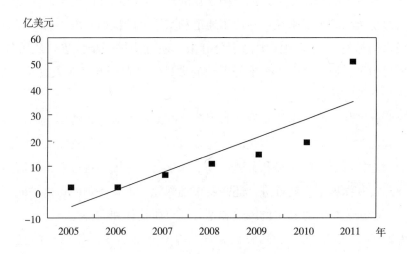

图4　人民币国际债券发行额度变化

从更加直观的数量关系上来看，尽管没有明确界限，人民币国际化将按照经常项目贸易结算、资本项目投资交易、主权经济体纳入国际储备的顺序有重点梯次推进，如图5所示。人民币首先在国际贸易中充当计价结算货币，在未来5年内迅速发展，为人民币的全球使用建立实体经济依靠基础，并提供充足的海外资金池。伴随人民币国际贸易结算的扩大，金融市场的投融资逐渐壮大，人民币计价产品会不断丰富和复杂化，人民币投资交易将开始起步，并在未来10年左右的时间加速增长，而后保持一个与贸易相适应的比例，平稳发展。当人民币在国际贸易和金融市场的应用日益扩大时，第三方国家和地区会实质性将人民币纳入其国际储备，以应对国际收支中的人民币收支问题，人民币在国际储备中的比例逐渐增长并趋于稳定。

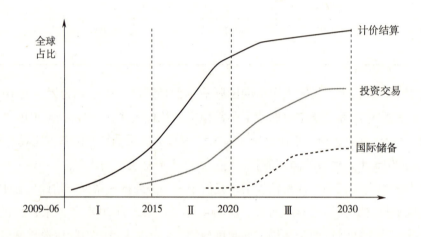

图5　人民币国际化路线图

上述分析和预测为我们描绘了人民币国际化的现状程度和广阔前景。一方面，我们可以看到人民币自跨境贸易结算以来在国际使用通道和数量上的快速发展；另一方面，我们也看到当前的人民币国际使用广度和深度仍十分有限，还有待进一步推进。从预测和推测角度看，未来的人民币国际使用将是一个十分可观的数量，将有数万亿元人民币充当国际储备、贸易结算、计价清算等功能。

人民币国际化既是国际货币体系发展和国际金融危机下海外，特别是周边地区实际需求的体现，也是我国改革开放进一步深化的具体要求。人民币国际化既需要境外需求和市场的发展，也需要境内体制改革的保障和金融市场的深化。这一国际化过程不仅需要人民币使用范围和项目在广度和深度上不断推进，还需要市场深化和市场体制的保驾护航。我们期待着这一过程的稳步推进，也需对其中的风险和副作用有所估计和准备。

国内外专家学者普遍认为，从发展趋势看，2030年前后中国经济规模有望达到全球第一，届时将在科技进步、地缘政治稳定、文化交流和谐的基础上，人民币广泛进入包括企业和家庭在内的国外非居民资产负债表，成为与美元、欧元功能相同的第三大国际货币。

五、当前人民币国际化面临的两大困境

自跨境贸易人民币结算推广以来，人民币国际化发展取得了长足进展，离岸市场交易活跃。与此同时，我国在当前经济金融体系下推广人民币的跨境使用，也面临着一定的困难和不协调之处，需要在实践中不断积累经验，推进改革，摸索适合人民币的特色国际化道路。从货币国际化的一般理论来说，当前人民币国际化的两大困境体现在贸易顺差和资本账户未完全开放两个方面。

（一）贸易顺差的困境

布雷顿森林体系解体以后，信用货币和黄金之间的联系被彻底切断了，国际货币体系进入了以信用货币为主导的时代。在信用货币作为国际货币的体系之下，国际货币的发行国必须能够形成某种程度的长期逆差机制，确保向国际金融市场提供足够的流动性。下面，我们利用开放条件下国民收入和私人部门储蓄的简单框架来分析国际货币的运行模式[①]。

$$Y = C + I + G + X - M \tag{1}$$

$$S = Y - C - T \tag{2}$$

合并公式（1）和（2）可以得到

$$X - M = (S - I) + (T - G) \tag{3}$$

从公式（3）可以看出，国际收支的经常项目差额等于私人部门储蓄和投资差额和政府收入和支出差额之和，即国内的净储蓄或净吸收。公式（3）在国内经济不平衡和国际经济不平衡之间建立了联系：经常项目的顺差表示真实资源的流出；逆差表示真实资源的流入。由于真实经济流动必然伴随着货币经济反向流动，因此国际实体经济资源之间的流动就必然引起国际货币的流动，这一结果可能最终体现在一国中央银行的外汇储备的增减变化上。如果进一步考虑国际收支的资本项目，在公式（3）中引入国际资本流动变量 K，且假定经常项目的变化被资本项目的变化全部冲销，得到：

$$X - M = K = (S - I) + (T - G) \tag{4}$$

根据假定，资本流出冲销了经常项目顺差（$X > M$）；资本流入冲销了经常项目逆差（$X < M$）。这说明国际实体经济资源间流动背后的货币流动体现在国际资本的流动变化上。从公式（4）的右半部分可以看出，从货币经济角度看，国内净储蓄的变化也可以直接表现为外部资产的净获取，即资本项目下的国际间货币的流动。因此在开放经济条件下，国际货币的流动存在两种方式，即实体经济流动背后的货币流动以及资本流动直接产生的货币流动。

[①] 在国民收入等式中，Y 代表国民收入，C 代表消费，I 代表投资，G 代表政府支出，$X - M$ 代表净出口，S 代表储蓄，T 代表税收。

根据公式（3）和公式（4），可以对国际货币的运转模式进行简单的分析①。

国际货币的外流可以通过外围国向中心国输入真实资源或通过中心国向外围国投入货币资本来实现。从中心国角度看，即通过经常项目逆差或资本项目逆差的途径完成国际货币供给。也就是说，国际货币的供给只有通过中心国家的逆差机制才能够实现，当然途径可以是多样的，经常项目或资本项目并无本质差别。比如美元的国际供给在不同的时期就是分别通过资本项目逆差和经常项目逆差实现的。

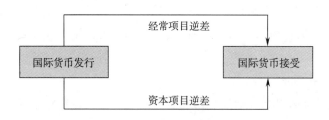

图6 国际货币供给机制

近年来我国国际贸易发展迅速，2010 年已成为全球第一大出口国和第二大进口国，进出口多年来保持出超的地位，且近些年来贸易顺差额度加大。贸易顺差意味着国外对境内的货币净支付，在美元等当前国际货币支付条件下，表现为我国外汇储备的快速增长。在人民币支付条件下，则需要境外有足够的人民币能够支付其对我国的逆差，而境外人民币的累积又需要我国以贸易逆差的形式对外支付，二者形成矛盾。如何在贸易顺差条件下推进人民币国际化成为当前的一大困境。

（二）资本账户未完全开放的困境

资本账户的自由兑换是一国货币最终成为国际货币的一个重要条件。因为货币的可交换性是使用货币进行交易的重要决定因素，若不能自由兑换，持有者的货币交易成本将会上升。货币风险与收益不对称性，将显著降低使用该货币的积极性，那么该货币在竞争中将处于劣势地位，因此资本账户的可兑换程度会影响人民币国际化进展，而且随着国际化程度逐步提高，这种制约因素会表现得更加明显。

人民币资本账户开放是我国市场化改革深化的必然结果，也是人民币国际化进程中的重要体现。1996 年我国实现人民币经常项目可兑换后，资本项目可兑换一直是我国金融改革的重要目标。根据 2010 年 IMF《汇兑安排与汇兑限制年报》资本项目交易的划分标准，虽然人民币资本项目实现部分可兑换以上的项目已占全部交易项目的 75%，但实现完全可兑换的仅占全部交易项目的 12%，而不可兑换的仍占 25%。在未来人民币资本账户仍需进一步提高其可兑换程度，否则人民币国际化进程的推进将受到阻碍，主要体现在以下几个方面：

---

① 为研究方便，将没有国际货币发行权的国家统称为外围国家；本国货币是国际货币的国家称为中心国家。

第一，阻碍人民币回流机制建设。人民币要成为国际货币，需要建立良好的货币境内流出和境外回流的"双向互动机制"。但在资本账户自由兑换受限情况下，境外人民币缺乏稳定的回流机制，若境外结算的人民币不能有效回流到境内参与各项投资，投资渠道受阻，人民币流动性的缺乏，将使国际金融市场中持有人民币的需求大大减弱。

人民币只有实现由"只出不进"向"有出有进"的双向良性循环机制转变，才能改变国际市场上对人民币的单边预期，才会有助于人民币外汇市场双向波动机制的形成。因此资本账户可自由兑换，疏通人民币境外回流机制，最终才能拓展人民币投资渠道和获益空间，增强境外投资者持有人民币的积极性，为人民币国际化提供更广阔的市场空间。

第二，制约人民币离岸市场规模的持续扩大。境外货币市场的发展对一国货币国际化起着举足轻重的作用。鉴于特有的地理、政治优势以及金融中心地位等优势，香港已成为人民币离岸金融中心。虽然目前香港地区人民币市场规模已有一定发展，但由于我国资本账户未实现自由兑换，海外人民币结算和投资功能受限，如境外人民币贷款业务、人民币金融衍生品、证券投资等业务仍受到一定限制，不利于海外人民币市场规模的进一步发展。从长远发展而言，境外人民币市场规模受限又将制约未来人民币国际化的进程。从历史上看，在美元的国际化进程中，若没有庞大的欧洲美元市场的支撑，那么美元将难以在国际贸易和投资中占据主导地位。

第三，金融市场的深度将受到制约。人民币要成为国际货币，必须要有高度发达的金融市场为货币需求者提供相应的"货币资产池"，使国外投资者能够用较小的成本获得人民币，使用并持有人民币。人民币自由兑换程度越高，货币持有风险就越低，这样持有的意愿将会提升，在各国货币竞争中人民币才会具有竞争优势。人民币资本账户无法实现可自由兑换，将阻碍高度发达、开放的金融市场形成。金融市场深度不足，匮乏的金融交易工具和金融产品，将无法满足投资者在金融资产安全性、流动性和盈利性等方面的不同市场需求，从而将显著影响国际市场上对人民币需求的意愿。

正如蒙代尔（2003）所言，市场的深度和广度是衡量一种货币利用规模经济和范围经济的程度，流通的区域越大，货币对付冲击的能力也就越强。可见，金融市场深度的延伸将为国际上人民币的供给与需求相匹配提供条件，进而推动人民币国际化进程。在资本账户可兑换受限的条件下，显然这一目标难以实现。从国际经验看，纽约、伦敦、东京等地发达的金融市场都对美元、英镑、日元的国际化进程的发展起到了重要的推动作用。

随着人民币国际化进程加快，由于人民币资本账户管制而造成的各种投机风险将加剧，管制的成本将越来越高，而效率却日益降低。因此在人民币国际化进程中，应当有序、稳步推进资本账户可自由兑换。资本账户可自由兑换是人民币国际化之路中的必要技术条件，也是人民币国际化进程中的重要体现。如何在有步骤逐渐开放资本项目的同时，仍能积极推动人民币国际化发展是当前面临的又一困境。

整体而言，总体贸易顺差和资本账户不完全开放的现实条件是我国经济金融发展的阶段特征，短期内对保持经济健康平稳发展有重要意义。两个困境不是短期内可以完全解决和放开的因素，因此要求我们在此基础上寻求人民币国际化的差别化发展道路。差别化道路的选择一方面可以借鉴当前主要国际货币的发展经验，另一方面可以根据我国的国情，设计符合中国特色的差别化发展道路。

六、人民币国际化的战略选择

从理论上讲，国际化货币必须具备结算、投资和储备的功能。从三者的关系上看，只有该种货币能够在国际经济贸易交往中被广泛使用，并同时可以在资本市场上进行各种金融交易，实现套期保值或投资盈利，该货币才能被国际社会认可，成为国际储备货币。因此，人民币若想成为国际货币，就必须能够同时在贸易和投资交易中被广泛使用。为实现这一目标，我们认为，必须把握好几个关键环节：一是要推动离岸金融中心的协调发展；二是要扩大人民币互换规模和使用范围；三是要加强在东亚地区的金融合作；四是要推动大宗商品以人民币定价。此外，建设人民币清算渠道，提升我国在 IMF 中的地位也是推进人民币国际化过程中不可缺少的组成部分。

(一) 推动离岸金融中心的协调发展

人民币离岸中心建设是扩大人民币跨境贸易结算规模的基础，也是资本项目不可全面兑换背景下形成海外人民币市场的最佳突破口。人民币国际化的本质是其在海外认知和接受程度的不断提高，但要实现这一点，就必须为人民币开辟投资渠道，提高海外市场持有人民币的意愿。但是考虑到我国目前的实际情况，资本管制在短期内不能取消，人民币回流被限制，阻碍了人民币国际化的推进。在人民币资本项目下不可兑换的前提下，人民币经常项目下的可兑换以及由此产生的大量产出，必然会导致冲突。面对这一问题，利用离岸金融市场就具有了特殊的意义。

鉴于全球各金融中心均在人民币市场建设中表达出了强烈的愿望，且取得了一定的成绩，因此在离岸中心布局方面，发挥各中心的优势推出相应的人民币产品，逐步将离岸市场布局到这些地区，建立以香港为总中心，其他金融中心为区域中心的人民币离岸市场体系，助力人民币国际化。

一是鼓励不同的人民币离岸市场进行差异化定位，从各地区金融监管层面进行政策协调，合理规划各人民币离岸中心的发展路径，为金融机构的人民币离岸业务布局提供明确预期。

二是保持各人民币离岸市场之间的良性竞争，通过优越的基础设施和良好的政策环境，吸引居民、企业和金融机构客户的人民币相关业务，不断扩大人民币离岸市场的规模和影响。

三是建立各人民币离岸市场之间的沟通交流机制，密切关注人民币离岸资金的跨区域流动，在人民币离岸市场建设和监管上促进相互合作，推进各人民币离岸中心的合作式迈进。

四是促进境内外人民币离岸市场之间的融合，抓住中国（上海）自由贸易试验区的重大机遇，加快境内人民币离岸市场建设，逐步探索人民币境内外流动的稳定机制。

五是在人民币可自由兑换之后，可完全按照市场需求配置海外人民币金融资产，鼓励各个中心竞争合作。与此同时，要注意海内外市场的联系，借鉴美国国际银行业设施建设的经验，加快上海金融中心建设，确保海内外市场有效连接。

（二）扩大人民币互换规模和使用范围

货币互换是人民币未实现资本项下自由兑换条件下推进国际化的重要方式。如何扩大人民币在贸易领域的使用，进而促进人民币在金融市场的借贷和投资，由贸易和金融的相互促进推动人民币成为储备货币，是现阶段需要重点解决的问题。目前我国对外贸易的60%以上在亚洲区域内进行，其中的52%左右在港澳台地区进行，而且这些经济体对我国存在较大的贸易顺差，因此大力推动人民币与周边国家和地区的货币互换，发挥与港澳台地区的经贸优势，对于推进人民币国际化有非常重要的意义。基于以上考虑，我国中央银行曾与多国达成了货币互换合作关系，在2013年先后与新加坡、巴西、英国、匈牙利、阿尔巴尼亚、冰岛、印度尼西亚等国家和地区的中央银行及货币当局签署了货币互换协议。在优先扩大与周边国家和地区之间的人民币互换规模的同时，逐步扩大到发达国家和地区也至关重要。待成熟时，我国也可以探讨与美国签订"中美双方货币互换协议"的可能性。截至2013年9月，美国从中国进口总额为2 808亿美元，占美国对外进口额的15.4%。如果中美能够签署货币互换协议，即使一半采用人民币结算，其规模也将达到1 404亿美元。这不仅能够降低金融机构和企业在贸易融资领域对美元的需求，而且能够起到维护美元汇率稳定，确保我国外汇资产安全及适度减少我国外汇储备规模的作用。

同时，我们也需要考虑把货币互换的使用功能从目前的紧急救援模式向日常交易模式的转换，促进人民币在国际贸易和投资中的使用。未来还可考虑在IMF框架内讨论人民币和SDR互换的可能性，以此增强人民币作为国际储备货币的功能，使人民币可在IMF框架下发挥与其他完全可自由兑换相近的功能。

（三）加强在东亚地区的金融合作

历史经验表明，货币合作在货币国际化中的作用巨大。人民币在东亚地区具有进行贸易结算和金融投资的基础，但是要想推动人民币成为区域内真正的"锚货币"，摆脱美元本位，还需要区域货币金融合作。从目前来看，人民币在周边国家和地区金融合作中至关重要，它不仅体现在双边、多边货币互换中，也体现在储备库的认购中，更体现在亚洲债券基金和实现亚洲债券市场的倡议中。为进一步加强合作，首先我国应积极推动清迈协议向制度化方向发展，完善区域经济监控和政策对话机制，引入本国货币建立地区性货币基金，这将有助于人民币成为区域内主要的干预货币和储备货币。其次是加快弥补区域金融市场和基础设施建设的短板，加快开发区域资本市场，增强本币在区域债券市场的作用，设计共同发行区域债券计划，设计公司债券发行计划，建立区域信用评级机构等。再配合贸易结算和香港离岸金融中心的建设，那么未来人民币就可能成为区域内重要的金融投资交易货币。

（四）推动大宗商品以人民币定价

有数据显示，我国能源对外依存度将由2008年的8.8%上升到2015年的15%，石油和天然气对外依存度将由2008年的51.2%和5.8%分别上升到60%和30%左右；到2030年，我国能源、石油、天然气的对外依存度将进一步上升到25%、70%和50%以上。可见，中国必须建立起以人民币定价的新的大宗商品定价体系，这将是人民币国际化的关键一步。我们可考虑在以下两方面寻求突破：一是我国每年铁矿石的进口量超过世界总进口量的一半，是铁矿石的最大进口国；二是每年稀土的出口量占世界总供应量的90%，是全世界最大的稀土出口国。目前，这两种商品的定价权还没被美元垄断，因而我们可以此为突破，探索人民币对铁矿石和稀土的定价，推动人民币的国际化。

（五）重视并拓建跨境清算渠道

人民币跨境清算安排，不仅是人民币国际化目标实现的重要支柱，也是提升我国金融实力和保障金融安全的基础。随着人民币跨境资金规模不断扩大，管理和监测的难度也会不断增大，从而对国内宏观经济稳定和金融安全有较大影响。借助支付清算系统，能够更加便捷地归集跨境资金信息，监测热钱和非法资金的流动，提示相关风险并进行预警，更加有效地防范短期跨境资金大进大出的冲击，维护金融安全。因此，在人民币清算系统的建设和布局中，需要从国家利益和全局出发，前瞻性布局，统筹谋划。

（六）争取逐步提高我国在IMF中的地位

第一，适当提高在IMF中的投票权，开展国际合作。IMF作为维护世界金融秩序的机构，其投票权和结构设计存在较大问题。根据IMF规则，重要提案需要获得85%的投票通过，这让拥有约17%投票权的美国在IMF重大议题决策上具有"一票否决权"，使得IMF不可能通过任何不利于美国利益的决议，对美元也就不具备监督和约束力。相对而言，我国在IMF拥有的投票权仅为3.81%，不仅无法推动国际货币多极化的实质性改革，而且也不可能在全球贸易结算、大宗商品定价权等关系到一国货币国际化的关键问题上拥有话语权，不利于我国推动人民币国际化进程。尽管早在匹兹堡全球领导人峰会同意将发展中国家在IMF的投票权提高5%，但考虑到目前我国在国际政治经济中的地位，我们应争取将投票权至少提升至5%~6%的水平。这样，尽管比例依然较低，但至少可以与印度、巴西或俄罗斯等其他新兴经济体国家联手，共同推动国际货币体系的多极化发展。

第二，努力争取提高在IMF中的软实力。自IMF成立以来，其领导人职位一直为发达国家所垄断，因此在其内部会议讨论、制定有关议题和相关决策程序等领域，发展中国家也一直没有话语权。在要求提高投票权的同时，我国也应该努力改变IMF等国际机构的高级管理人员基本为发达国家垄断的局面，争取在该机构内担任要职，同时加强与机构内相关专家的交流，提高软实力。

第三，争取让人民币成为 SDR 的篮子货币。我国政府需要积极争取在 IMF 改组 SDR "一篮子"货币组成时加入人民币。综合考虑中国在国际政治经济的影响力，我们应该提出人民币在 SDR 中占 10% 左右，这也是提高人民币国际地位的重要举措。

人民币国际化是国际货币体系改革与发展背景下，我国经济金融领域面临的一个新课题。目前，人民币国际化已经取得了不错的成绩，但也面临一定的问题，和发达国家货币的国际化程度相比仍有不小的差距。我们应该在继续推进各项金融改革的同时，优化人民币国际化的战略，结合国内外的实际情况，选取最优的国际化路径，持续扩大人民币的国际适用范围，使其早日成为国际货币。

参考文献

[1] 李建军、宗良：《进一步扩大人民币跨境贸易结算的思考和建议》，载《国际贸易》，2011（5）。

[2] 李建军、甄峰、崔西强：《人民币国际化发展现状、程度测度及展望评估》，载《国际金融研究》，2013（10）。

[3] 罗纳德·I. 麦金农：《落入国际美元本位制陷阱》，载《新金融》，2005（7）。

[4] 张宇燕等：《货币的性质与人民币的未来选择》，载《当代亚太》，2008（2）。

[5] 张纯威：《美元本位、美元环流和美元陷阱》，载《国际金融研究》，2008（6）。

[6] 宗良、李建军：《人民币国际化的历史机遇和战略对策》，载《国际贸易》，2010（1）。

[7] 宗良、李建军：《人民币国际化的目标与路线图》，载《中国金融》，2012（13）。

[8] Eichengreen, Barry, 2011, The Renminbi as an International Currency, Journal of Policy Modeling 33 (5): 723 – 730.

[9] Michael P. Dooley, David Folkerts – Landau, Peter Garber, AN ESSAY ON THE REVIVED BRETTON WOODS SYSTEM. *NBER Working Paper* 9971, Sep. 2003.

[10] Paul Krugman, *The International Role of the Dollar*: *Theory and Prospect*, *Exchange Rate Theory and Practice*, University of Chicago Press, 1984.

[11] Prasad, Eswar and Lei Ye, 2012, "The Renminbi's Role in the Global Monetary System", *IZA Discussion Paper* No. 6335.

[12] Richard Duncan. , The Dollar Crisis: Causes, Consequences, Cures, John&Wiley, 2003.

[13] Robert McCauley, 2011, *The Internationalization of the Renminbi*, *Bank of International Settlement*, 14 January.

现阶段人民币跨境贸易结算障碍研究

◎ 齐　欣　赵雅玲　胡　浩　杨珍增①

〔**内容提要**〕随着中国在全球经济和贸易中地位的上升，并得益于一系列制度创新，自2009年以来，人民币跨境贸易结算规模快速增长，结构有所改善。欧、美、日等国家（地区）货币国际化的经验告诉我们，在推进本币跨境贸易结算的发展中，制度因素和市场因素同样重要。文章对人民币跨境贸易结算障碍进行了分类研究，并从多个角度给出了突破这些障碍促进跨境贸易人民币结算发展的对策建议。

〔**关键词**〕人民币跨境贸易结算　货币国际化　人民币离岸市场　结算障碍

一、引言

2008年全球性金融危机的爆发，导致国际上对美元信心的下降，对美元交易和结算的依赖使得亚洲地区经济的脆弱性更加暴露。基于促进贸易和金融稳定发展的需要，以及中国经济在世界经济和地区经济中重要性的增加，我国自2009年4月开始推动跨境贸易人民币结算，此举是人民币国际化迈出的重要一步，标志着我国开始从政策层面推动人民币国际化。人民币结算在我国进出口贸易结算中使用的比重从2010年的3%增长到2012年的12%②。在这三年的时间里人民币跨境结算发展很快，然而飞速的发展也带来了一些问题。在对外贸易上，人民币结算存在着收付不平衡的结构性问题，人民币的进口支付一直大于出口收取，考虑到中国是一个出口量大于进口量的国家，这一问题就显得更为突出。而且，相比中国在世界贸易中的地位而言，人民币结算比重仍偏小。为了增强防范汇率风险的能力和顺利推进人民币国际化，深入研究人民币跨境贸易结算障碍所在及其突破对策具有重要的意义。

---

① 齐欣，天津财经大学经济学院教授，博士生导师；赵雅玲，天津科技大学经管学院副教授；胡浩，天津财经大学国际教育学院国贸专业博士；杨珍增，天津财经大学经济学院国贸系讲师。此课题为国家社科基金重大项目（11&ZD017）"人民币国际化进程中我国货币政策与汇率政策协调研究"的子项目之一。
② 根据新华网转载的汇丰银行2013年3月11日发布的《人民币崛起Ⅱ》报告数据整理。

国外关于人民币跨境贸易结算的研究更多的是在人民币国际化视角下的研究。这些研究基本上可以分为两类，第一类研究着重分析推动人民币国际化所必需的制度条件。例如Eichengreen（2010）着重分析了人民币结算过程中需要克服的困难，他指出中国应该创造更多的金融产品，减少在金融上的管制，这样会增加中国的金融流动性，有利于外国投资者接受人民币。Martellato（2010）从人民币充当结算货币的角度分析了人民币的国际化，他认为人民币目前已经具备了成为对外结算货币的基础性条件，但同时又存在着不利因素，如中国国内金融市场开放度不够，金融管制过多，国际金融一体化进程有待发展；增发货币刺激经济造成了通胀，减弱了人民币币值稳定的预期等。Park（2010）主要从人民币的自由兑换和汇率制度入手进行了研究，他认为中国应该开放国内金融市场，取消过多的金融管制，逐步实现人民币可自由兑换。同时给予人民币汇率更大的浮动空间，发挥市场机制对汇率的决定功能，向灵活的浮动汇率制度靠拢。

第二类研究从操作层面上探讨了人民币跨境贸易结算的方案设计。如Lamba（2010）指出了人民币在跨境流动方向应关注的三个问题：人民币从中国境内的流出，创造一个境外人民币持有市场；构建人民币离岸市场，通过实现离岸市场上人民币及其计价产品的流通加大人民币的国际影响力；人民币能够顺利回流，完善人民币的回流机制。Jaccard和Neoh（2010）研究了人民币在对外结算中的具体推进步骤，他们以实现地域作为推进标志。具体来说包括三个：周边化，即中国应首先在与邻国的经贸往来中实行人民币的计价交易和结算；区域化，主要指与中国有密切经贸往来的亚洲国家，可以看成是一个大亚洲区；全球化，即只有在全球范围内的贸易和投资中实现人民币结算才能说人民币真正发挥了国际货币的职能。Stier、Bernoth和Fisher（2010）提出应该将香港作为人民币"走出去"的第一个试验场，在香港建立人民币的离岸市场。香港国际最开放金融中心的地位会大大增加人民币的国际影响力，其健全的金融体系和监管制度也是境内金融市场学习的榜样，应加强两地金融市场的沟通和联系。Kwan（2011）认为人民币跨境结算的官方目标是成为部分可自由兑换货币。要实现这一目标应该实行人民币的双轨制，同时发展在岸市场和离岸市场，对离岸市场施加较少的干预，而对在岸市场和两个市场间的联系应重点关注并适当限制，以期达到人民币可兑换性受控的战略目标。Saidi、Prasad和Salomoni（2011）对人民币跨境贸易结算的发展历程（截至2010年6月）和结算模式等问题展开研究，在此基础上探讨了GCC（海湾阿拉伯国家合作委员会）国家和中国的货币合作问题[1]。Eiichi Sekine（2011）强调香港在人民币国际化进程中的重要意义，认为人民币跨境贸易结算促进了香港人民币离岸市场的发展[2]。

国内的相关研究主要从推动人民币国际化和跨境贸易结算的制度障碍、操作性障碍和推进人民币国际化的影响三个方面展开。在制度障碍方面，杨珍增和马楠梓（2013）从利率市场化、汇率自由化、取消资本流动管制和实现央行货币政策独立四个方面分析了推动人民币作为贸易结算货币和国际储备货币面临的国内制度约束[3]。李靖（2011）在阐述我国人民币跨境贸易结算取得成就的基础上，深入剖析了这一过程中存在的问题，认为中国人民币跨境贸易结算的进一步扩大将面临制度和市场的双重约束。在操作性障碍方面，刘书兰（2009）认为在我国资本项目为实现自由可兑换之前，人民币跨境结算面临着制度和技术上的挑战，包括货币政策、人民币债权债务、外汇管理、国内外清算渠道等方面[4]。刘文杰和李克峰（2011）对人民币跨境结算信息系统 RCPMIS 存在的问题进行了分析，并提出了完善 RCPMIS 的构想：统一完善商业银行使用的 RCPMIS 系统；扩展人民银行 RCPMIS 系统的统计监测预警功能[5]。宏观经济研究院外经所课题组（2013）则指出，当前我国出口贸易人民币通过让利方式激励进口商，并且我国跨境贸易结算的区域高度集中在香港地区[6]。李清和成雅君（2012）深入阐述了人民币跨境贸易结算的一些问题，如进出口结算不平衡、海外人民币存量有限、人民币跨境贸易的真实性难以测定等[7]。推动人民币跨境贸易结算的影响方面，相关研究主要探讨人民币跨境贸易结算对我国货币政策、外汇储备的影响，此外还有学者专门研究人民币跨境贸易结算的成本和收益问题等。

推动人民币跨境结算能够促进人民币离岸市场发展，提升人民币的国际地位，有助于促进人民币国际化进程，帮助中国企业降低贸易成本，推动我国金融机构的国际化，因此研究人民币跨境贸易结算所面临障碍的表现形式和消除这些障碍的途径，对于推进人民币跨境结算，降低在此过程中的风险，具有重要的意义。本文拟在前人研究基础上，深入挖掘当前人民币跨境贸易结算中的障碍，尝试探索一些突破这些障碍的对策。

二、人民币跨境贸易结算发展机遇分析

（一）中国国际经济地位持续上升

1. 从中国经济总体规模及其占世界经济的比重看，与欧盟、美国的差距还比较明显。2011 年美国 GDP 占世界经济比重约为 21.5%，欧盟比重约为 25.7%，我国占比已接近 10%①。

2. 中国对外贸易占世界贸易总额的比重已经由 1978 年的 0.8% 上升到 2011 年的10.6%，2012 年中国比重进一步上升到世界贸易总额的 11.4%（见图 2），显示出中国贸易地位的逐步上升。与此同时，美国和德国贸易占世界贸易的比重呈现缓慢下降趋势，尤其是美国下降更为明显。

在当前世界经济全球化的格局下，一国的贸易规模是衡量该国对外开放程度和在世界经济贸易体系中所占地位的重要指标。对外开放程度越高的经济体越难做到自给自足，用其货币进行结算能更好地节约交易成本，促进国际贸易发展对其货币的国际化需求就越大。一国

---

① 根据 IMF 2012 年 10 月发布的《World Economic Outlook Database》中的数据测算得到。

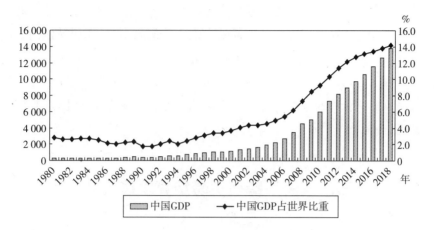

备注：2013—2018 年的 GDP 为预测数据；图中的 GDP 是以当年价格计算的用美元表示的值；中国占世界经济比重根据 IMF 公布的数据计算得出。

资料来源：IMF 网站。

图1 1980—2018 年中国 GDP 规模及占世界经济比重

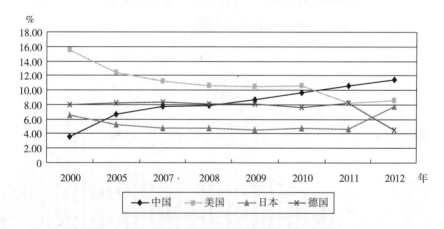

资料来源：2000—2010 年数据根据 WTO 数据库数据测算，2011—2012 年数据来自日本贸易振兴机构（JETRO）发布的"2012 年世界贸易投资报告"。

图2 2000—2012 年中国贸易占世界贸易总额的比重变化

货币国际化的本质就是实现该国货币的对外供给，即本国货币通过国际贸易、跨国资本流动转移到他国。就此而言，中国对外贸易的不断发展必然会要求以人民币作为贸易结算货币。

可见，无论从我国经济实力的增长，还是从我国对外开放程度的不断加深来看，推动人民币在国际贸易结算和国际货币储备中的广泛应用都有坚实的现实基础。

（二）国际结算货币多元化需求日益提升

1997 年和 2008 年的金融危机更加暴露了美元等少数货币主导的国际结算货币的缺陷。逐步减少对美元的依赖，增强地区金融的稳定性成为亚洲国家的共识。由于历史、政治原因及本国产业结构方面的特征，日元在国际贸易结算中并未成为主导货币，这一观点被部分日本学者认可。例如有学者发现，日本出口商在针对发达国家的出口中仍然倾向于选择进口国的货币，即使过去十多年里日本企业已经在亚洲地区建立了它们的区域生产网络，但日本对东亚地区的出口中用美元结算仍然十分盛行（Ito 和 Sato，2010）[8]。而中国经济和贸易的稳定增长和对人民币汇率升值的预期，使得亚洲国家（地区）政府拥有强力推动人民币跨境贸易结算的动机。

三、人民币跨境贸易结算发展现状

（一）跨境贸易人民币结算规模迅速增长

2012 年，银行累计办理跨境贸易人民币结算金额 2.94 万亿元，同比增长 41%[①]。自试点到 2013 年 9 月末，银行累计办理跨境人民币结算金额 8.6 万亿元[②]。图 3 是试点起截至 2013 年 9 月跨境贸易人民币结算的构成，可以看出，无论是货物贸易还是服务贸易及其他经常项目的人民币结算金额均呈现稳定的增长趋势。

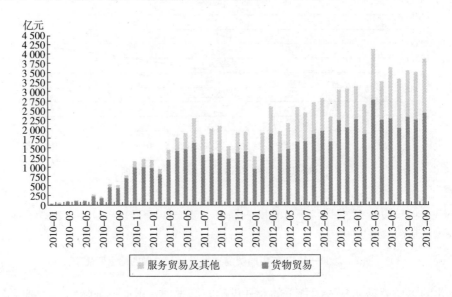

资料来源：中国人民银行发布的 2013 年第三季度《中国货币政策执行报告》第 16 页。http://www.pbc.gov.cn/publish/zhengcehuobisi/4098/2013/20131105161226267809782/20131105161226267809782_ .html。

图 3　跨境贸易人民币结算月度数据（2010 年 1 月—2013 年 9 月）

---

　① 数据来自中国人民银行发布的《2012 年第四季度中国货币政策执行报告》。
　② 数据来自中国农业银行发布的《跨境人民币发展业务发展情况报告》。

（二）参与面持续扩大

从参与的地域范围看，跨境贸易人民币结算涉及的国内区域从最初的5个城市扩大到了全国所有地区。跨境贸易人民币结算的境外地域由港澳、东盟地区扩展到所有国家和地区，海外地区从起先的港澳和东盟扩展到世界所有国家。业务覆盖范围从货物贸易扩大到服务贸易和其他经常项目，部分资本项目项下的人民币跨境业务也在逐步放开。从参与的外贸企业看，从最初的365家扩展到所有具有进出口经营权的外贸企业，企业类型涵盖中央企业、民营企业及外商投资企业等各类进出口企业。从参与的银行看，参与结算的商业银行范围不断扩大，从人民银行到各大商业银行均加大了跨境贸易人民币结算业务相关产品和服务的培训、宣传与推广，而汇丰银行、东亚银行、渣打银行、星展银行等外资银行的内地法人机构也以参加行或代理行的身份开展跨境贸易人民币结算业务，这些银行利用其遍布全球的分支机构网络，推进了人民跨境贸易结算的发展。

（三）人民币跨境贸易结算结构有所改善

1. 进出口失衡分析。推行人民币跨境贸易结算初期，进口付汇人民币金额远要高于出口收汇人民币金额（2010年收付比为1:5.5），主要原因在于三个方面：一是人民币升值预期导致境外企业更愿意接受人民币收款而不愿接受人民币付款，二是中国出口企业结算货币选择权较弱，三是境外企业获取用于进口支付的人民币难度较大或成本较高（蔡涛，2013）[9]。随着该项业务的深入发展和扩大，人民币跨境结算收付比从2011年的1:1.7变为2012年末的1:1.2，但自2013年起，收付比失衡现象又有回升，2013年第三季度收付比达到1:1.5①，可见当前跨境资金流动平衡的基础还不够稳固。

2. 区域性失衡存在。香港在跨境贸易人民币结算中占有重要的地位。从2009年试点开始到2013年第三季度的数据看，经由香港进行的跨境贸易人民币结算的比重超过60%。2012年经由香港银行进行的人民币贸易结算额增长32.5%，总金额达到26 325亿元人民币，参与香港人民币结算平台的银行数目从2011年的187家增加到2013年6月底的208家②。图4是2009年第三季度至2013年第二季度香港与内地之间人民币贸易结算汇款的季度数据。

（四）人民币跨境贸易结算业务模式日益完善

1. 与越来越多的国家中央银行签订双边货币互换协议，为推进跨境贸易本币结算奠定基础。双边货币互换协议有助于保持人民币汇率的稳定性，从而增强国内外企业采用人民币结算的信心。截至2013年11月，中国人民银行已与境外23个国家和地区的中央银行或货

---

① 本部分涉及的进出口收付比数据来自中国人民银行2010年第四季度—2013年第三季度的《中国货币政策执行报告》季度报告。

② 数据译自香港金融管理局发布的《半年度货币与金融稳定性报告》。

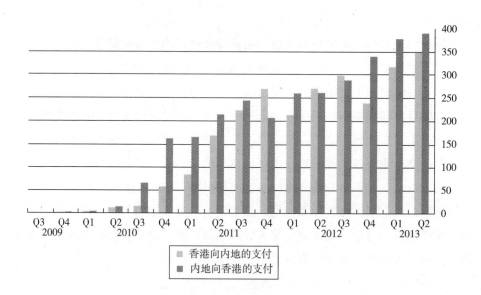

资料来源：香港金融管理局《半年度货币与金融稳定性报告》（2013 年 9 月）第 42 页，http://www. hkma. gov. hk/ eng/publications – and – research/half – yearly – monetary – and – financial – stability – report/201309. shtml。

图4　经由香港进行的跨境贸易人民币结算汇款

币当局签署了接近2.5万亿元人民币双边本币互换协议①，人民币的接受程度在不断提高。在亚洲，中国承诺和所有东盟国家签署货币互换协议，允许东盟国家企业通过他们本国的银行（而非中国香港和大陆的银行）进行人民币交易。

2. 人民币跨境贸易清算体系建设取得一定成效。有效的清算系统有助于降低一种货币作为国际支付手段的成本。美元跨境清算系统包括 CHIPS 系统（纽约清算行银行间同业支付系统，中国银行已加入）和 FED WIRE 系统（联邦储备清算系统），欧元的跨境清算系统为 TARGET2 系统，日元跨境清算系统主要包括 BOJ – NET 系统和外汇日元清算系统（FXYCS）等（李建军和宗良，2011)[10]。强有力的结算系统为这些货币的国际支付提供了高度便利性。目前跨境贸易人民币结算存在清算行和代理行两种模式，在香港和澳门地区主要采用清算行模式，分别由中银香港、中国银行澳门分行担任清算行，2012 年 12 月，中国银行台北分行成为中国台湾人民币业务清算行，2013 年，中国工商银行新加坡分行获得授权成为新加坡的人民币结算行。境外清算体系的完善成为推动香港、伦敦、新加坡人民币支付业务发展的需要。

3. 汇改以来人民币汇率稳定升值预期刺激了跨境贸易人民币结算发展。2005 年汇改以来，人民币对美元汇率整体呈小幅升值态势。不论是从国际机构的人民币有效汇率指数还是

---

① 根据新浪网 2013 年 11 月 4 日《跨境人民币结算业务范围覆盖全球 98% 国家和地区》报道整理（http://news. sina. com. cn/o/2013 – 11 – 04/074028612820. shtml）。

从人民币对美元的汇率衡量，人民币汇率升值的趋势并未改变。一方面，这种趋势给境外人民币持有者提供了套利机会，而当前在香港和新加坡发生的跨境贸易人民币结算中很大一部分是基于关联企业的套利融资行为的结果（李婧，2011）[11]。另一方面，人民币汇率持续升值，中国出口竞争力进一步被削弱，广交会参会企业及出口成交同比均有下滑就是一个例证。从人民币跨境贸易结算长远发展看，保持汇率稳定是一个非常重要的因素。

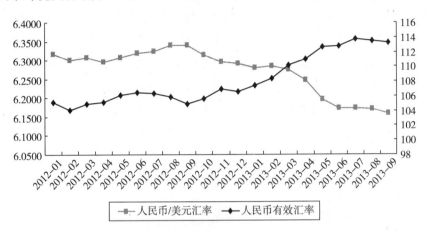

资料来源：人民币有效汇率指数来自于国际清算银行网站，美元月度汇率数据来自中国人民银行网站。

图5　人民币有效汇率指数与人民币/美元汇率变动（2012年1月—2013年9月）

4. 跨境人民币业务流程日益简化。如我国境内企业可以通过提交业务凭证或《跨境贸易人民币结算收/付款说明》直接办理人民币跨境结算，允许境内非金融机构在监管下发放人民币境外放款和在境外发行人民币债券（中国人民银行，2013）[12]，进一步为境内银行和企业办理跨境人民币结算提供了便利。

（五）人民币跨境贸易结算支付清算体系初步成型

目前在使用的人民币跨境收付信息管理系统（RCPMIS）是由中国人民银行总行设计开发，用于支持人民银行对跨境人民币业务的管理，全面收集跨境人民币业务信息。境内所有开展人民币跨境业务的银行都被要求与RCPMIS对接。跨境贸易人民币结算的流程对于进出口企业来说变化不大，主要是把结算币种从外币变为人民币，但清算方式却和传统的美元清算有所不同，目前境内外银行参与人民币跨境贸易结算主要以代理行和清算行两种操作模式开展跨境支付清算业务。

代理行模式是指人民币跨境贸易参与银行指定某家中国境内银行作为其代理行，参与行在该代理行开设人民币账户，通过代理行完成人民币支付清算。而在清算行模式下，中银香港和中银澳门是中国人民银行指定的境外清算行，人民币跨境贸易参与行在中银香港或中银澳门开立账户，通过其进行人民币支付清算。在以上两种模式下，清算行和代理行可以直接连入大额支付系统（HVPS），人民币跨境贸易结算参与行通过清算行和代理行完成支付清算。

香港已经建立了一个高效、可靠的人民币清算系统：人民币 RTGS 系统（Renminbi Real Time Gross Settlement System）。银行的 RTGS 系统与中国的清算系统 HVPS（大额支付系统）相连接，进行人民币清算。截至 2012 年 10 月底，已由共 202 家银行参与到香港人民币清算平台，其中 179 家是外资银行和中国银行的分支机构或海外机构，由此形成的国际支付网络覆盖 30 个国家和地区。作为香港的三大发钞行之一和在香港市场有较大影响力的中资银行机构，中银香港被中国人民银行指定作为香港主要的人民币境外清算行。2009 年中银香港为境外参加银行开立 53 个人民币同业往来账户，账户余额 486.2 亿元。2010 年 7 月 19 日，中国人民银行与中银香港签署修订版的《香港银行人民币业务的清算协议》，在境外人民币清算上取得重要突破。企业在香港兑换人民币不再设上限，提高了境外对人民币的接受程度，极大地增加了境外人民币资金池规模，推动了人民币跨境贸易结算的发展。

此外，目前跨境贸易人民币目前主要发生在境内与境外之间发生，境外第三方之间的跨境使用占比较低。

四、主要障碍与解决途径分析

本文认为，制约人民币跨境贸易结算的障碍因素主要有制度障碍、国际金融市场障碍、企业层面的障碍和其他障碍四大类。制度障碍主要体现在人民币跨境贸易结算支付清算系统不健全，跨境人民币监管制度亟待完善，政府间的人民币货币互换协议操作执行面临重重障碍和人民币汇率形成机制不完善等方面。国际金融市场方面的障碍主要体现在市场对美元作为结算货币的依赖无法在短期内消除。企业方面存在的障碍主要体现在境内企业的议价能力低和境外企业用人民币结算的便利性和及时性欠缺。此外，还有境外人民币来源缺乏和境外人民币的避险和投资渠道缺乏等障碍。本文在分析这些障碍具体表现形式和形成原因的基础上提出了相应的解决途径。

（一）制度障碍

1. 制度障碍的表现形式

（1）人民币跨境贸易结算支付清算系统不健全，这主要有三个方面的表现。

第一，系统操作上存在缺陷。当前我国的人民币跨境贸易清算主要通过"跨境贸易人民币结算信息系统"（RCPMIS）来完成，支付过程中还需要环球金融电信协会的支持，独立性、安全性和畅通性不够。跨境贸易人民币结算业务的增长对系统的监管职能提出了更高的要求。目前 RCPMIS 操作过程中存在一些问题：首先，各商业银行在处理人民币跨境流动时采用的清算系统并不完全一致。有些银行完全采用的是中国人民银行设计的清算系统，而有些银行却在该清算系统基础上做了某些业务上的改进。其次，清算系统中的银行名称不一致。对于清算系统的国内参与行，有时一家银行对应不同代码，有时一个代码对应不同的银行名称；另外，由于英文翻译的不同，境外参与行在清算系统中的名称也不一致，这就造成了汇款时容易出错。最后，我国的跨境人民币清算系统目前还未能与外汇管理等部门实现信息的共享和链接，不利于对跨境人民币资金的流动实行有效监管。此外，在实践中还存在跨境结算标准不完全统一，没有按国际惯例规划和设计统一的清算标准，直接阻碍了境外机构和企业对人民币结算的接受度（滕飞，2013）[13]。

第二，系统自身存在安全隐患。目前在代理行模式下的跨境人民币清算需要通过SWIFT系统来实现内地银行与境外参与行间电文的交换以完成交易，SWIFT是一个会员制的国际合作组织，是目前全球金融机构实现跨境资金支付的主要途径，该系统在美国和荷兰建立了数据运行和维护中心，中国的银行只能通过这两个运行中心来进入SWIFT。这样一来，我国的跨境人民币流动数据将毫无保留地呈现在别人面前，这对于我国金融信息的安全和经济运行数据的保密带来了很大的隐患。

第三，系统的流通监测体系不完善。中国人民银行对跨境人民币支付信息的采集主要依靠境内各商业银行的主动呈报，不利于当局对跨境人民币流动实现全面准确的检测。另外，SWIFT系统虽然在电文的传输和信息的输送上方便快捷，但是该系统本身并不进行资金的转账操作。而且在代理行模式下，如果中国内地银行和境外某银行没有互相开设对方的账户，不存在代理关系的时候，它们之间的人民币资金转账就得借助于中国境内的银行间大额支付系统，这就增加了操作环节，加大了交易性成本。

（2）跨境人民币监管制度亟待完善。随着人民币在跨境贸易和跨境投资活动中使用的增加，对人民币跨境流动的监管难度增大。为保证监管的有效性，就需要区分是经常项目下还是资本项目下的交易，区分境内人民币和境外人民币来源，而现有的跨境资金监管主要是针对美元、欧元等传统结算货币，已不能满足人民币跨境流动监管的需要。

（3）政府间的人民币货币互换协议操作执行面临重重障碍。人民币双边货币互换协议旨在支持人民币流动机制，但拉动人民币跨境贸易结算发展的直接作用有限。协议的操作和落实还需要有关国家政府的金融体制改革。

（4）人民币汇率形成机制改革可能影响到人民币跨境贸易结算的进程。人民币币值稳定仍然是人民币海外循环的首要因素。近年来人民币在跨境贸易结算中的发展推动因素之一就是境内外对人民币升值的预期。由于境内外人民币汇差的存在，加上国际社会人民币升值预期的推动，在香港等地发生的境内外关联企业套利融资行为导致人民币加速流入香港，不利于境外人民币市场的健康发展。随着人民币汇改的推进，未来人民币汇率波动可能更加频繁，波动幅度加大，人民币升值不会成为常态，可能会对人民跨境贸易结算的发展速度产生影响。

2. 制度障碍的解决途径

（1）完善人民币跨境支付清算系统。在加强人民币跨境支付清算系统独立性的同时，还应继续加强跨境支付清算系统的监管统计功能。第一，未来新的人民币跨境支付清算系统应该包括强化对跨境人民币资金的监管功能，能够实现境内人民币清算业务与跨境人民币清算业务的隔离；清算体系应由独立的机构负责具体运营。中央银行只管理跨境资金最后的结算和对跨境清算信息的收集监管，中国银行业协会或单独的清算机构负责清算系统的具体运营，商业化的运作会提高清算系统的高效率；境外资金的清算境内化。在跨境清算过程中应重点发挥境内金融机构的结算优势，形成本国金融机构在资金的跨境清算体系中的核心地位，从而给本国金融业带来更多收益。第二，将跨境贸易人民币支付信息纳入综合信息平台，实现与外汇局、商业银行、海关、税务等联网，为多部门的联合监管创造条件，以确保业务的真实性和合规性。改变目前中央银行对跨境人民币结算信息收集主要靠参与行主动上报的模式，制定跨境清算参与行的强制信息上报制度，建立新的独立的信息系统，专门用于跨境人民币清算信息的收集和分析，加强中央银行的监管力度；在信息的传输方面，应该采用安全性能较高的专用网络，并做好存储和备份。第三，借鉴外汇管理中国际收支风险预警的先进经验，加快人民币跨境流动分析预警系统建设[14]。第四，实现清算业务标准化和规范化。境内清算参与行使用统一的跨境清算系统，各参与行的名称及代码规范化，必须是一个名称对应一个代码，同时就境外参与行的中文译名达成共识，避免汇款出错。第五，完善系统功能。对境内参与行，人民币跨境清算体系中的传输系统能够将不同清算代码和不同清算格式的指令，转化为被中央银行最终结算系统识别的标准化数据，以提高结算效率；对境外参与行，系统实现中英文指令的自动转换，且争取运行时间可以实现与世界其他金融中心的人民币清算业务对接；引入 CHIPS 的跨境资金算法系统，提高流动性使用效率，降低成本。第六，在运营模式上，新的人民币跨境清算系统可以采用会员制的股份制组织形式，由国内的参与行共同出资建立，借鉴美元清算系统 CHIPS 的治理结构，境外银行可以加入成为会员银行，也可以通过委托清算系统会员银行代理的形式间接参与，中国人民银行负责监管。

（2）加速人民币结算试点试验，积累监管经验。近年来，深圳前海深港现代服务合作区、中哈霍尔果斯国际边境合作中心和上海自由贸易试验区政策陆续出台，这些特定区域中均涉及跨境人民币业务方面的先行先试政策。而其中上海自贸区在金融领域的开放度更是前所未有，包括汇率自由兑换和离岸金融业务，还有正在申请试点的人民币资本项目下开放等。上述业务的试行和开展将为提高跨境资金监管效率、促进跨境贸易人民币发展、实现人民币资本项目全部放开并确保人民币汇率稳定积累经验。

（3）完善人民币汇率形成机制。应继续加强我国金融市场体系建设，强化金融系统的资金监管能力，以确保人民币币值稳定的金融基础，从而为顺利推进人民币跨境贸易进而实现人民币国际化奠定坚实的基础。为了维持国内经济的平稳运行，建议采取渐进式的小幅度的人民币升值。快速大幅的人民币升值，必然会导致一方面中国的巨额外汇储备大幅贬值，另一方面境内出口企业承受不了人民币过快升值的压力，从而对经济的平稳发展造成严重影响，也会导致人民币国际化失败或停滞。换言之，迫于国际政治压力而被迫令人民币升值对中国的经济发展、贸易的稳定、外汇储备的保值升值以及人民币的国际化均有百害而无一利。应当根据宏观经济形势，结合银行和企业对风险的承受能力，逐步降低政府对汇率市场的干预力度，适当扩大人民币汇率的弹性，通过制造双向波动打破人民币单边升值的预期，有利于稳定市场对人民币汇率的长期预期，有效防范境外热钱的大规模流入的同时加大企业持有人民币的信心。同时，富有弹性的人民币汇率机制也会在很大程度上缓解人民币跨境贸易结算中由于进出口不平衡导致的"跛足现象"。

（二）国际金融市场障碍

1. 金融市场障碍的表现形式

首先，国际金融市场对美元作为结算货币的依赖无法在短期内消除。国际货币竞争过程中，历史惯性形成的阻力很大。当某种货币的使用者越多则该种货币的交易成本会越低，其在金融市场的流动性就越强，进而又会吸引更多的使用者，由此形成良性循环。而美国学者麦金农的研究表明：贸易下的货币使用习惯也会延伸到金融市场。一国货币要成为国际货币就必须克服现有国际货币"货币惯性"的制约。从欧元成为国际货币的发展历史来看，虽然欧元诞生已经逾十年，欧元区的经济规模也已经接近美国，欧元已经成为国际结算货币之一，但欧元在国际货币体系中的地位还是很难与美国分庭抗礼，一个重要原因在于国际货币体系中的更新迟滞特性，而目前美元和欧元是各国外汇储备的主要货币，在国际贸易中也占据较高比重，操作模式和结算网络都比较完善，在对外贸易中已经形成了使用美元、欧元的惯性。而高度发达、交易频繁的金融市场又给美元、欧元带来了避险工具和投资渠道。较低的交易成本和持有风险，又进一步坚定了持有者的信心。而美国、欧盟为了获取世界范围的铸币税，保持对外输出经济危机压力的能力，必然也会全力阻挠对美元、欧元国际地位可能带来威胁的任何变动，即便金融危机以来美元指数一路走低，欧元汇率波动剧烈，但可以预见美元、欧元在全球贸易和金融体系中的统治地位在中短期内还是很难改变的，这在很大程度上制约了跨境贸易人民币结算的发展。

其次，从结算区域看，虽然与中国大陆开展人民币双向流动的国家数目较多，但参与人民币跨境贸易结算的区域仍主要集中在我国周边及亚洲区域。

再次，境外人民币投资产品缺乏，使得境外银行和企业使用人民币缺乏动力。

最后，外国政府对本国银行人民币业务的限制及对外资银行进入的限制仍然存在。例如在缅甸，国有银行只能开设美元和缅币账户，禁止外资银行进入金融业，没有人民币对缅币的汇率牌价，导致人民币在缅甸使用受阻[15]。

2. 解决途径

解决这一问题的关键在于稳步开放资本项目，加强人民币离岸市场建设。目前境外人民币可以通过 RQFII、RMB FDI 以及对境内企业人民币贷款（限前海试点）的方式回流境内，渠道和规模都还比较有限。中长期来看，加快金融改革步伐，尤其是逐步实现资本账户下可兑换，让境外人民币持有者实现货币的投资和增值功能，是实现人民币跨境贸易结算稳步发展的要务之一。建立人民币流入和流出的双向路径,如境内债券市场和未来的国际板市场可以考虑接受境外人民币投资,吸引境外人民币资金通过境内银行开设人民币账户,鼓励中资企业对外使用人民币投资,这些措施对提高人民币在跨境贸易和投资中的使用比例有着重要意义。

在境外离岸市场的建设方面,要增加境外人民币市场的流动性,鼓励人民币债券、证券和其他人民币金融产品在境外人民币市场的挂牌和流通,建立境外人民币汇率和利率的锁定机制,发展境外人民币的期货市场。因地制宜、发挥几个离岸人民币中心的不同作用,继续把香港作为最重要的离岸人民币市场,通过香港这个枢纽连接、拓展其他离岸人民币市场;同时,新加坡离岸人民币市场主要面向东南亚国家,而伦敦市场的定位则是欧洲地区。通过发展人民币离岸市场以及丰富境外人民币金融产品品种,增加境外人民币的投资、避险渠道,以此提高人民币在海外的接受度,鼓励人民币在境外第三方之间的使用流通,进而推动人民币在全球贸易中的使用。

目前境外人民币的使用主要在亚洲地区,所以香港成为人民币离岸中心是顺应这个阶段的战略选择。首先,在香港建立银行间人民币同业拆借市场。银行间同业拆借市场是市场化程度最高的短期货币市场,通过在香港的人民币同业拆借市场形成的离岸人民币利率市场化程度较高,这会对内地以后逐步实现利率市场化起一个指引作用。其次,加大人民币债券市场的容量。现在,在香港市场上,发行人民币债券除了金融类机构,还有一些非金融类的企业。未来香港人民币债券市场发展的方向应使更多的市场主体参与其中,同时要不断增加人民币债券品种,改变目前品种单一的状况,应根据不同投资者的需要发行不同期限,不同利率层次的人民币债券,这样才能从根本上建立一个完整的人民币离岸债券市场。最后,丰富人民币衍生类金融投资工具。香港有着世界上最高的金融自由度和最大的金融信息量,香港可以利用这些优势来发展人民币衍生类投资工具,以促进人民币离岸市场向更深层次的发展。主要包括:基于汇率的人民币汇率互换,远期汇率协议,汇率期权等;基于利率的利率互换,远期利率协议,利率期货期权等;结构性股票挂钩票据(ELN),离岸市场人民币基金等。

今后随着跨境贸易人民币结算业务的扩展,境外企业、银行和个人对人民币的投融资需求将增加,因此应鼓励和支持全球性金融中心成为人民币的交易中心。

(三)企业层面的障碍

1. 企业层面障碍的表现

(1)境内企业的议价能力低。我国全球价值链的参与水平较低,贸易商品市场竞争力较弱,在谈判中较难获得结算货币选择的主动权,使用人民币进行跨境结算还存在诸多方面的障碍:首先,我国企业国际分工地位低。理论研究认为,一国货币能否成为国际货币,在很大程度上取决于该国参与国际贸易和国际投资的程度。英国、美国、日本等发达国家货币国际化的历史也告诉我们:谁在贸易中占主导地位,谁的货币才能用来计价和结算,而国际贸易的主导地位又来自一国在国际分工格局中的优势地位。我国经过三十多年的快速发展，逐渐成为世界制造工厂，在国际贸易中也开始发挥举足轻重的作用，但是我国出口的产品处于产业链的中下游，层次较低，附加值不高，导致我国在国际分工格局中仍处于底层，计价和结算货币的选择权牢牢掌握在发达国家手中。其次，我国出口商品的可替代性较强。改革开放30多年来我国出口商品结构发生了很大变化：初级产品出口占比大幅降低，服务贸易出口增长迅速，加工贸易比重持续下降，工业制成品比重不断增加，高新技术产品出口额逐年递增，对外直接投资不断扩大等。尽管目前我国的出口产品结构正处于由低端向高端转型的过程中，但这种转型主要以外资企业为出口主体，无法改变我国企业居于国际分工体系低端的状态，本土企业在创新能力、技术水平等方面总体上仍较为薄弱，从而导致出口产品可替代性较强。最后，外资企业出口占比较高。当企业既要从国际资本市场融资又要从事国际贸易时，更倾向于使用单一国际货币。对于我国境内的外商投资企业来说，资金来源是外币，而利润一般也以外币的形式汇回国内，特别是既有原料进口又有产品出口的制造型外资企业，由于大宗商品以美元计价，为了便于成本控制和会计核算，企业在出口时收取美元的意愿就比较强烈，而对跨国公司而言，其在中国的贸易及投资只不过是全球化运营的一个环节，鉴于美元、欧元等国际货币的通用性，以其计价结算有利于关联交易的开展和全球资金的调配。基于以上考虑，在外资企业占主导的对外贸易中使用人民币进行计价结算存在客观障碍。

（2）境外企业用人民币结算的便利性和及时性欠缺。受制于当地的金融发展水平和金融开放程度，与人民币跨境贸易结算支付的要求相比，中资银行海外分支机构网点偏少，区域分布不均匀，与贸易相关的人民币产品种类偏少。因此中资银行国际化水平低，成为限制境外企业使用人民币进行跨境贸易结算的障碍。

2. 企业障碍的解决途径

（1）通过扩大人民币计价的商品范围增加境内企业贸易谈判中的议价能力。商业银行统计数据显示，当前使用跨境贸易人民币结算的行业主要集中在批发业、物流业、金属矿产销售、棕榈油类加工生产及租赁业等少数行业，这些行业结算收付所占比重接近60%，而诸如石油等大宗商品贸易中使用人民币结算非常有限。我国是石油进口大国，与中东等地区的原油出口国贸易关系日益紧密，虽然在原油贸易等大宗商品交易中，美元的地位一定时期内无法动摇，但我国仍可在同俄罗斯、越南等周边国家的石油贸易中推进人民币结算，扩大人民币的影响力，增强我国企业在国际贸易中的议价能力。

（2）提升中外资银行跨境贸易人民币结算的服务水平，开发和完善银行贸易结算类与融资类人民币产品。参与跨境贸易人民币结算的中、外资银行应在增加以人民币作为结算币种的信用证、托收、汇付等传统结算产品的同时，进一步增加人民币贸易融资类产品的开发力度，并结合自身的优势开发出独具特色的跨境结算人民币产品。比如，有中资银行推出用银行承兑汇票质押开立跨境人民币远期信用证或人民币保函，灵活地把客户的国内贸易流和国际贸易流串联起来，客户可以把国内贸易中收到的银行承兑汇票作为质押品，开展人民币跨境结算业务，无须把银行承兑汇票贴现，节省了财务成本，增加了利润空间，而银行通过这样的产品创新，也成功锁定了客户的国内贸易和国际贸易的业务量和资金流，提高了客户对银行的依赖度。基于商业化的驱动之下，充分采用市场机制，创造商机，培养市场意愿和情绪，推动人民币跨境贸易结算的有序发展。大多数中资银行和在华外资银行都拥有规模不等的境外分行和遍布全球的海外代理行，可以直接面向海外当地客户和银行推介人民币跨境贸易，使境外人民币使用更加多样化和便捷化。

（四）其他障碍

1. 障碍表现形式

（1）境外人民币来源缺乏。境外人民币存量是影响出口收取人民币的主要因素。当前境外人民币的市场供给主要包括三个方面：以往跨境结算下积累的人民币，大陆民众在境外消费积累的人民币，以及通过货币互换协议取得的人民币资金。但相比境外市场对人民币的总体需求，境外人民币仍处于供不应求的状态，主要原因在于人民币离岸金融市场不够发达。

（2）境外人民币的避险和投资渠道缺乏。当前，针对境外金融机构的投资工具较为丰富。例如，自2010年8月起，境外中央银行、港澳地区人民币清算行、境外跨境贸易人民币结算参加行三类机构获准进入境内银行间债券市场，可以投资于国债、政策性银行债券、金融债券等债券品种。但针对境外企业和个人的人民币产品缺乏。采用人民币进行跨境贸易结算后，结算中的汇率风险转嫁到了境外企业身上，境外企业的人民币避险需求加大，要求当地的银行等金融机构推出更多的以人民币计价的避险和投资产品。目前境外仅有少量的人民币理财产品、保险产品和信托产品，尚不足以满足企业的避险和投资需求。受境外人民币投资渠道的限制，境外人民币的投资增值受到很大限制。现在，境外人民币的投资去向主要是银行存款、人民币基金和债券市场，境外企业只能通过开展人民币业务的金融机构才能进行人民币资金的汇兑，与人民币有关的金融市场和金融工具尚不完备，人民币在境外缺乏风险规避和保值增值的渠道，这些都直接影响了境外企业、个人持有人民币的动力。有限的投资渠道，较高的持有成本，必然降低主体持有人民币资金的意愿，在很大程度上限制了人民币在跨境贸易中的使用。

人民币回流渠道方面，由于我国资本项目仍然处于管控下，境外的人民币除了正常的贸易渠道外，资本项下的流入只能遵循相关政策操作，规模和方式受到很大限制，这种状况对人民币作为国际货币的计价结算功能有较大影响。目前境外人民币可以通过 RQFII、RMB FDI 以及人民币贷款（限前海试点）的方式回流境内，规模和渠道方式都比较有限，境外人民币持有者要想将资金调回境内进行保值、增值或避险等需求较难实现，这些都制约着人民币跨境贸易结算的发展。随着人民币国际化步伐的加快，跨境贸易人民币结算和以人民币为币种的对外投资使境外市场上积累了大量的人民币资金，香港人民币存款余额于2013年1

月达到了 6 240 亿元人民币，这么巨额的海外人民币要增值、保值，就要求存在一个足够规模的人民币资产储备池，以及配套的金融市场、投资、避险产品和回流渠道，人民币跨境贸易结算才会形成良性循环，实现稳定发展。

2. 解决途径

（1）通过货币互换增加人民币境外储备。作为在政策层面需要考量的一项措施是尽快扩大签署货币互换协议的国家范围，特别是中国主要的贸易伙伴，增加可接受使用人民币的地区。这一方面有助于加快人民币国际清算的速度，尤其是与跨时区的国家签署相关货币互换协议，将极大地促进货币融通，促进双边贸易；另一方面，签署货币互换协议也有助于为人民币进入该国的储备货币体系做好铺垫；再有一个重要的、也更为直接的影响就是货币互换协议将实现人民币和互换币种的直接兑换，而无须经由美元作为中介货币进行二次兑换，极大地降低了非美元货币之间的交易成本。自金融危机以来，中国已与 19 个国家和地区签署了货币互换协议，涉及韩国、中国香港、马来西亚、白俄罗斯、印度尼西亚、阿根廷、蒙古、冰岛、新加坡、新西兰、乌兹别克斯坦、哈萨克斯坦、泰国、巴基斯坦、阿联酋、土耳其、澳大利亚、巴西、乌克兰 19 个国家和地区，互换金额超过 2 万亿元人民币。2013 年 2 月，英国中央银行表示正在与中国商议签署货币互换协议，在具有 8 个小时（正常工作时间为 8 个小时）时差的老牌金融中心伦敦进行人民币的互换清算，人民币互换首次涉及七国集团（G7）成员，具有里程碑式的意义。

（2）要积极开发人民币避险和投资工具。除了传统的定期存款外，中资银行海外机构和外资银行机构在境外应开发更多的人民币理财和投资产品，增加境外企业持有人民币的收益。

五、研究结论

推动人民币跨境结算能够促进人民币离岸市场发展，提升人民币的国际地位，有助于促进人民币国际化进程，帮助中国企业降低贸易成本，推动我国金融机构的国际化，因此研究人民币跨境贸易结算所面临障碍的表现形式和消除这些障碍的途径，对于推进人民币跨境结算，降低在此过程中的风险，具有重要的意义。

本文认为，无论从我国经济实力的增长，还是从我国对外开放程度的不断加深来看，推动人民币在国际贸易结算和国际货币储备中的广泛应用都有坚实的现实基础，同时金融危机之后，国际投资者对国际结算货币多元化需求日益提升，也为推动人民币跨境贸易结算创造了良好的外部环境。

近年来，跨境贸易人民币结算取得了显著的成果，结算规模迅速增长，银行和企业参与面持续扩大，人民币跨境贸易结算结构有所改善，结算业务模式日益完善，并且结算支付清算体系初步成型，为进一步推动扩大人民币跨境贸易结算奠定了坚实的基础，但仍然存在一定的障碍，包括制度障碍、国际金融市场障碍、企业层面的障碍和其他障碍四大类。

解决人民币跨境贸易结算制度障碍的主要途径是进一步完善人民币跨境支付清算系统，同时强化系统的监管统计功能，加速人民币结算试点试验，积累监管经验。从国际金融市场上看，则需要进一步稳步开放资本项目，加强人民币离岸市场建设。应对企业层面的障碍主要在于提升中外资银行跨境贸易人民币结算的服务水平。另外还要通过货币互换增加人民币境外储备、积极开发人民币避险和投资工具。

参考文献

［1］ Nasser Saidi, Aathira Prasad & Sara Salomoni. The Redback Cometh: Renminbi Internationalization & What to do about it ［DB/OL］. www. nber. org, 2011.

［2］ Eiichi Sekine. Renminbi Trade Settlement as a Catalyst to Hong Kong's Development as an Offshore Renminbi Center ［DB/OL］. Nomura Journal of Capital Markets Summer 2011 Vol. 3 No. 1.

［3］ 杨珍增、马楠梓：《当前应该推动人民币国际化吗——基于货币国际化制度条件的反思》，载《南方经济》，2013（7）。

［4］ 刘书兰：《人民币跨境贸易结算面临的问题与对策分析》，载《对外经贸实务》，2009（8）。

［5］ 刘文杰、李克峰：《关于整合与完善跨境贸易人民币结算信息系统的设想》，载《金融发展研究》，2011（6）。

［6］ 宏观经济研究院外经所课题组：《人民币国际化进展及相关改革建议》，载《宏观经济管理》，2013（6）。

［7］ 李清、成雅君：《跨境贸易人民币结算存在的问题与解决办法》，载《对外经贸实务》，2012（4）。

［8］ Takatoshi Ito, Kiyotaka Sato, Why Has the Yen Failed to Become A Dominant Invoicing Currency in Asia? A Firm－Level Analysis of Japanese Exporters' Invoicing Behavior ［DB/OL］. www. nber. org, 2010.

［9］ 蔡涛：《跨境贸易人民币结算的纳什均衡》，载《国际经贸探索》，2013（29）。

［10］ 李建军、宗良：《进一步扩大人民币跨境贸易结算的思考和建议》，载《国际贸易》，2011（5）。

［11］ 李婧：《从跨境贸易人民币结算看人民币国际化战略》，载《世界经济研究》，2011（2）。

［12］ 中国人民银行：《中国人民银行关于简化跨境人民币业务流程和完善有关政策的通知》，2013－08－09，http://www. pbc. gov. cn/publish/huobizhengceersi/3131/2013/20130710161535770310186/20130710161535770310186_. html.

［13］ 滕飞：《跨境人民币结算业务流程简化可期》，新民网，2013－08－09，http：//news. xinmin. cn/rollnews/2011/06/13/11116237. html.

［14］ 中国人民银行昆明中心支行青年骨干人民币跨境流动问题研究小组：《人民币跨境支付清算系统研究——以东盟、南亚区域经济为例》，载《时代金融》，2013（5）。

［15］ 葛丽丽：《"水土不服"——人民币跨境贸易结算政策在缅甸推广所遇到的问题》，载《中国有色金属》，2012（24）。